龙志鹤◎编著

文秘人员
沟通艺术

经济管理出版社

ECONOMY & MANAGEMENT PUBLISHING HOUSE

图书在版编目（CIP）数据

文秘人员沟通艺术/龙志鹤编著．—北京：经济管理出版社，2012.6
ISBN 978 - 7 - 5096 - 1522 - 5

Ⅰ．①文…　Ⅱ．①龙…　Ⅲ．①秘书—人际关系学Ⅳ．①C931.46

中国版本图书馆 CIP 数据核字（2011）第 124368 号

组稿编辑：王光艳
责任编辑：邱永辉　金　泓
责任印制：黄　铄
责任校对：陈　颖

出版发行：经济管理出版社（北京市海淀区北蜂窝 8 号中雅大厦 11 层 100038）
网　　址：www.E - mp.com.cn
电　　话：(010) 51915602
印　　刷：三河市海波印务有限公司
经　　销：新华书店
开　　本：720mm×1000mm/16
印　　张：14.75
字　　数：280 千字
版　　次：2012 年 6 月第 1 版　　2012 年 6 月第 1 次印刷
书　　号：ISBN 978 - 7 - 5096 - 1522 - 5
定　　价：29.80 元

序

　　无论是机关还是企事业单位，都离不开文秘工作。文秘人员的综合素质一直是各行各业关注的话题。随着办公自动化进程的加快、现代通信技术的发展，特别是互联网越来越渗透到生活、工作的方方面面，文秘工作正在发生深刻的变革。在新的形势下，文秘人员如何适应新的形势和变革、怎样发挥其辅助领导的作用，是摆在我们面前亟待解决的难题，特别是高等教育，如何培养适应市场需求的应用型文秘人才，已成为文秘专业办学面临的重要课题。文秘人员工作性质和工作内容的特殊性，决定了他们沟通艺术的重要性。

　　龙志鹤同志编撰的这本《文秘人员沟通艺术》正是对这方面作了有益的探讨。龙志鹤同志二十多年以来，长期奋战在高校文秘教学岗位第一线，积累了丰富的教学实践经验，同时，科研上一直没有停止对文秘人才素质的探讨，这本《文秘人员沟通艺术》正是他多年教学与科研的结晶。综观全书，有以下几个特点：

　　一是时代性。本书结合时代特点，紧扣时代脉搏，反映了现代企事业单位对文秘人才知识、能力的需求。例如书中对文秘人员网络沟通艺术的探讨，凸显了现时代的需要。

　　二是实用性。本书特别注重文秘人员实际工作能力的培养，在如何进行语言沟通、非语言沟通、文字沟通、网络沟通等方面作了细致而深入的探讨，诸多方法技巧具有可操作性，对文秘人员的日常工作具有指导意义。例如，文秘人员主要任务是辅助领导工作，该书重点探讨了和领导的沟通原则、方法和具体工作技巧，具有突出的实用性。

　　三是创新性。首先，该书选题新颖。国内外历来将沟通作为管理心理学的内容来研究，将沟通写入管理学的比较多见，但较少有将秘书学和管理相结合的书籍，而将秘书学和沟通艺术结合的就更少，《文秘人员沟通艺术》的选题应该说很新颖，也抓住了文秘人员工作的实质。其次，该书体例新颖。各章每一节后面都附有阅读与讨论内容，列举了目前学术界、实践中大家广为关注的热点问题，有利于启发读者特别是本、专科学生的思考，培养其分析问题的能力。最后，该书案例丰富而新颖，大多是新近发生的典型案例，这些案例和有关理论的有机结合，对于文秘工作者有着直接的指导作用。

该书将沟通艺术贯穿始终，既可作为高校秘书学专业的有益书籍，又可作为机关、企事业单位文秘人员岗位培训的读物。应该说，该书的出版是文秘行业特别是我们高校秘书学界的一件幸事。

中国高教学会秘书专业委员会

名誉理事长　**范立荣**

2012 年 2 月 28 日

目　　录

第一章 文秘人员沟通概述

本章主要介绍沟通的基本概念和沟通的步骤，文秘人员沟通的意义和沟通的主要方式，以及要实现有效的沟通，文秘人员应具备的基本素质等内容。

第一节 沟通和文秘人员沟通艺术概述

沟通是一门艺术。文秘人员的工作性质和工作内容决定了其掌握沟通艺术的重要性。同时，文秘人员不同的沟通方式有着不同的沟通艺术。

一、沟通及沟通艺术

"沟通"一词颇有深意，沟通既是一个过程，还是一门艺术。

1. 沟通的含义

沟者，本义为通水道；通者，本义为由此端至彼端，中无阻隔。"沟"与"通"合为一词，原指开沟而使两水相通。《左传·哀公九年》说："秋，吴城，沟通江淮。"以后"沟通"泛指相通；信息概念出现之后，又泛指信息沟通。"沟通"一词，反过来就是"通沟"，我们把相互之间的联络环节叫"渠道"，台湾地区叫"管道"。"渠道"、"管道"堵塞了形成沟通不畅，容易造成误解和产生对立，所以要通"沟"。

沟通作为最广泛的社会现象有广义和狭义之分。广义的沟通现象并不限于人类社会，在有些动物中，也存在沟通。例如，一些成员被"派"到离群很远的地方"放哨"，一旦四周出现威胁，它们会用叫声报警，通知同伴们采取一致的习惯行动来摆脱险境。我们在这里讨论的是狭义的沟通，指人类特有的信息沟通，即指人与人之间传达思想、观点或交换信息的过程。

沟通是传播学和管理学理论中的重要概念。目前，对沟通概念的界定有如下主要观点：一是"共享说"，强调沟通是传者与受者对信息的分享。如美国著名传播学家施拉姆认为："我们在沟通的时候，是努力想同谁确立

'共同'的东西，即我们努力想'共享'信息，思想或态度。"二是"交流说"，强调沟通是有来有往的、双向的活动。如美国学者霍本认为："沟通即用言语交流思想。"三是"影响（劝服）说"，强调沟通是传者欲对受者施加影响的行为。如美国学者露西和彼得森认为："沟通这一概念，包含人与人之间相互影响的全部过程。"四是"符号说"，强调沟通是符号的流动。如美国学者贝雷尔森认为："所谓沟通，即通过大众传播和人际沟通的主要媒介所进行的符号的传递。"

（来源：贾启艾．人际沟通．南京：东南大学出版社，2000.）

2. 沟通过程（步骤）

沟通是信息、思想和情感的传递，它是一种过程。一般来说，一个完整的沟通过程由以下几个步骤组成：

步骤1：信息发送者（Sender）明确要进行沟通的信息内容。信息发送者发出信息是由于某种原因希望接收者（Receiver）了解某些事或希望接收者采取某种行动，因此首先要明确信息内容。

步骤2：信息发送者把信息（Message）转换成一种双方都能够理解的符号，如语言、文字、手势等。要发送的信息只有转换成可理解的符号，才能使信息通过媒体（Medium）得以传递。为了有效地进行沟通，所采用的符号应符合适当的媒体：若媒体是书面报告，符号形式可选择文字、图表或照片；若媒体是讲座，则应选择语言、板书和手势等。

步骤3：通过某种方式，如口头交谈、书面文件、电话等，将信息符号传递给接收者。信息的传递主要以语言为主要形式展开，在相互沟通中，存在着文件、会议、电话、面谈等多种具体形式。

步骤4：接收者根据这些信息符号传递的方式，选择相对应的接收方式接收这些信息符号。例如，这些信息符号是通过口头传递的，接收者就要通过倾听来接收这些信息符号，否则信息学就会丢失。

步骤5：接收者将这些符号转换成具有特定含义的信息，了解和研究所收到的信息的内容和含义。这个翻译过程直接关系到接收者能否正确理解信息，搞得不好，信息就会被误解。

步骤6：接收者把所收到的或所理解的信息再反馈到发送者那里，供发送者核实。发送者和接收者对信息的理解和接受程度，受到专业水平、工作经验及环境等多种因素的影响，对同一个信息，不同的人会有不同的看法。为了查核和纠正可能发生的某些偏差，就要借助反馈。

步骤7：发送者根据反馈回来的信息再发出信息，肯定原有的信息传递，或指出已发生的某些偏差并加以纠正。

步骤8：接收者按所接收到的信息采取行动，或作出自己的反应。信息传递的目的是发送者要看到接收者采取发送者所希望的正确行动，如果这个目的没有达到，则说明信息不灵，沟通发生了问题。

3. 沟通是一门艺术

从以上定义和步骤可以看出，沟通要素可以理解为：沟通主体、沟通客体、沟通媒介、沟通目的、沟通内容。沟通主体即谁是这次沟通的发起者。一般说来，沟通总是实现信息的传递，而要传递信息给对方的人就要负责将沟通保持在正确的渠道上，避免偏离。沟通客体即沟通的对象，要注意沟通对象的身份、特点等。沟通媒介：指选择什么样的介质和沟通方式，比如语言、文字、图片、电话、面谈、演示等。沟通目的：就是想通过这次沟通达到什么样的目的或实现什么样的目标。沟通内容：信息内容要是双方理解一致的符号。

无论是沟通媒介或方式的选择，还是沟通对象要因人而异，沟通无不体现了一种艺术。我们常说，"一言可以兴邦，一言可以丧邦"；"三寸不烂之舌，强于百万之师"，诸葛亮舌战群儒，用的是语言的艺术；李斯运用《谏逐客书》说服了秦王，用的是文字的艺术；模特用形体艺术征服观众，运用的是体态语言艺术；今天，懂得网络沟通艺术的你，是不是感受到沟通给你带来的便捷和乐趣呢？

沟通是一门艺术，不是每一个人都能顺利地实现与他人的沟通，不掌握一定的艺术或技巧，往往会不尽如人意甚至适得其反。屈原等古代忠臣进谏失败甚至被杀，虽然黑暗无道的社会制度及昏庸的君主是根本，但和谋臣们的沟通艺术也不无关系。今天国与国之间、人与人之间同样存在大量沟通失败的例子，特别是师生之间、父母与子女之间、领导和下属之间，讲究沟通艺术就显得尤为重要。2006年网络上闹得沸沸扬扬的"史上最牛秘书"瑞贝卡与老板陆纯初之间的沟通摩擦，最终导致两败俱伤的例子，至今仍然是管理课上的典型案例。

从某种意义上说，沟通是尽量减少沟通障碍的艺术。沟通障碍不仅存在于不同文化的人群之间，同一文化背景下的个体差异也是很大的，也同样要克服各种障碍以求获得最佳的沟通效果。有时候，很难说沟通双方谁是谁非，但沟通的结果却不尽如人意。当然，不同文化背景下这种情况尤为明显。电影《通天塔》讲述了4个发生在不同国家、相互之间又有着关联的故事。故事中没有坏人，也没有主观刻意要害人的人，但是却接连发生了一系列愈演愈烈的恶性事件。为什么？就是因为人们在沟通时出现了障碍和误会。当今的社会，人与人之间的差别变得空前大，社会层面也变得空前丰富，一群人可能就弄不懂另一群人的思维方式和生活方式，这个时候沟通及其艺术就显得尤为重要。

二、文秘人员的沟通艺术

文秘人员的工作性质和工作内容的特殊性，决定了他们沟通艺术的重要性。

1. 文秘人员及其主要工作

某公司秘书胡南陪同总经理出席大型博览会。按照本公司业务营运需要和总经理的初步意向，胡秘书拟定参与博览会活动的计划。到博览会后，发现有几家与本公司业务密切相关的欧美公司也来参会。胡秘书考虑到总经理一定要与这几家欧美公司打交道，就连夜通过互联网查找这几家公司的相关资料。等到第二天总经理需要欧美公司的资料时，胡秘书将整理好的成套资料交给了总经理，总经理十分满意。由于资料准备详细，双方比较了解，总经理和几家欧美公司很快签订了合作协议书。协议书签订后，总经理立即回公司处理其他重要事务去了。胡秘书则留下来处理后续事务，包括陪同已签合作协议书的公司代表作市场调查，考察本公司的生产基地和营销网点，以及参与博览会的其他活动。直至博览会结束，签协议书的欧美公司签订正式合同书，胡秘书才结束这一阶段工作，回公司上班。

文秘人员是指从事文秘工作的人员，即文秘部门（办公室）的秘书、文书、文员等工作人员。文秘工作是指文秘人员为完成辅助领导工作的任务而从事的实践活动。首先它是一种实践活动；其次它指为完成某项辅助领导的任务而进行的活动。

文秘人员的工作除常规工作外，还有领导者临时交办的事项和对突发性事件的处理。就常规性文秘工作而言，我们习惯说文秘人员主要是办文、办会、办事和辅助决策工作，具体而言主要有以下几个方面的内容：

一是文字工作。就是各种文稿的记录、撰拟和校核工作。包括文字记录，即负责会议记录、电话记录、来访记录、领导谈话记录等；文稿的撰拟，即起草各类文书，如通知、通报、请示、报告、函、会议纪要、计划、总结、讲话稿、协议书和合同等常用文种的撰拟；文稿的校核，即对文稿内容和格式的审查把关。

二是文书工作。就是对来往文书的处理工作。包括发文处理，即以本机关名义制发各种文书的过程。如文书的起草、审核、签发、印制、登记和分发等；收文处理，即办理各种文书，如登记、审核、拟办、承办、催办和答复，以及立卷、归档和管理等。

三是会议工作。就是各种会议的筹备、组织和服务工作。它包括会议议题的提出、会议计划的拟定、会议文书的制作、会议场所的布置、会议活动的安排以及会后的收尾工作。

四是办事方面工作。如接待工作、随从工作、值班工作、印信工作、通信工作等。接待工作，就是对各类客人（外宾、内宾）迎送、招待和服务工作。随从工作，就是跟随领导者到异地视察、调研、开会和参观等服务性工作。它包括外出之前的准备、外出期间的安排和外出结束后的总结等工作。值班工作，就是在机关值班室固定或轮流担任的工作。它包括承接上级指示、负责来访接待、安排领导活动、保证机关安全、处理突发事件、编写值班材料和承办领导者交办的事项等内容。印信工作，就是机关印章、领导者名章和各种戳记等的刻制、使用和保管工作。通信工作，就是对电话、电传和传真等通信设备的操作与管理工作。

五是业务方面工作。包括督察工作、协调工作、信访工作、信息工作、机要工作等。督察工作是对决策实施、中心工作、重要布置及领导者交办事项的督促检查工作。协调工作，就是调整和改善部门与部门之间、工作与工作之间关系的工作。它包括部门关系协调和工作协调，即调整和改善部门与部门之间的关系，以建立良好的内外部环境；调整和改善工作与工作之间的关系，使各项工作保持和谐化和同步化，以保证组织目标的实现。信访工作，就是处理人民群众来信和接待人民群众来访的工作。信息工作，就是信息的搜集、加工、传递和存贮工作。机要工作，就是经管重要秘密事项，使秘密特别是国家秘密不被泄露的工作。

2. 文秘人员掌握沟通艺术的意义

> 小田进公司不久，总经理的秘书就出国留学去了，由于她的谦虚、勤奋和聪明，总经理秘书这个空缺就被她填补了。随着"地位"的变化，她开始有些飘飘然了，不久，同事们能从她说话的口气中感受到她那种无形的优越感。市场部张经理原来是总经理办公室副经理，小田的顶头上司，这天他打电话来找总经理。小田回答："总经理出去了，等他一回来我马上就与你联络。"小田的这种回答让张经理非常郁闷。都是同一个公司的人，为什么还要"与你联络"？听小田这口气，总经理只属于她一个人，自己只是一个外人！他越想越生气，觉得有必要找个机会在总经理那里说道说道。

如果小田这么答复他："总经理现在不在，等他一回来我就给您打电话，您看可以吗？"那张经理心里就会舒服很多。

文秘人员的沟通是指文秘人员与外界进行思想、观点或信息的交换过程。这里的外界，显然包括了一切与之发生关系的人们。但文秘人员沟通的主要对象是其服务的对象，即主管领导，当然与同事、其他部门的工作人员、来访群众或客户的沟通也很重要。文秘人员掌握沟通艺术具有重要的意义，这主要是由文秘人员的工作性质、地位和工作内容决定的。

首先，文秘工作具有辅助性、从属性、被动性、机要性、事务性、综合性等特点。辅助性是文秘工作的本质属性。文秘人员要能够领会、贯彻领导的意图，就应该与领导多沟通，了解领导的性格特点、处事风格，尽量做到对领导的明示性或不明确性的意图都能心领神会；文秘人员的全部活动都必须在领导的授权下进行，自己好的建议、意见，只有通过有效的沟通，为领导所采纳，才能真正发挥参谋辅助的作用。如对领导进谏时，就要讲究艺术。如不要在公开的场合下向领导进谏；不要在领导情绪欠佳时进谏；注意进谏时的语气和神态。语气要温和婉转，态度要真诚，切忌鄙夷的神态、蔑视的眼神、得意的腔调、不耐烦的手势，等等。

1939 年 10 月 11 日，美国白宫正在进行一次具有历史意义的交谈，美国经济学家、罗斯福总统的私人顾问萨克斯受爱因斯坦等科学家的委托，正在说服罗斯福总统重视原子能的研究，抢在纳粹德国之前制造原子弹。萨克斯一直等了两个多月，才得到了这一次面见总统的机会，自然十分珍惜。于是他一开始就面呈爱因斯坦的长信，极力劝说罗斯福总统接受建议，但直到萨克斯说得口干舌燥，还是遭到了总统的拒绝，萨克斯第一回合的进谏只得以失败而告终。第二天萨克斯又得到一个机会和罗斯福一同共进早餐，可是罗斯福拒绝谈及此事，而聪明的萨克斯没有跟总统说起原子弹，而是谈起了英法战争时期，在欧洲大陆上不可一世而在海上却屡战屡败的拿破仑因为固执己见而没有接受年轻的美国发明家富尔顿的建议——把法国战舰装上蒸汽机，结果失去了使其重整雄风的最后机会的惨痛教训。萨克斯的故事终于使罗斯福总统感受到了新技术在战争中的巨大作用，从而心甘情愿地采纳了他的建议。

（来源：新浪网）

分析萨克斯劝谏的过程可以得知，其沟通成功的关键在于他巧妙地采用了间接的、暗示进谏方式。案例反映，在下级向上级陈述意见时，因其身份、地位的不同，采用借古喻今，由此及彼的迂回表达方法，往往比直陈己见的效果要好。

其次，文秘人员所处的中介地位，起着承上启下、联系左右、沟通内外的作用，这种沟通桥梁或纽带的作用的有效发挥，依靠文秘人员加强同各个部门间沟通的同时，要讲究沟通的艺术。文秘部门还是综合办事部门，文秘人员和文秘部门都应自觉担负起沟通协调的工作、有条理地处理纷繁复杂的事务性沟通工作，在综合服务中完成辅助领导的职责。文秘人员日常工作的上传下达，左右疏通也要讲究沟通艺术。在下达任务的时候，要站在上级的角度，把上情一丝不漏地讲得清清楚楚；在上报情况的时候，要站在下级的角度，把下情不含糊地说得明明白白。现实工作中，上下级领导不论是在看问题的观点和方法上，还是在解决问题的战略和战术上面，都会存在一些程度不同的差异。这些差异的存在是客观的，能不能缩小差异、找出差异的结合点，与文秘人员沟通协调艺术有着密切关系。特别是传达领导的批评意见时，就要更注意艺术。文秘人员传达时不能只当"学学舌"的传声筒，有时是需要"过滤"的。特别是传达领导对下级的批评，文秘人员要尽量了解情况，淡化领导批评时的情绪化色彩。汇报工作也如此，不能给人"打小报告"的印象。

> 一天，党委书记把工会秘书小张叫到办公室，问道："你们工会是怎么回事？听办公室的同志说，就差你们的学习计划没有报上来了！刚才打电话找你们主席也找不到。上次常委扩大会议工会主席也没有出席，你们工会这种拖拖拉拉的作风要改一改了！"小张心里明白，工会主席最近因为儿子出差，小孙子患病住院，没有参加上次会议，也耽误了报学习计划。在书记面前没有机会解释，只好回去向工会主席汇报："党委书记批评我们作风拖拉，说您上次没有参加会议，计划也没有交。""我小孙子住院一个多星期了，哪有时间讨论计划？上次会议我不是向党办老李请了假吗？这个书记也太官僚了！"

案例中小张如果能在书记面前适当解释，或传达书记话语时，懂得适当过滤，就不会引起矛盾。

最后，文秘工作的内容对文秘人员沟通艺术有较高的要求。如前所述，文秘人员有方方面面的工作，内容具体而复杂，哪一项工作也离不开沟通艺术。在办文、办会、办事中，不仅要运用口头语言沟通艺术，还要运用书面语言沟通艺术、体态语言沟通艺术，等等。常见的语言沟通艺术有拒绝的艺术、赞美的艺术、劝谏的艺术和幽默的艺术，等等。恰到好处地运用这些艺术，往往会有事半功倍的效果。而运用体态语言艺术，也是沟通艺术一个必不可少的方面。有些时候不用说得很明白，但是别人就会理解你的意思。比如，握手、眼神交流、面部表情、头部的不同位置的变化……这都是文秘人员理解对方意图切入点，也是让对方理解你的重要渠道。再如，文秘人员要运用书面沟通艺术，格式准确、逻辑严密、表达到位，力求最佳的沟通效果。

再来看看文秘具体业务工作对沟通艺术的要求。例如，协调工作。掌握了沟通艺术就能更好地协调关系，化解矛盾与冲突。在组织管理实践中，各子系统之间、各负责人之间、各工作人员之间难免存在误解、隔阂和矛盾等失调现象，文秘人员处于组织内外信息集散的重要枢纽，是组织运转的"神经系统"。当职能部门间出现事权交叉、事权冲突的失调状况时，文秘人员要运用沟通艺术处理好冲突和矛盾，维持组织的和谐运转。

又如，督察工作。督察工作是对各级领导工作的监督和检查，它对于保证政令畅通、克服形式主义和改进领导作风，都具有重要作用。文秘人员无论是现场督察、会议督察、书面督察、电话督察，都要讲究方法和艺术。要善于借领导之力以增强督办力度，但文秘部门的辅助性质，要求督察不能出现越位、擅权和独断等错误行为；要善于督察和调研相结合，善于举一反三，找出深层次原因，从而为领导决策提供帮助；必要时，文秘人员的督察还要明查与暗访相结合，以找到问题症结所在，真正发挥参谋助手的作用。

再如，信访工作。做好信访工作，可以密切党群关系，改进机关作风，排解群众困难，构建和谐社会，推动社会主义民主和现代化建设的进程。信访接待善于谈话是关键。谈话要认真、专心、耐心听取走访者的陈述，不可粗暴、急躁，打断走访者的申述，同时要边听边问边做记录。谈话要站在对方的角度，如："我看这件事去找某职能部门就行了"、"我帮你出个好主意……"（也可使用录音设备）即便挡驾，也要根据不同的来访者和不同的问题，要运用不同的语言风格和态度，配合体态语言，以收到最佳的挡驾效果。

> B市政府信访干部小刘，一日值班接待来访者朱某，据反映，其邻居横行霸道，最近在其屋前砌起一堵围墙，挡住其家人去路，经基层干部调解无法解决，要求市政府处理。小刘听罢，肝胆义侠的豪气勃发，竟然忘记了自己是市政府的干部，一本正经地说："他不讲理，你把他的围墙推倒不行？怕什么？"朱某听小刘如此"答复"，以为得到了市政府的支持，不禁神气百倍，回去后立即组织一帮亲友将邻居的围墙推倒。对方不服，也拉一班人马，最后双方大动干戈两败俱伤。基层干部在处理此事时，朱某一再声称"是市政府叫我推倒的"。小刘方知闯了祸，不得不承认自己"答复"之不慎。但因矛盾激化所造成的严重后果一时难以消除，市政府以及信访干部在群众中的良好形象受到损害。

可见，在信访工作中，接待人员要讲究沟通艺术，切忌信口开河。

3. 文秘人员沟通的主要方式

文秘人员沟通的方式是多种多样的，我们从不同的角度可以将文秘人员沟通分为如下类型：

第一，从对媒介的依赖程度，可分为直接沟通与间接沟通。直接沟通是一种面对面的沟通，它是人类固有的手段，除空气外无需其他的沟通媒介。如谈话、演讲等，它是人际沟通的主要方式。间接沟通是指需要媒介作居间的沟通，随着科技的进步，这种沟通作用越来越明显，甚至改变着人们以往的沟通习惯。例如，文秘人员利用网络、收发邮件、收发微博，等等。

第二，从沟通主体所沟通的个体的范围、规模来分，可分为自我沟通、人际沟通和组织沟通。自我沟通（Self - communication）也称内向沟通，即信息发送者和信息接收者为同一个行为主体，自行发出信息、自行传递、自我接收和理解是一切沟通的基础；人际沟通（Interpersonal communication）是指在两个或两个以上的人之间进行的信息传递过程，如文秘人员和同事、领导的沟通；组织沟通（Organizational communication）则是指在不同组织之间或组织内部各单元之间进行的信息传递，其信息的接收者和发送者是不同的组织单元。如文秘部门和其他职能部门之间的沟通。

第三，从组织的结构方式可分为下行沟通、上行沟通、平行沟通和斜向沟通。下行沟通（Downward communication）即由上而下的沟通，如领导指导、协调和评价文秘部门工作；上行沟通（Upward communication）即自下而上的沟通，如文秘人员汇报工作等；平行沟通（Horizontal communication）即指发生在工作群体内部同级同层次成员之间的信息沟通，如文秘部门和其他职能部门协商工作等；斜向沟通（Diagonal communication）指发生在组织中不属于同一部门和等级层次的人员之间的信息沟通。当财务部的一位主管会计直接与等级比他高的文秘部门领导联系时，他采用的是斜向沟通。斜向沟通的目的主要是为了加快信息的传递，所以它主要用于相互之间的情况通报、协商和支持，带有明显的协商性和主动性。

第四，从组织系统的角度，可分为正式沟通和非正式沟通。正式沟通是指一个组织与其他组织之间或组织内部间所进行的信息传递与交流，如公函来往，发送通知、通告、上级指示、下级汇报、定期不定期会议等。正式沟通（Formal communication）是指通过正规的组织程序，按权力等级链进行的沟通，或进行完成某项任务所必需的信息交流。一般领导向文秘人员布置任务或文秘人员向领导请示某个问题所进行的都是正式沟通。非正式沟通（Informal communication）是指没有列入管理范围，不按照正规的组织程序、隶属关系、等级系列来进行的沟通，如文秘人员私下与朋友的聚会等。非正式沟通由于不负有正式沟通所具有的责任且不必遵循一定的程序，因此其随意性较强、信息失真的可能性也较大。

第五，从沟通中使用符号形式来分，可分为口头语言沟通、文字语言沟通、非语言沟通和电子媒体沟通。

口头语言沟通如人们最经常采用的信息传递方式就是口头交谈，包括开会、面谈、电话、讨论、演讲等形式。它的优点是用途广泛、交流迅速，有什么问题可直接得到反馈。缺点是事后无据，也容易忘记。当一个信息要经过多人传递时，由于每一个人可能根据自己的理解传递信息，到最后，信息可能会发生歪曲。文秘人员工作中，存在大量口头语言的情况，因此，文秘人员的口头语言表达能力非常重要。

书面文字沟通是以书面等文字形式进行的沟通。往往比较正规和严肃。它的优点是由文字为据，信息可被长久保存；若有有关此信息的问题发生，可以进行检查核实，这对于重要信息的沟通是十分必要的。另外，文字形式可字斟句酌，以更准确地表达信息内容，而且，也可使许多人同时了解到同一信息内容，提高了信息传递速度，扩大了信息传递范围。它的缺点是需要花一定的时间来形成文字，用十分钟可讲完的事可能要花半小时才能写好；写得不好还会词不达意，影响信息的理解；缺乏直接反馈机制，无法确保发出的信息能被接收到，即使被接收到，也无法保证接收者能够对信息作出正确的理解。文秘人员特别是文字秘书，书面表达的机会很多，如撰写领导讲话稿、草拟文书等，因此文字功底对文秘人员也是非常重要的。

非语言沟通是既不是通过口头交谈，也不是通过书面文字形式进行的，而是采取非语言和文字的方式，主要指以非语言符号的形式沟通。如体态语言（表情、动作）、服饰语言、个人空间及距离语言、礼品、服饰等。任何口头沟通都包含非语言信息，美国项目管理人员研究发现：在口头交流中，信息的55%来自于面部表情和身体姿态，38%来自于语调，仅有7%来自于单纯的词汇。由此可见，非语言在沟通中起着重要的作用，作为一种辅助的沟通方式，非常有助于加强信息的传递。文秘工作中常用的非语言文字方式很多，有手势、面部表情和身体姿势行为等。

电子媒体沟通在当今世界信息传递过程中充当着越来越重要的角色。除了传统的电信和邮政系统沟通方式外，网络越来越发挥重要的作用。文秘人员用电子邮件或手机短信接发通知，用网络传递或保存、处理信息，召开网络视频会议等，不仅提高了工作效率，还大大节省了费用开支。

这种以符号形式划分的口头语言沟通、文字语言沟通、电子媒体（尤其是网络）沟通和非语言沟通等，是最具意义、最需技巧的，这也是本书的逻辑线索和各章节要讨论的重点。

☞ 阅读与讨论

阅读下面关于人际沟通障碍和组织内部沟通障碍的论述，了解沟通的艺术实质上是克服沟通障碍的艺术。

沟通障碍

一、人际沟通的一般障碍

人际沟通的主要特点有：第一，直接传播。不依赖大众传播媒介来做中介物，传播者不仅可以使用语言，而且能够运用表情、眼神、动作等多种渠道或手段来传达信息；可以直接了解传播者的情绪或个性等特征。第二，随意性大。传者和受者的位置在交流过程中可随时交换，传播的内容和方式也可根据现实情境随时调整改变。第三，保密性强。由于是直接交流，而且传播对象和范围可以控制，所以有其他方式不可比拟的保密性。第四，反馈迅速。直接交流的情况下，传受双方都容易积极主动地进行信息交流，如有中间媒介，反馈的速度和数量都会受到不同程度的影响。在沟通过程中，由于受环境、发送者和接收者沟通的水平、发送者和接收者之间存在的客观差异等因素的影响，沟通中信息失真、误解等现象会经常出现。

人际沟通中的障碍主要来自以下几个方面：第一，语言问题。语言不通是人们相互之间难以沟通的原因之一。当双方都听不懂对方的语言时，尽管也可以通过手势或其他动作来表达信息，但其效果将大为减弱。即使双方使用的是同一语言，有时也会因一词多义或双方理解力的不同而产生误解。第二，理解问题。语义曲解是另一个问题。由于一个人的知觉过程受多种因素的影响，常使得人们对同一事物会有不同的理解。例如，当上司信任你，分配你去从事一项富有挑战性的新工作时，你可能会误解为上司对你原有的工作业绩不满意而重新给你分配工作。我们常常认为别人也会像我们自己一样来理解这个世界，一旦对方的理解与自己不一样时，就奇怪怎么会这样。事实上，当人们面对某一信息时，是按照知觉的价值观、兴趣、爱好来选择、组织和理解这一信息的含义的，一旦理解不一致，信息沟通就会受阻。特别是在国际环境中，由于各国的文化不同，沟通更容易因理解不一致而受阻。第三，信息含糊或混乱。信息含糊主要是指信息发送者没有准确地表达清楚所要传递的信息，以至于接收者难以正确理解。这可能与发送者的表达能力有关，也可能是由于受时间等的限制而未能很好地表达清楚。在这种情况下，接收者不是不知所措，就是按自己的理解行事，以至于发生与信息发送者意愿可能大相径庭的后果。信息混乱则是指对同一事物有多种不同的信息。例如令出多门，使信息源发出的信息相互矛盾；朝令夕改，一会儿这样说，一会儿又那样说；言行不一，再三强调必须严格执行的制度实际上却没有执行，或信息发送者自己首先就没有执行。所有这些，都会使信息接收者不知所措、无所适从。第四，环境干扰。环境干扰是导致人际沟通受阻的主要原因之一。嘈杂的外部环境和杂乱的内心会使信息接收者难以全面、准确地接收（听清或记住）信息发送者所发出的信息。诸如交谈时相互之间的距离、所处的场合、当时的情绪、电话等传送媒介的质量等都会对信息的传递产生影响。环境的干扰往往造成信息在传递途中的损失和遗漏，甚至歪曲变形，从而造成错误的或不完整的信息传递。第五，抵触情绪。当个体面临所接收到的信息与其观念相冲突时，就有可能表现出抵触情绪。抵触是人们为了避免认可他人的能力而降低自尊所作出的下意识调整。每个人都有一个对自我的设想，一旦出现与其设想不一致的情况，他就可能会努力通过抵触来维护自尊或减轻焦虑。例如，当某个人因业绩差而受到指责时，他的第一反应常常是否认自己的业绩差。通过否认自己的错误，人们可以避免对自己能力的质疑。抵触情绪会使人歪曲事实或不肯正视事实，从而影响沟通的效果。

二、组织内部沟通的障碍

在一个组织内部，既存在着人与人之间的沟通，也存在着部门与部门之间的沟通。由于组织中的人们各自有不同的角色并且受到权力系统的制约，因而组织内部的沟通比单纯的人际沟通更为复杂。组织既是一个由各种各样的人所组成的群体，又是一个由充当着不同角色的组织成员所构成的整体。无论采用何种信息沟通网络，在组织信息沟通过程中，除了会发生人际沟通过程中发生的同样问题外，还会遇到一些组织沟通所特有的问题。影响组织良好沟通的特殊障碍主要表现在以下几个方面：第一，等级观念的影响。由于在组织中建有等级分明的权力保障系统，不同地位的人拥有不同的权力，这就使得组织中的人们在信息传递过程中，经常是首先关注信息的来源，即"是谁讲的"，其次才是信息内容。同样的信息，由不同地位的人来发布，效果会大不一样。这种等级观念的影响，常使得地位较低的人传递的重要信息不被重视，而地位较高的人发布的不重要信息得到不必要的过分重视，从而造成信息传递失误。

第二，小集团的影响。为了达到分工协作的目的，组织在形成过程中建立了各种各样的部门或机构，从而把组织分成了若干群体。由于每一群体都有共同的利益，因此在组织信息传递过程中，为了维护小团体自身的利益，他们可能会扭曲、掩盖甚至伪造信息，使信息变得混乱而不真实。在小集团思想的影响下，圈子外发出的信息不被重视，而对于圈子内的信息则很重视，造成了组织中"县官不如现管"的状况。另外，由于各部门看问题的角度不同，对同一个问题就会产生不同的看法，当不同的部门只从自己的部门角度出发来理解问题时，也会在无形中阻碍组织中的沟通。

第三，利益的影响。由于信息的特殊作用，人们在传播信息时常常会考虑所传递的信息是否会对自己的利益产生影响。当人们觉得此信息对自己的利益会产生不利影响时，就会自觉或不自觉地从心理上到行动上对此信息的传递采取对抗或抵制的态度，从而妨碍组织沟通。例如，由于信息是决定组织中某个人的影响力大小的因素之一（这是因为信息对组织来说不仅短缺而且重要。在一个组织中，信息对于正确决策是十分重要的，而重要信息又不是人人都可以获得的，这就使得组织中那些掌握着别人不知道的重要信息的人比其他人显得更有权威性），因此通常处于信息网络中心、能够获得别人得不到的重要信息的管理者，常常会为了增强自己的影响力而截留信息，或有目的地修改来自上级或下级的信息，从而导致信息的失真。

第四，信息的超负荷。现代组织中的信息传递快而且多。在高节奏的工作环境中，信息传递的任何延误都会造成重大损失；而信息大量地增加，会使人觉得难以抉择，无所适从。公文传递及召开会议本是使组织准确而迅速地传递信息的好形式，但若在组织设计中不好好确定哪些人应通过哪些渠道获得哪些信息，就会由于信息混杂而出现超负荷。例如，由于电子信息传播非常便利，往往会使管理者和员工的电子邮箱中积压大量的邮件，以至于他们常常没有时间来阅读与工作相关的所有电子信息。信息的超负荷不仅造成了"文山会海"，而且导致了人们对所传递信息的麻木不仁——当人们面对着众多信息时，可能会无视某些信息或将其束之高阁。

（来源：邢以群. 管理学. 北京：高等教育出版社，2010.）

第二节　文秘人员沟通艺术的素质要求

文秘人员要实现有效沟通，就要讲究沟通的艺术，而沟通艺术不是天生的。文秘人员要苦练内功，不断加强职业道德修养、提高思维水平、提高悟性、培养亲和的性格和健康的心理等。

一、职业道德素质

"道德"二字，在中国古代是分开用的。"道"，指道路，有发展变化规律之意。"德"，有"外得于人，内得于己"的意思。也就是说，在处理人与人之间的关系时，能够"以善德施于他人，使众人各得其益"；同时，"以善念存诸心中，使身心互得其益"。大概到春秋战国时期，"道德"二字连成一词大量出现了。荀子在《劝学》篇中说："故学至乎礼而止矣，夫是之谓道德之极。"这里所说的"礼"，就是指当时社会的道德原则和规范。简而言之，它是做人的规矩。"道德"一词，在今天具有丰富的含义，它是指人与人、个人与集体、个人与社会以及人对待自然的行为规范的总和；是指一种依靠社会舆论、传统习惯、教育示范和内心信念来维持的社会实践活动；也是指用来评价人们思想言行善恶荣辱的标准，以及个人思想品质和修养的境界等。道德是一种社会意识形态和上层建筑。

职业道德是人们在一定职业活动中的行为规范。文秘人员的职业道德是规定文秘人员在职业活动中的行为规范。文秘人员职业道德修养，最根本的是要树立正确的人生观和价值观，树立全心全意为人民服务的观念。优良的职业道德修养是文秘人员从事快节奏、高效率工作的动力，是文秘人员自我完善的必要条件，是文秘人员职业活动的指南。新时期文秘人员的职业道德修养，主要表现在以下几方面：

1. 遵纪守法

遵纪守法是指文秘人员要遵守国家有关法律法规，遵守职业纪律和与职业活动相关的法律、法规，要严格按照有关的工作程序、规定办事。文秘人员特别是高级领导的秘书，不能亵渎为人民服务的权力观，做出违法乱纪的事情来。

一般的文秘人员，虽然手中没有这些领导人的秘书的权力，但也要防微杜渐，不能丧失理想信念。遵纪守法应作为文秘工作的重要原则和职业修养来遵照执行。许多文秘部门为了实现文秘工作的规范化、制度化和科学化，建立了各种工作程序，这些程序对文秘人员的工作作了逐条逐项的规定，文秘人员必须严格执行，不能随心所欲地行事。需要逐级请示的，绝不越级；需要上级决定的，不擅自做主；需要与有关部门协商的，不自行其是；规定必需的手续，不能嫌麻烦而不照做。

2. 严守机密

2011年三、四月，国家统计局办公室一名秘书与央行研究局宏观经济研究处一副研究员因涉嫌数据泄密被有关部门带走调查。6月8日，路透社再次抢先发布我国经济数据，预测中国5月CPI较上年同期上涨5.4%，将追平3月创下的32个月高位；彭博社也发布经济学家对宏观数据的预测值，称5月的中国CPI同比涨幅为5.5%，这与国家统计局官方发布的中国5月CPI相关数据一致。

据统计，2008 年以来，路透社已累计 7 次精准地"蒙对"了我国的月度 CPI 数据。

提前泄露的数据信息，可能意味着可观的经济利益——多位业界分析人士在接受媒体采访时都认为，对一些经济机构来说，提前掌握宏观经济数据，有利于提前采取行动规避风险或谋取利益，尤其是一些和 CPI 联系紧密的金融产品，受 CPI 数据影响极大，提前获知 CPI 数据尤为重要。另外，从宏观层面来说，国家宏观经济数据屡遭提前泄露，还会影响国家的经济安全。

（来源：中国政府网）

秘书知密多、涉密高，必须具备严守机密的职业道德，这也是最基本的职业道德。我国从老一辈领导人开始，就十分注意文秘人员的保密工作。比如，刘少奇同志对他的文秘人员刘振德谈起工作问题时提到了三条，其中就有关于保密工作的。他说："到我这里工作，有三条要求：第一，要如实地向我反映情况，要说老实话，办老实事。凡是要经过我办的，要请示我的事情，你们不要自作主张；对外要如实地传达我的意见、我的话；不要以我的名义干其他个人的、别的事情。第二，你过去长期做机要工作，现在到我这里还是做机要工作，而且比你过去接触的机要文件更多更重要。保守机密这一点你是懂得的。第三，在这里工作，有些事知道得早一点、多一点，不能搞小道消息，也就是不该说的不说，不该问的不问，不该看的不看。对谁也是这三句话，包括我的孩子，都一样"。在谈到"孩子"两个字时，少奇同志还特别加重了语气①。

严守机密的原则：不该说的话，绝对不说；不该问的机密，绝对不问；不该看的机密，绝对不看；不该记录的机密，绝对不记录；不在非保密本上记录机密；不在私人通信中涉及机密；不在公共场所和家属、子女、亲友面前谈论机密；不在不利于保密的地方存放机密文件、资料；不在普通电话、明码电报、普通邮局传达机密事项；不携带机密材料游览、参观、探亲、访友和出入公共场所。

3. 忠于职守

一天，某市工业局秘书科的张科长正在办公室批阅文件，这时，本单位一位以爱上访告状闻名的退休干部谭某走了进来，说要找局长。张科长先热情地招呼他坐下，然后敲开了局长办公室的门，请示局长如何处置。局

---

① 廖小鸥. 秘书工作手册. 企业管理出版社，2005.

长此时正忙于局里的业务，不想见谭某，非常干脆地对张科长说了一句："告诉他我不在。"就又低头忙他的去了。张科长回到自己的办公室，对谭某说："领导不在办公室，你先回去，有什么事我可以代你转告。"既然这样，谭某也无话可说，悻悻地离开了秘书科。

约过了一个多小时，张科长起身去档案室，来到走廊，想不到却看见局长与谭某在卫生间门口握手寒暄并听到谭某说："刚才张科长说你不在办公室！""哪里，我一直在啊！"局长毫不迟疑地回答。张科长顿感浑身一阵冰凉。

原来，谭某离开秘书科以后，并未回家，而是极不甘心地在办公室的走廊内来回走动，刚巧碰上局长上卫生间，急忙抢上前去打招呼，这才有了刚才那一幕。事后，谭某逢人就散布张科长不地道，品质太差，欺下瞒上，没有资格当秘书科长。张科长有口难辩。刚开始感到很委屈，后来一想，当领导的这样做也是出于无奈，当秘书的应注意维护领导的形象，否则将给工作造成不良影响。所以，他从不对人解释此事，听到议论，也一笑置之。

忠于职守是对所有公务人员的基本要求，对于职能范围比较宽泛又有一定弹性的文秘人员来说，做到忠于职守、不失职、不越权并非易事，特别是文秘工作直接为领导工作服务，事关全局，无论是失职还是越权，都可能产生较大的消极影响。文秘人员在工作实践中，对此应予以高度重视。对一般性工作而言，职能范围是由法规性岗位职责所界定的。对文秘工作而言，其职能范围，随着组织的不同实际情况，领导工作的不同需要是有所区别的。文秘人员要明白自己的职责，应注意两个方面：一方面，要以办公室的岗位责任制为依据，明确自己的职责范围，哪些是自己应按常规处理的日常事务；哪些必须请示有关领导后才能进行处理；哪些问题未经领导授权不能处理；哪些属于自己不该知晓的问题而应回避；哪些问题尽管自己知晓但应严守机密，不得随意表态；等等。另一方面，要根据领导工作的需要和领导授权的范围，把握自己的工作行为：需要自己干的工作，应竭尽全力地做好，不需要自己插手的事情不能越职越位去参与。根据以上两个方面，把握住自己职能活动的范围，对自己该干的工作，应积极主动地努力去完成，对自己职能范围以外的工作，若有好的建议和想法，可通过组织渠道，提出参谋意见，供领导参考，绝不能擅自处理。实践证明，文秘人员只有明确了职能范围，才能在被动中发挥主观能动性。文秘人员在实际工作中，如果不能准确地把握自己的职能范围，就可能陷入误区，就可能出现失职或越权的错误情况。

失职的原因一般来说有以下几个方面：第一，对自己的职责范围理解得窄，表现为该自己办的事没有办，本来是职责范围内的常规性工作，因为疏漏或失误没有办好；第二，虽然知道自己的职责范围，但由于业务水平低或过于谨小慎微，表现为明知该办的事也要等待领导的指示，或者领导授权后还要处处请示领导，领导拨一下动一下，若领导授权后不加督导，就不去办，往往一项工作要领导多次催促才能完成，否则就被动地等待或拖着不办；第三，责任感不强，工作中无计划，丢三落四，该做的工作没有做，该办好的事务没有办好等。无论是哪种原因造成的失职行为，都会对工作造成不同程度的损失。

越权的原因主要有：第一，对自己的职责范围理解得过宽，工作热情有余，工作经验不足或方法不妥，本来是其他同事权限范围的事，自己却去插手，本来是应请示上级的事，却擅自做主；第二，虽然清楚自己的职责范围，但由于工作有成绩或受到了领导的重视，自我感觉过热，忘乎所以，以"二首长"自居，越权参与，擅作主张，指手画脚；第三，工作中带有极大的随意性，或凭兴趣出发，不自觉地超出了自己的职责范围。

无论什么原因引起的失职或越权，都是对领导工作的干扰，其作用都是消极的。从管理的角度来说，失职和越权会使工作的有序运转出现脱节，合理的权力分配体系出现紊乱。从团体意识来说，失职和越权都可能引起组织成员之间的矛盾或纠纷，特别是文秘部门处于机关领导中枢的位置，其人员的失职和越权很可能造成领导和群众之间，或领导之间，或领导与文秘人员之间产生误解或隔阂，使组织出现内耗，在文秘工作中哪怕是某一个局部、某一个环节上的失职或越权，都可能使工作造成混乱。因此，文秘人员应当不断提高自己的思想修养和业务能力，加强组织观念和工作责任感，准确把握自己的职能范围，做到既不失职又不越权。

4. 克己奉公

"感动中国·2011 年度人物"、公安部党委委员、副部长、纪委书记、督察长刘金国就是一个克己奉公的人。"感动中国"组委会给予刘金国的颁奖辞是："贼有未曾经我缚，事无不可对人言。是盾，就矗立在危险前沿，寸步不退。是剑，就向邪恶扬眉出鞘，绝不姑息。烈火锻造的铁血将帅，两袖清风的忠诚卫士。"刘金国在 2010 年 7 月 16 日大连新港输油管线爆炸火灾事故现场置生死于不顾的坚守，我们感受到的是他那震撼人心的人格力量。刘金国就是这样一个视人民利益高于一切的人。在他的日程表上，工作之外还是工作，他日夜操劳、不惧艰难的身影遍布公安工作第一线。铁血将帅的另一张面孔，是两袖清风的忠诚卫士。在他的眼里，公和私界限分明，作为一名高级干部，清正廉洁近乎决绝。1995 年，刘金国调到河北省公安厅，搬家时他的全部家当只有半卡车旧家具和一台黑白电视机。单位分给他一套房子，需要交 4.6 万元的集资款，但刘金国硬是拿不出这笔钱，最后只能找银行贷款。担任领导职务几十年，刘金国亲手审批过近 20 万个"农转非"指标，可他自己的 38 个亲属无一跳出"农门"。刘金国对党的事业的无比忠诚、对公安工作的执著付出、对人民利益的高度负责，处处让人感动，时时撼人心灵！"感动中国"人物，是民意加冕的至高荣誉，刘金国当之无愧。

（来源：中国政府网）

克己奉公这个成语来自《后汉书·祭遵传》，祭遵为人廉约小心，克己奉公。如果得到赏赐则会全部给自己的士卒，家中没有任何私财。克己的含义是克制、约束自己；奉公就是以公事为重，约束自己的私欲。克己奉公是一种很好的品德。文秘人员和领导接近，所以可能不知不觉中就接近了一些利益，也就是说假公济私的机会多了一点，再加上一些不法之徒，认为要接近领导首先要接近文秘人员，所以工作中文秘人员受到的诱惑很大。正因为如此，要特别地强调文秘人员克己奉公。克己必然廉洁，廉洁奉公是高尚道德情操在职业活动中的重要体现，是文秘人员应有的思想道德品质和行为准则。它要求文秘人员在职业活动中要坚持原则，不利用职务之便假借领导名义以权谋私，不搞你给我一点"好处"，我回报你一点"实惠"的所谓"等价交换"。要以国家、人民和本单位整体利益为重，自觉奉献，不为名利所动，以自己的实际行动抵制和反对不正之风。

二、思维素质

思维素质是文秘人员又一重要的职业素养。文秘人员要辅助领导，应具备基本的思维素质和特殊的思维素质以及现代思维方式。

1. 基本的思维素质

文秘人员只有具备以下基本的思维素质，才能具有对问题的分析能力，进而具有解决问题的实际能力。

第一，广阔性。要能够全面地看问题，能在不同的知识领域和实践领域里创造性地思考，既能抓住重点，又不忽视重要的细节。因为从哲学上来说，重点与非重点之间存在着相互转化的关系，所以文秘人员思考的时候不能只抓重点而忽视重要的细节。

第二，深刻性。不粗枝大叶而是精心研究，不浅尝辄止而是锲而不舍，能够透过现象看到本质，抓住事物的核心。

第三，独立性。不人云亦云，不受别人暗示的影响。但是应当注意，文秘人员毕竟是为领导工作服务的，这种思维的独立性，必须建立在遵照领导意图行事的基础上。

第四，灵活性。能够在不断变化的发展环境中审时度势，正确反映现实，随机应变，一切都以时间、地点、条件为转移，善于从实际情况的变化出发，去思考问题，实事求是地解决问题。

第五，逻辑性。在汇报工作、布置任务、撰写文稿等工作中，逻辑思维发挥着重要的作用。文秘人员的思维不应该有混乱、跳跃、含混不清、左右摇摆、琢磨不定的缺点。

第六，敏捷性。能够在较短时间发现问题，采取果断措施，解决问题。

> 秘书小魏第一天到区政府办公室上班，主任就考验了他一番。有一道题是这样的：办公室秘书科和文书科两个房间互为隔壁，一个房间中的三个开关控制另一个房间的三盏灯。
>
> 你只能各进入这两个房间一次，怎么来判断哪个开关控制哪盏灯？
>
> 小魏稍加思考，又在纸上画了画，说："先开 A 开关，过几分钟关，再开 B 开关，去另一房间，亮着的自然是 B 开关控制的，再摸摸另两盏灯，热着的就是 A 开关控制的。"
>
> 主任满意地笑了。

上述案例中主任是在考察小魏的逻辑思维能力。

2. 文秘人员的特殊思维要求

除了基本的思维素质外，文秘人员还应具备特殊的思维。所谓文秘人员的特殊思维，是指文秘人员为辅助领导工作而以领导思维为中心的一种思维。

> 某街道团支书小王被借调到西南某市防汛办公室当秘书。到了新的岗位，他第一件事就是着手收集有关资料，尽量掌握情况。凭着他的努力，他把该市几十年来的气象和汛情资料全部找到了，还将有的数据编入计算机，绘成曲线。领导看后，很是高兴。不久，市里召开防汛工作会议，由于早有准备，领导迅速作出汇报，从历史现状侃侃而谈，娓娓道来，给市里提出了切实可行的防汛措施，受到市领导的高度评价。事后，小王被正式调到防汛办做了办公室主任。

　　上述案例是文秘人员特殊思维中超前思维的情况。特殊思维表现在以下几个方面：

　　首先，要力求与领导思维同步。文秘人员是为领导工作服务的，与领导思维同步，也就是说，领导想要开展的工作，文秘人员应立即想到，并围绕领导的意图，迅速展开，做好铺垫、服务和辅助工作。如当领导关注某一现象或动态时，文秘人员应立即抓住领导的关注点，及时收集处理大量有价值的相关信息，迅速开展调查研究，协助领导更加清晰、准确地认识和分析现象或动态，把握现象的本质和发展变化的趋势；又如当领导紧张地思考关键问题时，文秘人员的辅助和服务思维也必须紧张而合拍地跟上领导思维的节奏；当处于等待时期阶段，或处于静观其变的阶段，或处于相对稳定的阶段，领导的思维相对平缓，文秘人员辅助和服务的思维也应相对平缓，与领导合拍。

　　其次，要加快节奏，超前思维。加快节奏的超前思维，并不是与领导思维的脱节，也不是否定与领导思维的同步，而是在与领导思维总体同步的基础上，在某些特殊而且必要的情况下，为领导工作做好铺垫，需要文秘人员加快思维节奏，进行超前思维。如某项工作即将结束，新的工作将要开始时，文秘人员在总结前段工作的基础上收集将要开始的新工作的信息资料，进行超前思维，为领导开展新工作做好准备。又如每当实践中出现某种新的情况、新的问题或新的倾向时，领导都将采取相应的对策，开展一些新的工作。当这种新的倾向显露时，文秘人员要加快思维节奏，进行超前思维，协助领导把握新的倾向的特征、影响及对应办法，并尽可能做一些前期准备。再如，每当召开重要会议之前，文秘人员要加快思维节奏，进行超前思维，提前做好文件准备、事务准备等，并对会议要解决的问题事先多做些调查研究，在充分准备的基础上，把会议开好，确保会议的质量和效果。

　　最后，放缓节奏，继后思维。放缓思维节奏的继后思维，也是在与领导思维总体同步的基础上，在某些特殊而且必要的情况下，为了有效地补充领导思维而放缓思维节奏进行的继后思维。继后思维是与超前思维相对应、相匹配的。凡是文秘人员要进行超前思维的环节，都有对应的环节要适当放缓思维节奏，进行继后思维。如每当一项工作任务正式完成或一个工作周期结束后，文秘人员要适当放缓思维节奏，进行继后思维，思考已经结束的工作有无遗留问题，有无疏漏，并协助领导予以解决后续事务，使工作任务完成得更为圆满。又如当一个新的决定作出后，文秘人员要适当放缓思维节奏，进行继后思维，思考这一决定是否周密，有无忽视的因素，思考执行这一决定的各环节安排是否妥善，各方面配合是否协调。若发现问题，应及时协助领导进行补充和调整。例如，东北军阀张作霖没什么文化，在一次给日本"友人"题词时，把"张作霖手墨"的"墨"字写成了黑，有人说："大帅，缺个土。"正当张作霖一脸窘相时，身边的一个秘书却大喝一声："你懂什么！这叫'寸土不让'！大帅能轻而易举地将'土'拱手送给别人吗？"这位秘书后来成了张作霖离不了的得力助手。再如，当一个重要会议结束后，文秘人员要适当放缓思维节奏，进行继后思维，处理会后事务，收集会议后的反映，协助领导做好会后落实会议精神的工作，确保会议取得预期效果。

3. 现代思维方式

现代思维方式是人们在传统思维方式基础上经过扬弃，在主客体相互作用中形成的。它的表现形式主要有相似联想思维、发散思维、逆向思维、侧向思维、动态思维等。相似联想思维，就是由于某人或某事而想起其他相关的概念；发散思维是一种多方面、多角度、多层次的思维过程；逆向思维就是从对立、相反的角度去思考问题；侧向思维就是把注意力转向外部次要因素，从而找到在问题限定条件下的常规方法之外的新思路；动态思维就是以不断变化着的思维去把握生生不息的世界。文秘人员应掌握这几种思维方式，以便增强思维能力，做好文秘工作。

三、悟性（能力素质）

准确领会领导意图，是完成好领导交给的任务，做好文秘工作的前提。这就要求文秘人员具有较高的悟性。悟者，吾心也。性者，心之所生。悟性是指对万事万物，必须用心去认识。悟性人人有，他书不能尽言，言不能尽义。科学家发明创造，文学家吟诗作赋，艺术家独具匠心，都是在开悟之后，即有所得。悟性不是一种天赋，它来自于工作阅历和工作经验，来自于细心观察、勤于探索、用心体验。简言之，悟性是对事物理解和分析的领悟能力。

大学同窗王芳和李兰几乎同时应聘在某农产品超市当办公室文员。不久，李兰受到了总经理的青睐，一再被提升，很快就做到了部门经理，可工作起来同样吃苦的王芳却一直在做着文员。终于有一天，王芳忍无可忍，向总经理提辞呈，并痛斥总经理用人不公。

总经理耐心地听着，若有所思。忽然他说，"年轻人，别忙着辞职，先帮我到今天的集市上看看，有什么可卖的。"王芳很快就从集市上回来说，"只有一个农民拉了一车土豆在卖。""一车大约有多少袋，多少斤？"总经理问，王芳又跑回去，回来说有10袋。"价格是多少"？总经理又问，王芳欲再次跑回集市，总经理望着气喘吁吁的她说，"请休息一会儿吧，你可以看看李兰是怎么做的。"说完，叫过李兰并对她说："请你马上到集市上去看看，今天有什么可卖的。"

李兰很快从集市上跑回来了，汇报说到现在为止，只有一个农民在卖土豆，有 10 袋，价格适中，质量很好，她带回几个让总经理看看，这个农民过会还要弄几筐西红柿上市，据李兰看价格还公道，这种价格的西红柿总经理可能会要，所以，她不仅带回了几个西红柿做样品，还把那个农民也带来了，他现在正在外面等着回话呢！面对着这一幕，王芳感受到了自己的差距。

（来源：中国营销网）

上述案例反映的是文秘人员悟性的不同，工作中李兰比王芳有悟性，于是她在工作上总会取得成功。文秘人员的悟性，是指文秘人员在工作过程中体现出来的能充分领悟工作精神，能充分发挥自己的才能，能把事情办得既遵章守法又使领导满意，大家认同的一种良好的内在素质。文秘人员的悟性具体表现为：听知能力、记忆能力、观察能力、应变能力、社交能力、表达能力、管理能力等等。

1. 良好的听知能力

听知能力又称口语理解能力。听取领导者的口头指示，记录领导者的会议发言和对某些事情的陈述等，都离不开文秘人员的听知能力。一般来说，领导者喜欢无需交代两遍就能明白意图的下属。文秘人员的听知能力首先要求文秘人员注意力高度集中。语言信号是易逝的，文秘人员不能随便要求说话人特别是领导者重复他们的讲话。因此，高度集中的注意力，是文秘人员听知能力的基础。其次要求文秘人员具有迅速准确的理解力。口语信号的表达往往同一定的情境有关，也常因不同的表达风格而使同样的话具有不同的含义。文秘人员要善于从领导的发言中抓住要点，判断其真实用意，察觉其言外之意，从领导的语气、停顿、眼神、表情和姿势中体会其说话的分量，从而抓住矛盾的焦点，找到问题的症结。这就要求文秘人员在倾听领导或同事谈话时，不仅用耳，更要用"心"，要听话中话，听出对方话中的弦外之音。

1949 年国共谈判时，毛泽东接见了国民党政府代表刘裴先生。刘先生对和谈前景尚有疑问，又不好直说，就采用侧问方式来探毛泽东的口气。刘问："您会打麻将吗？"毛答："晓得些，晓得些。"刘问："您爱打清一色的呢，还是喜欢打平和？"毛泽东听出了弦外之音，就笑着说："平和、平和，只要和了就行了。"一问一答，寓意深长，刘裴先生疑虑顿消。

（来源：西柏坡政府网之《车行漫记——新中国从这里走出来》）

案例中，毛泽东显然是听出了弦外之音。

2. 良好的记忆能力

文秘人员有了良好的听知能力，还要有较好的记忆能力。听懂了，还要记得住、记得牢。记忆能力可以分为形象记忆、逻辑记忆、情感记忆和运动记忆四种。对于文秘人员来说，前面三种记忆能力都比较重要。比如，记忆抽象的理论、公式、概念；记忆具体的人物、时间等。因为文秘工作很多，要打交道的人也很多，如果记不住，会影响工作。我们知道周恩来总理是出色的外交家、政治家，在国内国外，在党内党外都有很多的朋友，是一个非常有人格魅力的领袖人物，这种魅力很大程度来源于他的记忆能力。1956 年，他会见从海外归来的陈思远的时候，就谈起了 1938 年他们在武汉相逢的情景。你想象一下，陈思远当时该有多么激动。

3. 良好的观察能力

观察能力是指发现事物的特征、规律的能力，尤其是一种善于从隐藏的、复杂的、变动不居的社会现象中发现有价值、有启发性、决定性意义东西的能力。文秘人员特殊的工作情况要求其比一般人要更有敏锐的观察能力，以便在工作中迅速抓住事情的关键症结所在，对症下药，有效地完成文秘人员工作。要善于从纷繁复杂的环境中发现事情的根源，抓住最本质的东西，文秘人员就要善于察言观色、心领神会、触类旁通。例如，要敏锐地观察组织内外环境条件的新变化、新情况、新动向和新问题，并及时提醒领导给予关注；要在跟踪为领导工作提供综合服务的过程中，敏锐地发现工作中出现的新需要，领导工作中出现的疏漏和失误，组织运转环节上的失调，以及某些被人忽视的潜在的矛盾等，及时向领导反映；要根据领导工作日程安排，留心领导工作的进程，对将要进行的工作为领导早做准备，并提醒领导按预定安排做好每一项工作；要对领导联系的对象、上级机关的有关文件、新公布的有关法规、有关重要的管理数据、领导与有关方面的预约会见会谈等随时记录，并牢记于心，当领导询问时，要对答如流，当领导遗忘时，要及时提醒。有些事务，看起来是细节性的、具体性的，甚至是无关紧要的，但在领导工作中一旦出现疏忽，造成的不良影响，仍会带来损失，甚至会影响到组织形象和领导威信。

4. 良好的表达能力

文秘人员往往是领导的"笔杆子"，要替领导起草写作各种文件，因此要具有较好的文字表达能力；同时文秘人员又要协调工作，经常开会，发表演讲，这就要求文秘人员同时要有较好的口头表达能力。

田家英正是以其良好的历史修养、文字功底成为毛主席文秘人员的。田家英将"满招损，谦受益"的中国古代名句化为"谦虚使人进步，骄傲使人落后"

受到毛泽东的赞赏，并最终成为流传广泛的名句。

5. 良好的社交能力

良好的社交能力最重要的一点就是能够面对不同的对象采取不同的沟通方式，采取不同的说服、咨询策略。与一般人相比，文秘人员的社交能力就更为重要，因为，他接触的人多，很频繁，能否搞好社交活动，关系到文秘工作的成败。文秘人员应当充分利用自己与领导接近的关系，广泛地与社会各界接触，以开辟信息来源，搞活各方关系，从而取得良好的工作成效。

6. 良好的应变能力

文秘人员应当具有灵活巧妙的应变能力。这主要表现在审时应变，遇到突发情况不惊慌失措，无所适从，而是沉着冷静，应付自如，随机应变。这正所谓："智者善谋，不如当时。"应变能力体现之一就是处理危机的能力。社会复杂动荡，市场竞争激烈，企业、单位各种突发事件随时都会发生，文秘人员不应紧张不安、焦急烦躁，而要保持心情宁静，沉着应变。

7. 良好的管理能力

文秘人员经常要按照领导的意图组织各类活动，应当有驾驭、组织、协调、执行和控制管理全过程的能力，如果缺乏这种管理能力，就无法有序高效地把工作搞好。管理能力包括计划能力、调度能力和执行能力等。计划能力是指为了实现组织的目标，在周密调查研究的基础上，制定实施规划（纲领）和方案的本领。文秘人员要负责为领导、为单位或者企业制定年度工作计划、目标，月工作安排，撰写工作总结、月大事记。具备很好的点面兼顾的计划能力就会使制定的计划、方案能够帮助领导及单位提高效率。调度能力就是指能够运用手中有限的推动力、引发力，运用手中的资源来完成领导交办的各项工作。

四、性格和心理素质

每个人的性格是不一样的，和一般的职业比，文秘工作与人打交道的机会较多，这就要求文秘人员最好具备乐观、谦逊和亲和的性格。同时，健康的心理对文秘人员来说也非常重要。

1. 乐观、谦逊、亲和的性格

性格是个性最鲜明的表现，是个性心理特征中的核心特征，它不仅与气质、智力（综合性能力）的关系非同一般，而且，性格还往往决定了一个人的工作作风。同时，性格还具有情感特征和意志特征。培养美的情感、陶冶高尚的情操，也是塑造人的性格的一个重要途径。通常而言，人们把人的性格分为两种：内向性格和外向性格。内向性格的人的特点是比较沉默寡言，不太愿意主动与人交往沟通，往往给人木讷、孤傲、难以接近的感觉，但是这种人往往是内秀的，他们心思细密，考虑问题十分周到，做起事情来有板有眼，一丝不苟，能够按部就班地达成自己的目的。通常来说，这种人很能保守机密。文秘工作日常事务性的工作很多，而且千头万绪，正适合内向性格的人来干。同时，文秘工作接触领导多，接触企业、单位的机密的时候也很多，这种人严守机密，会让领导放心。不过，性格内向的人不爱交际，这和文秘工作常常要对外沟通、协调性质相矛盾，十分不利。性格外向的人一般主动热情，性格随和，左右逢源，八面玲珑，有很好的沟通协调能力，很会做事情，善于和各式各样的人打交道。而且这种人一般有很强的创造性，尤其是在关键时刻有机智、有点子。所以，做文秘工作的人，最好能够两种性格都有一点，做起工作来才游刃有余。

文秘人员和领导、同事、客户、群众等打交道的机会相对较多，乐观、谦逊、亲和的性格就尤为重要。

第一，乐观。医学家们认为，乐观、开朗、愉快、喜悦的情绪，能增强大脑皮层的功能和整个神经系统的张力，促使皮质激素与脑啡肽类物质的分泌，使机体抗病能力大大增强，并能活跃体内的免疫系统，从而有利于防病治病。这就是说，用乐观的精神取代不良情绪，对人体健康十分重要；同时也说明，除了快乐的情绪可以悦心以外，没有一种药剂可以达到这种效果。文秘人员必须保持乐观的心态，才可能真正做好文秘工作。

美国有位建筑师林海瑟先生以其卓越的设计能力赚了很多钱，可是因为一次错误设计就把过去赚的钱赔光了，公司也宣告破产。他感觉前途渺茫，驾着汽车毫无目的地乱开，差点撞到一个人。那人本来很生气，没想到抬头一看："啊，原来是林海瑟先生！你怎么会来这里呢？"林海瑟说："我是来这里散心的。"那人说："有什么问题吗？"林海瑟说："我的公司破产了！"那人说："破产有什么了不起！一年前我也破产了，但是现在我又爬起来了！如果你不介意的话，我请你喝咖啡，告诉你我的经验。"结果，他们竟然聊出了很多积极的想法，于是决定成立一个"失败者联谊会"。联谊会规定，一定要有破产经历的人才能参加，以便彼此分享失败的经验，知道如何重新崛起。后来他们突破困境，再创成功。

（来源：http://www.xiexingcun.com/lizhi）

正是这种乐观的心态，让上述案例中的林海瑟先生东山再起，再创辉煌的。

第二，谦逊。谦逊是一种美德。我国有很多古训都是教人以谦和的。比如：戒骄戒躁，骄者必败。这是最直接地教人们不要骄横跋扈。骄横者：闯王丢了天下，马谡失了街亭。小事上也一样：做生意骄横了，会失去顾客；做人骄横了，会失去朋友。谦逊之所以贵，贵在受人尊敬。你对人谦虚和气一点儿，人家会反过来倍加尊敬你，把你作为有教养、有德行的人看待。文秘工作接近领导，有的时候会让一些人产生"狐假虎威"的感觉，对自己的同事傲慢相待，这就很不利于自己的工作。此外，文秘工作在为领导工作服务的过程中，既有琐碎的日常事务，又有繁重的突击任务，而且事事都与领导工作直接关联，都是领导机关工作作风的具体体现。文秘人员在工作中摆正位置、踏实稳重，忙而不乱、累而无怨正是必须具备的性格。

> 又到年底总结的时候了，秘书小李忙碌起来。因为他们处长点名让他负责今年处里的总结，处长要在局里的总结大会上作汇报。与往年不同的是，局里早就明确表示，今年要进行改革，打破奖金发放的平均主义。年底总结，每个处都要上台讲一讲，然后进行评比，哪个处工作做得好，处里人员的奖金就升一级，工作做得不好的，奖金就降一级。俗话说，"做得好不如说得好"。这句话虽然有弄虚作假的嫌疑，但也说明做得好，也要说得好，否则，不了解情况的人怎么知道你做得好呢？因此各个处都较上了劲，除了工作完成出色外，都在年底的报告上下足了工夫。小李是名牌大学中文系的高才生，平时写文件就是一把好手。刘处长叮嘱他说："今年处里的工作是出色的，能不能让局领导满意，就看你的总结报告是否出彩了。"小李接到任务后，连着熬了几个通宵，终于写出了一篇洋洋洒洒，既有文采又有深度的总结报告交给处长审阅。处长看了连连点头，非常满意，高兴地说："今年咱们处这奖金是拿定了。"果然，在全局的总结大会上，李秘书写的稿子让刘处长声情并茂地一讲，获得了全局一致的好评。会后，局长还专门对刘处长说："老刘，今年你们处的总结不错，很有深度。"刘处长听了很得意。知道内情的人都说这是李秘书的功劳，小李得悉后严肃地说："不能这么说，我只是写了个草稿，最后还是处长定的稿。"

上述案例小李谦逊的品格值得文秘人员学习。相反的情况我们也经常能看到，有的文秘人员居功自傲，有的取得一点点成绩就四处标榜，唯恐别人不知道。文秘人员业绩往往是隐蔽的，成果往往不会署名，工作性质要求文秘人员具有谦逊的好品格。

第三，亲和。文秘人员性格是否具有亲和力，是能否发挥沟通艺术的关键。亲和，与乐观、谦逊相辅相成。同时，还有两点很重要。一是笑容。笑脸是一个人最好的名片，是你成功的一大保证。作为文秘人员，学着让自己在别人尤其是同事面前呈现出灿烂的笑容，肯定有助于你才能的发挥。这一点在后面的体态语言中还会谈到。二是善解人意。善解人意就是指能够及时准确地了解别人的需求、想法，并从行动上给予回应。简单地说就是想人之所想，急人之所急。善解人意还要知道别人讨厌什么，不喜欢什么，主动地加以回避，或者帮助别人趋利避害。

小丁与小孙同时进入某机关担任秘书，两个人同样有较强的工作能力，无论领导交给他俩什么任务，他俩都能非常圆满地完成。为此，两个人经常受到领导的表扬。但是，在同事之中，他们俩却有不同的地方。大家都喜欢小丁，有什么事总是找他帮助。而小丁也的确为大家做了许多事，因为他谦逊又有能力，与大家非常合得来；而小孙则不同，虽然他能力也强，但大家都不太与他合得来，有什么事也不会找他帮忙，因为小孙这个人有些个性高傲。小孙也意识到了这种差别，但他并不想改变这种状态，他以为这样很好。无论同事们怎么对自己，领导总还是喜欢自己的，有领导撑腰，他不必总是顾虑再三。况且这样也不错，他可以按照自己的个性安排一切，不必因别人的看法而改变自己的生活。而且从心底而论，小孙有些看不起小丁。小孙认为小丁那种谦让态度十分虚伪，是一种做作的表现，很俗。当然，小孙并没有把自己这种感觉表露出来，他认为无论小丁怎么做，都是人家自己的事，别人不应该干涉他。可见，小孙也是具有一定容人之量的，但可惜他没有表现出来。就在小孙按照自己的个性工作的时候，领导说要在他们之中提拔一名宣传干事，而且这次领导有明确指示，一定要坚持群众选举，任何人不得从中作梗。面对这样一个好机会，小孙从心底认为自己应该能上去，因为他不但喜欢这份工作，而且坚信自己一定能干好，绝对不会辜负领导的厚望。但是，听说这次不是领导任命，而是由群众直接选举，他的心真的有些凉了。他明白凭自己的群众关系，自己绝不是小丁的对手，况且小丁在搞宣传的方法上也有其独到的能力。结果正如他所预料的那样：小丁几乎以全票得到了这个职位。其实要是小孙去了，工作照样能做好。

一个本来平等的机会，结果由于两者性格和人缘的不同而导致了巨大的偏差。这个教训值得每一个人文秘人员认真思索。

2. 健康的心理

心理学认为，心理健康是指个体在各种环境中能保持一种良好的心理状态，是一种持续的心理上的适应。心理健康的人，不仅具有正常的智力，积极的情绪情感，坚强的意志和良好的性格，而且能很快适应环境以及有和谐的人际关系。

文秘人员角色特殊，事务繁重，其心理常处于紧张的状态。影响文秘人员心理健康的因素主要有：第一，负担过重。文秘人员的工作时间大大超出常人，加班加点、掌灯熬夜是家常便饭，超负荷运转极易影响文秘人员的身心健康，引起心理失调。第二，各种压力。通常情况下，文秘人员会面临来自各方面的压力，如环境压力、精神压力，竞争压力及舆论压力等。特别是舆论压力。三人成虎，人言可畏，文秘人员的一言一行都会引起各种各样的评说和议论。这些有声或无声的压力，使文秘人员的神经系统时时处于紧张状态，从而造成心理负担甚至发生疾病。第三，关系复杂。文秘人员处于一个上下、左右、内外等各种复杂的人际关系网络中，彼此之间若有怀疑忌妒，就会产生矛盾，引起心理冷漠，影响工作开展。

现在有学者提出，文秘人员健康的心理标准应该是高情商、高逆商。情商（Emotiongal Quotient，EQ）是指人的情绪智力。情商是反映人认识、控制和调节自身和他人情感，以及在人际交往中控制自己和他人情绪的能力。逆商（Adversity Quotient，AQ），全称逆境商数、厄运商数，一般被译为挫折商或逆境商，是指人们面对逆境时的反应方式，即面对挫折、摆脱困境和超越困难的能力。从某种意义上讲，逆商是衡量一个人抗压能力的标准。

玛莎·斯图尔特是从贫穷家庭走出来的波兰移民后裔，从一个模特儿，走到"美国第二大女富豪"的位置。今时今日，玛莎帝国包括家政、家居、餐饮、生活、礼仪等诸多事业：数不清的人睡觉时穿"玛莎"牌全棉睡袍，看电视看美国哥伦比亚广播公司播放的《玛莎·斯图尔特的生活》，起居室摆放的是"玛莎"牌木质咖啡桌，上面摆着"玛莎"生活杂志……全美中产阶级从未想过生活方式除了玛莎那样的还可以选择什么。而她却在63岁德高望重、功成名就时，因为一桩总值只有4.5万美元的证券官司，而从"美国偶像"跌落为阶下囚。而这个女人，在这样一个巨大如漩涡的逆境中，展现了她非凡的逆境智慧。面临这桩官司，她像每次在电视节目中出现一样，优雅从容，纹丝不乱。

玛莎在狱中的日子，公司股票绝无下挫，一路走高。这不仅来自于偶像昔日的力量，更是由于美国大众和投资者看好这个奉行完美主义的非凡女子的未来。出狱后，玛莎还有禁闭在家5个月的惩罚，她不寂寞，大批媒体排着队等待采访她。《商业周刊》形容，玛莎是近几年来美国企业界少有的"复出传奇"之一。

（来源：彭湛峰. 成功中的逆商. 国际人才交流，2006，10.）

上述案例反映了玛莎非凡的高逆商。

有人说，"顺境要情商，逆境要逆商"，不无道理。高情商、高逆商是文秘人员心理健康的体现。具体讲，健康的心理表现应该是：第一，智力正常。这是从事文秘人员活动的基本条件，也是衡量文秘人员心理健康的起码标准。第二，情绪成熟。文秘人员应该培养积极、乐观、平稳的情绪，不要喜则手舞足蹈，悲则呼天抢地，忧则愁眉苦脸，怒则暴跳如雷，要欢乐有度，悲愤有节。第三，行为协调。文秘人员要自觉培养正当、合理的需要，注意性格对行为的影响，不断矫正不良的行为，随环境变化对行为进行自我调整，从而保证心理健康。第四，工作专注。文秘人员要不受外界或自身的干扰，注意克服过多的转移，防止工作时的心不在焉，要始终陶醉在工作的愉悦之中。第五，关系和谐。文秘人员要和领导、同事、家人、邻居等友好相处，尊重、理解、信任、宽容别人，彼此沟通，不忌妒，不傲慢，不自私，建立良好的人际关系；孤独，离群索居，人际关系失调，是心理异常的表现。

文秘人员应该努力克服心理障碍。心理障碍指影响个体正常行为和活动效能的心理因素或心理状态。在文秘人员活动中，应该及时觉察和调整以下常见的心理障碍：

一是忌妒。这是一种极欲破坏他人优越状态的、抱怨恨的情感体验，包括焦虑、恐惧、悲哀、猜疑、消沉、憎恶、羞耻、报复等不愉快的情绪，是一种比较复杂的混合心理，是一种消极不健康的心理状态。培根说过，忌妒是人类一切情欲中最持久、危害最强的。这种情感指向的对象大多是同事，忌妒的中心是对方的地位、荣誉、权利和成绩。其产生原因有三：或者是各方面条件与自己相似或不如自己的人超过了自己，或者是自己所厌恶或轻视的人占据了优势，或者是与自己同性别或同年龄的人占了上风。忌妒往往使人变得偏激，心理紧张，有攻击性，甚至作出违反道德规范的事情。为了消除忌妒，文秘人员要正视自己的差距，停止与别人的比较，要有通过努力赶上或超过别人的积极心态，从病态的自卑或自尊中解脱。

二是焦虑。这是个体对环境即将出现的变故或需要作出的努力在主观上引起紧张和不愉快的期待情绪，包括自尊心的损伤、自信心的丧失、失败感、愧疚感以及不安、忧虑、惊慌的状态。正常的焦虑是一种紧张的心理状态，能增强觉醒的程度，在工作和生活中是必要的，但不能及时恢复到正常状态就会导致心理和行为上的失常，甚至引起精神疾病。文秘人员在工作中，多因压力过重，遇到挫折，或自己的动机得不到及时满足而产生焦虑。其表现为：经常疑惑忧虑，怨天尤人，微不足道的小事足以引起不安，有时慌张得不知所措，在生理上则表现为长吁短叹，甚至胸闷、心悸、头昏、呼吸困难等。面对焦虑，文秘人员要增强自信，对未来充满信心，不为一时一事所困扰，不因一得一失而计较，努力去实现一个有意义的工作目标。若此，焦虑心理就自然消失了。

三是急躁。它是神经系统的一种兴奋和冲动，如急躁的李逵"睁圆怪眼，倒竖虎须；性如烈火，咆哮如雷霆；怒从心上起，恶向胆边生；手持双斧，不问青红皂白，劈头砍去……"现实生活中急躁的文秘人员，工作无恒心，缺乏深思熟虑，急于求成，操之过急，莽撞马虎。克服急躁情绪的主要方法是遇事冷静，处变不惊，正如古人所云："骤然临之而不惊，无故加之而不怒。"

四是厌烦。它是心理疲劳的一种情绪表现。大量烦琐、单调、重复性的事物，周围环境如照明不足、闷热、不通风、噪音不断以及内心的情绪状态，都会引起文秘人员的厌烦情绪，如了无生气，精神疲倦，精疲力竭，注意力容易分散。要消除厌烦，主要树立正确的理想、信念和工作目标，要有正确的思维方式，厌烦是无济于事的。法国作家大仲马说："人生是一串无数的小烦恼组成的念珠，达观的人总是笑着数完这串念珠。"

五是自傲和自卑。前者指过高认识自己的心理状态，后者指过低评价自己的心理状态，都是一种不能正确认识自己而造成的心理失调。具有这种情绪状态的文秘人员，常常眼高手低，大事做不好，小事不愿做，容易过高估计自己，容易意志消沉，或愤世嫉俗，或自暴自弃。要防止这种不良心理，文秘人员应该树立正确的自我表现意识，从而保持心理平衡。

☞ **阅读与讨论**

阅读下面材料，田家英的哪些素质是值得今天我们文秘人员学习的？

毛主席的秘书田家英

田家英 1922 年生，原名曾正昌，四川成都人。

田家英于 1937 年到达延安，次年加入了中国共产党，先后在陕北公学、马克思主义学院、中央宣传部工作。他于 1948 年 10 月经胡乔木介绍，来到毛泽东身边担任了毛泽东的秘书。在此之前，田家英曾经担任过毛岸英的老师，那时毛岸英刚刚回国，由于长期待在苏联，毛岸英的汉语讲不好，毛泽东打算请一位老师来教毛岸英历史、语文，而此时的田家英由于在延安《解放日报》上发表了《从侯方域说起》一文，毛泽东读后颇为赞赏，虽说那只是一篇千余字的杂文，但是从中可以看出作者的文史功底和敏锐的思想。对毛泽东来说，文笔如此老辣深沉的作者竟然是一位二十多岁的小伙子，他颇为感慨，这在他的脑海里留下了深刻的印象，自那以后毛泽东便注意起田家英这个"少壮派"了。当毛岸英需要一位老师时，毛泽东就想起了田家英——田家英熟悉文史，年纪和毛岸英差不多，请他当老师教历史、语文，再合适不过了，就这样田家英开始当起毛岸英的老师来。

自从担任毛岸英的老师之后，田家英和毛泽东的交往也就多了起来。那时由于正处于革命胜利的前夜，毛泽东的工作变得异常繁忙，秘书工作加重了，需要增加新秘书，这时在陈伯达、胡乔木的推荐下，田家英开始担任起了毛泽东的秘书。

田家英为人忠厚老实、细致干练，深得毛泽东的信赖、倚重，毛泽东的存折、稿费、印章都交给他，这充分显示了毛泽东对他的信任。

作为毛泽东的日常秘书，田家英把主要的精力与才华都用于协助毛泽东的工作。他事无巨细，凡是毛泽东需要他做的他都尽力做好，从起草文件、下乡调查、处理信访直至保管存折，可以称得上是大管家。他对毛泽东极为敬重，在毛泽东身边工作的他更是深受毛泽东的熏陶与感染，田家英和毛泽东有着共同的兴趣、爱好，这使他们成为忘年之交。

毛泽东与田家英的诗交较深，除了欣赏田家英的文采之外还看中他的古文诗词的扎实功底。田家英有看书过目不忘的本领，他能背诵许多像贾谊《过秦论》这样长篇的文章，对他来说，背诵古诗更是他茶余饭后的一个消遣。毛泽东有深夜工作的习惯，为此，田家英也保持着与毛泽东同步工作的习惯。1961年11月16日清晨，忙碌一夜的田家英刚刚宽衣解带，就连续接到机要员送来的毛泽东三封内容相同的信，都是让他查找"雪满山中高士卧，月明林下美人来"这两句诗的出处，田家英知道毛泽东将有新作问世，凭着他对古诗词的深厚功底，没费多大工夫就找到了诗的出处，那是明代高启的《梅花》九诗之一，是婉约派的诗词。毛泽东自己的诗风豪迈雄健，但是他对抒情味浓、艺术性高的婉约派诗词也不排斥，在这些诗的触发下，毛泽东直抒自己的宽广胸怀，写出了很多好诗，其中不乏千古绝唱的革命之诗。

但是由于毛泽东晚年过分强调阶级斗争，在思想上，田家英和毛泽东产生了分歧。田家英向来敬重毛泽东，把他视为导师、父辈，正是因为他对毛泽东的爱之切，才对一些倾向忧心如焚，正是由于他不会"见机而作"，使他成为江青和陈伯达的眼中钉，进而他被安上了"篡改毛主席著作"的罪名。

那是1965年的寒冬，毛泽东再次来到杭州。该年12月他在杭州召集五位"秀才"：陈伯达、田家英、胡绳、艾思奇、关锋召开会议，要他们每人为一本马列经典著作写序，由于那天毛泽东的情绪非常好，便海阔天空地聊了起来，所聊的内容大大超出了写序的范围。毛泽东谈着谈着忽然又转移了话题，针对1965年11月的《文汇报》所载姚文元的《评新编历史剧〈海瑞罢官〉》和12月8日的《红旗》杂志所载戚本禹的文章《为革命而研究历史》，毛泽东说了一段评论式的话，在他谈话刚一结束，陈伯达就把这事告诉了江青，于是原本只作为毛泽东随口而说的话却要整理出谈话纪要，于是这一任务便落在了田家英的身上。田家英看过纪要后，删去了毛泽东关于姚文元和戚本禹的那段评论式的话，此时的田家英完全是出于正气、正义而删的，不料他的这一举动却触怒了江青一伙，于是他们给田家英安了一个在当时足以置之于死地的罪名"篡改毛主席著作"。

田家英毕竟是一介书生，毛泽东和田家英在闲谈中曾戏言在田死后应立一墓碑，上书"读书人之墓"。田家英继承了读书人的好传统——好学敏思、忧国忧民、洁身自爱、不慕名利、以天下为任，以苍生为念，正是这种优秀的传统铸就了他新一代读书人的性格，即便革命成功身居高位也不曾异化为官僚政客，但是也正是因为这样，使他无法防御那些玩弄权术的小人，最终成为他们的牺牲品。

1966年5月，被逐出中南海的命令给田家英以沉重的打击，在蒙受陷害时他以死相抗，他离世之际不过44岁。1980年，田家英的冤案得以平反昭雪。

（来源：搜狐网）

第二章 文秘人员口头语言沟通的艺术

语言作为人类特有的交流思想、表情达意的工具，是衡量一个人品德修养、真才实干、身份地位的最重要的标尺。而文秘工作的性质和内容更是决定了文秘人员口语沟通的重要性。本章主要介绍文秘人员口头语言沟通的基本要求；文秘人员语言类沟通的艺术，以及文秘人员在日常工作中实用的语言艺术，如幽默的语言艺术、拒绝的语言艺术、赞美的语言艺术、提问与回答的语言艺术，等等。

第一节 文秘人员口头语言沟通的基本要求

局里就要开年度总结会了，要对今年的工作进行总结。还有不到一周的时间，为了保证会议顺利召开，秘书处的全部人马都集中到会议室，研究讨论会议的有关文件。首先讨论的是秘书处李处长给局长写的年度总结报告。李处长不愧是局里的第一支笔，报告写得洋洋洒洒，声情并茂，令人振奋。但在征求意见过程中，秘书小周直截了当地提出了自己的看法，他认为李处长的报告中有多处统计数据不准确，原因在于李处长采用的统计方法不正确，应该加权处理的数据没有进行加权处理。而李处长认为他采用的这些数据都是下属各个单位报上来的数据，进行简单的加减就可以，无须进行其他处理。可是，周秘书自恃自己是学统计学专业的，是科班出身，坚持认为李处长的数据处理不当。惹得李处长很不高兴，脸越拉越长，说了一声"大家先休息一下"，就端着茶杯出去了。趁休息期间，秘书处的老秘书张大姐过来和蔼地提醒周秘书说："小周，要注意一下提意见的方式，当着这么多人的面，用这么肯定的语气说李处长错了，他会是一种什么感受？如果我是李处长，我会觉得你就跟直接骂我'无知'一样。所以，即使你的意见是对的，也应该注意说话的方式。"周秘书马上辩白说："我没有别的意思，只是实话实说，我这个人生来就是这样的性格，有什么说什么，不会装假，不会拐弯抹角。我认为做人要正直坦白。"

话音未落，张大姐严肃地说："为人正直和注意说话方式是两个不同的问题。为人正直，是指不撒谎，不欺骗，是个人道德品质问题；而说话方式是个技巧问题，是个工作方式方法问题，两者不能混为一谈。请你记住，对于我们这些职业秘书来说，用什么方式说话，永远比说些什么更重要！"

上述案例反映了对待说话艺术的不同看法。日本的很多企业认为一个企业的文秘人员是否会说话，是关乎企业生死存亡的大事。称职的文秘人员要既肯干又善说，不仅话要讲得对，还要注意说话的方式。在口头语言沟通中，文秘人员要遵循一些基本要求，如要体现对沟通对象的尊重；体现自己内心的真诚；体现应有的职业素养；等等。

一、体现对沟通对象的尊重

人际交往与沟通中，尊重对方是最重要的。口头语言沟通要体现尊重，首先要多用敬语（礼貌用语）。礼貌用语能体现出一个人的修养，恰到好处地运用礼貌用语能给人以美感，并体现对他人的尊重。比如，意思差不多的一句话，会有好几种说法：可以增减几个字，也可以更换几个字，但是会给对方不同的感受，产生不同的效果。例如，引领某人去一个地方，可以有三种说法：①到这边来，往那边走——含有毫不客气的命令语气。②请到这边来，请往那边走——加一个"请"字，就显出你的彬彬有礼，亲切友好。③请您这边走，请您那边走——加一个"您"字就更显得尊敬有加，让人听起来特别舒服。相反，不会运用礼貌用语，可能会使对方有冒犯之感，影响进一步的交往。

一外地客商到某地某公司商谈投资合作事宜。公司上下非常重视。早早做出了各种安排。公司经理拿出专门的时间，在会客室专候，并准备了烟茶水果。还派自己的秘书提前在公司门口等候。客商进公司大门后，迎候在门厅的公司经理秘书马上上去和客商握手，可能是知道事情的重要性，反倒有些紧张，竟然对客商说："我们经理在那边（指会客室），他叫你过去。"客商一听，当即非常生气，心想：他叫我去？我又不是他的下属，凭什么叫我？你们现在就是这么对待合作者的？那以后还了得？合作应当是关系平等的。于是这位客商转身，说："贵公司如有合作诚意，叫你们经理到我住的宾馆去谈吧。"说完拂袖而去。

（来源：廖小鸥．秘书工作手册．北京：企业管理出版社，2003.）

如果那位秘书不说"叫"，而说"请"，情况又会如何呢？

其次要善于倾听。人们普遍认为，善于倾听是建立良好人际关系的前提，是洞察他人心扉的手段，是集思广益的保证，是走向善说的捷径。善于倾听的人，别人欢迎，自己长智。认真耐心地倾听，也表明你是尊重他人的，是诚心诚意的。卡耐基说："一个与你谈话的人，对他自己的要求和自己的问题，要比对你的要求和问题感兴趣千百倍。很多人都喜欢别人专心倾听所给予的暗示性赞美。"倾听如此重要，但是多数人都做不到，他们一心一意想发表自己的想法，谈论自己感兴趣的话题，滔滔不绝，喋喋不休，像一只漏水的船，乘客们都想赶快逃离他。一切成功的人士都是非常注意倾听艺术的，他们不但对别人的话感兴趣，而且要把这种感觉表现出来。比如周恩来，听别人说话的仪态，就是一种很明显的尊重别人的好姿势，他的眼睛看着你的眼睛，似乎是在用眼睛和耳朵一起听你说话，即使他一言不发，你也觉得已经达到目的了。又如，英国王储爱德华为爱情放弃王位的故事家喻户晓，他倾慕的对象辛普逊，是一个离过三次婚的女人，但她有一个最大的优点，就是善于倾听别人的讲话，正是这点，迷住了年轻潇洒的爱德华。文秘人员在交谈中，要善于做一个耐心的听者，不要一个劲儿地滔滔不绝说个没完，要给别人说话的机会。否则，不仅只会给人留下狂妄自大、以自我为中心的印象，还可能言多有失，捅娄子，造成不良后果。

二、体现自己内心的真诚

《周易·乾·文言》所说的"修辞以立诚"，《礼记·表记》中的"情欲信，辞欲巧"，一直被引申为修辞、作文的一条原则，其实也应该作为语言应用艺术的一条基本原则。"立诚"中的"诚"，可以概括为"诚心诚意，诚情诚感"。说话的内容真实，态度诚恳，不虚情假意，则能叫人信服。当你用得体的话语表达出真诚时，就会赢得对方的信任，有助于建立人际之间的信赖关系。讲话中，真诚的表达比单纯追求流畅和精彩更重要，否则讲话就如同一束没有生命力的塑料花，虽美丽但不鲜活，缺少魅力。

一位顾客在某商店购买了一套西服，由于掉颜色的问题，要求退货。售货员便和他争执了起来。商店公关部主任听到争吵声，连忙赶过去。由于经验丰富，非常懂得顾客心理，三言两语便使已经被售货员气得发疯的顾客恢复了平静。主任究竟采取了什么法宝呢？原来，主任赶到顾客面前后，先是微笑和诚恳地静静听完顾客的抱怨和发泄。等顾客说完，又让售货员说话。当彻底了解清楚争吵原由的来龙去脉后，经理真诚地对顾客说："真是万分的抱歉，我不知道这种西服会掉颜色。现在怎么处理，本店完全听从您的意见。"顾客说："那么，你知道有什么法子可以防止西服掉颜色吗？"经理问："能否请您试穿一周，然后再作决定？如果到时候您还不满意，那么我们无条件让您退货。好吗？"结果，顾客穿了一周后，西服果然没有再掉颜色。

上述公关部主任正是以诚感人，说服了顾客。文秘人员为领导、部门、群众服务，应做到说老实话，办老实事，做老实人，事事以诚相见，不虚与委蛇。体现真诚要做到不说"三话"，即不说与事实相左的假话，不说自吹自擂的大话，不说言之无物的空话。文秘人员作为领导的参谋和助手，作为单位的枢纽，无论是提供信息、协调人际关系，还是处理事务、解决矛盾，都应去伪存真。工作中，文秘人员语气要温和，与人要友善，以真挚的感情说话，态度诚恳，便于缩短与听者的距离，忠实倾听他人，给人感觉你是真诚、可信赖的。最重要的是，不论所要反映的情况是好是坏，是喜是忧，都应如实地向领导和单位汇报。一般情况下，如实反映情况以及信息的真实与否对领导的决策尤为重要，它能帮助领导认清形势，"对症下药"，保证领导决策的正确。当然，说老实话、办老实事、做老实人，绝不意味着什么都可以说、什么事都可以做，老实得头脑简单，丧失主见，给工作带来问题，甚至给单位造成不良的影响。

三、体现应有的职业素养

一是语言素养。文秘人员的工作性质要求他们应具备较好的语言素养。例如，首先，要尽量讲普通话。如文秘人员打电话转告各部门开会的通知时，要将会议的时间、地点、人员等重要事项准确清晰地通知到各部门，就要发音准确，吐字清晰。不要因为自己的方言或发音问题让对方听不清楚或产生误会，耽误了工作。文秘人员应根据教育部、国家语言文字工作委员会发布的《普通话水平测试管理规定》、《普通话水平测试等级标准》的要求，掌握和运用普通话达到规范、熟练的程度。其次，语言要简洁明了。文秘人员向领导请示汇报工作或提出自己的建议，或向有关方面传达领导的意见时，语言必须简洁明了，通俗易懂。选词要注意不用隐晦、艰涩的词句，不使用冷僻难懂的词，多用基本词和常用词，少用修饰语、倒装句，做到通俗易懂，直抒胸臆。在表达方式上，主要运用叙事、说理，少用或不用描写和抒情。

二是专业素养。文秘人员与人沟通时要注意自己的身份，说话尽量体现文秘职业的素养。文秘工作的内容几乎都与政策紧密相连，文秘人员在与人交谈时，要懂得该说的说，不该说的不说，何时该多说，何时该少说。有的话说深了，难以拔出，说浅了，难以奏效。如下级请求上级批准某项工程，因资金问题不好解决，领导正在全面衡量，下级如果询问结果，文秘人员可以回答："此事正在研究，很快就答复你们"，不能说："这事我怎么知道"，或"好像很难"等不得体的答复。又如文秘人员在接待来访者时，不乏有修养差、偏激执拗，或有意刁难、出言不逊，或自以为是、以势压人，或观点不同、故意添乱的人。对于这些突然出现的情况，文秘人员应保持镇定、处变不惊，礼貌地与来访者沟通，切不可因为几句过头的话而同来访者"唇枪舌剑"、"粗话连篇"。

> 某公司两位领导本来关系就有些紧张，因为工作上的不同意见，也因为涉及自己领导前途的一些争斗。但是这种矛盾还是很隐蔽的，表面上两个领导的关系也还过得去。但是不久，正巧上级来了一个工作检查组，在陪同问题上，a领导认为两个领导中有一人陪同就行了，不必两人都去。于是让秘书去传达一下自己的看法。不料秘书在向领导b转达领导a的意思时，却把话说成："a领导说啦，你去他就不去。"b听了，心里思忖：我去他就不去，这是什么意思？虽然勉强去了，但是心里越发不是个滋味。后来在一次会议上，这种长久潜伏下来的不快终于爆发了，弄得会议不欢而散，两个领导的矛盾一下子成了公司人尽皆知的秘密。事情越闹越大，还是上级领导出面才解决了。

上述案例反映了文秘人员的专业素养欠佳。文秘人员在传达领导或同事讲话时，要有过滤，要懂得分寸，懂得什么该说，什么不该说，更不能歪曲别人话的意思，造成不必要的误会。

☞ 阅读与讨论

如何提高文秘人员的口头语言沟通能力，值得探究。但最基本的要求是发音准确，不读错字。下面几则播音员读错字的案例所反映的问题，文秘人员要引以为鉴。

1. 央视"新闻联播"主持人郭志坚在2008年4月26日播报17点的整点新闻时，被观众发现大念白字。在播报一段名为《我国圈养大熊猫依然难脱生存隐患》的新闻时，他四度把"圈"（juan）养念成了"圈"（quan）养。有趣的是，在随后的新闻画面中，女播音员的旁白念的是正确读音———圈（juan）养。有网友形容，同一段新闻前后对比着听，效果令人喷饭。

2. 2010年5月，央视电影频道当家花旦经纬做客南艺影视学院，从自己的经历谈起，讲述如何抓住机遇，成就成功。现场气氛十分活跃，一位学生称，现在很多综合性大学如政法大学也开设播音主持专业，备感竞争压力，对此，经纬笑侃撒贝宁的"阵地"，"他们可以直接去主持'今日说法'！"不过，有学生提议经纬现场秀一段春晚开场，让经纬有些尴尬，"我没有主持过春晚哎"，最终经纬无奈反客为主，采访主持人秀了一段"中国电影报道"。表现中规中矩，但在聊天过程中，经纬不自觉将"莘莘（shen）学子"说成了"辛辛学子"，令不少学生面面相觑。

3. 2011 年 10 月 18 日，央视新闻频道的早间节目"朝闻天下"在报道近期淘宝商城遭卖家"围攻"新闻时，主播郑天亮将 IT 专业名词"B2C"读成不中不洋的"B 二 C"，相关视频在网上广泛流传，引发了不少网民的围观，称其为央视诸多乌龙中最有喜剧感的一次。B2C 为电子商务专业术语，是 Business - to - Consumer，即商家对客户的缩写，是电子商务的一种模式，也就是通常说的商业零售。央视主播将"B2C"念成"B 二 C"的口误，遭到了一些网民的调侃。

（来源：搜狐娱乐）

第二节　文秘人员类语言的运用艺术

类语言也称"副语言"，和体态语言一样，都是辅助性的语言，但也是不可或缺的工具。"类"字这里作"类同"或"类似"释义，即类同于语言的一种语言，在传播信息上，同样具有"能指"与"所指"的承载功能。类语言，一般包括两大部分：声音要素和功能性发声。声音要素涉及音强、音长、音高、音色。功能性发声包括哭、笑、叹息等。因此常使用的类语言形式有：说话时的重音、语调、语顿、语速、笑声、掌声等。在交际过程中，它们类似说话，有时又胜似说话。美国纽约动力学公司的罗西·萨诺夫总结了口头语沟通的"5P"秘诀，即 Phrasing——用短语、Progection——有特色、Pitch——音高、Pause——停顿、Pace——语速，其中有 3P 和类语言有关。

口语沟通要讲究抑、扬、顿、挫，强弱得当、速度适中、高低和谐、转折自然、感情丰富等。一个优秀的主持人或演讲者善于"包装"声音、使声音"像变魔术似的变出许多色彩"来。

> 有一次，意大利悲剧明星罗西应邀参加一个宴会。席间，他用意大利语念了一段台词。尽管外宾们听不懂，却被他那悲惨凄凉的语调和悲悲切切的表情所感动，许多人都流下了同情的眼泪。可是，在场的罗西的一位朋友却忍俊不禁，只好跑出厅外大笑不止。原来，这位悲剧明星朗诵的并不是什么悲剧台词，而是宴席上的菜谱。
>
> （来源：中国经济网之艺廊漫步）

罗西之所以如此成功，主要是因为他充分发挥了语调的传情作用，将悲伤的情感倾注在多变的语调之中。文秘人员也要恰当运用类语言，以在沟通时收到更好的效果。如要巧用重音、注意语调、掌握语速、恰当使用语顿、运用笑声等。

一、巧用重音

重音是在表达时有意将某些词语加重音量的语音现象。强调重音是在不同的语言环境中根据表达的需要而赋予的语音现象。重音是有声语言表达的一种技巧。尤其是文秘人员经常在公众场合出头露面讲话，要么代表组织或领导主持会议，要么公务接待，要么处理信访事务，要么进行调研等，能运用重音的语言技巧是很必要的。

重音与音强有关，说话时，为了加深接受一方对所接收的主要信息的印象、感受或语义理解，将主要信息的关键部分加大音量——重音，以示说话的主要语义。如：

①例行的厂长办公会，我们明天不开。
②例行的厂长办公会，我们明天不开。
③例行的厂长办公会，我们明天不开。

第①句的重音在"我们"，语义为"可能是别人开"；第②句的重音在"明天"，语义为"可能是后天开"；第③句的重音在"厂长办公会"，语义为"可能是开另一种会"。由此可见，重音的落点不同，就会产生不同的语义。因此，重音的使用完全受语义（也就是交际需要）的支配，是不固定的。

巧用重音有四种方法：一是重音重说，就是将强调重音再加重音量，非强调重音减弱音量，形成强弱对比，突出重音的表达技巧。例如，"秘书腐败成为继情妇腐败后又一种高发的贪官腐败现象"。通过重音重说的表达，突出了秘书职业道德建设的重要性。二是重音轻说，将重音词语音量减弱，由实变虚声少气多，非重音音量加大，形成反衬的表达方法。例如文秘人员在办会工作结束时，对与会的代表说："各位代表，本次会议感谢您的支持和配合，欢迎您下次再到大连来！"巧用重音轻说。既表达了亲切的关心和诚心的谢意，又使与会代表备受尊重，取得了良好的表达效果。三是重音高说，将强调的重音词语音量提高，非强调的词语音量降低以突出重音，使表述的语言高低映衬，从而达到表述目的的表达技巧。例如，单位领导在春节慰问时的讲话："在全国人民喜庆佳节，举家团圆的日子里，你们仍然坚守在工作岗位上，我代表党委和行政向你们表示衷心的感谢，并向你们致以节日的祝贺和亲切的问候！"重音高说表达了领导对坚守岗位的职工的炽热感情。四是重音慢说，将强调的重音词语适当延长音节，有意慢说，起到再强调的作用。例如，1980 年，在中共中央为毛主席的秘书田家英举行的追悼大会上，邓小平同志评价说："田家英同志是一个诚实的人，一个正派的人，一个有革命骨气的人……"重音慢说，配合有声语言表达了深切的怀念和惋惜之情，收到了良好的表达效果。

二、注意语调

除了重音，体现话语差别的还有语调的变化。要注意汉语表达中的平直调、弯曲调、降抑调、高声调是汉语语调的运用。例如，"'Now'通过向上的转折变化可以表示提出一个问题。通过相反的转折变化'Now'则成为一个回答。'Now?''Now!'没有转折变化的言语无异于行文不用标点符号。一个说话单调的人——没有音调的变化——使其听者不能从他言语的含意中获得重要线索。"（萨姆瓦等著《跨文化传播》）。在交谈中，可以用平稳的语气和柔和的语调连说"嗯，是的，是的"，以表示在注意倾听对方的讲话；如果需要继续下去时，可以用稍长语速拖一声"啊"，这样能填满句间的空隙，以免别人以为已经讲完了。例如一句"你好"，借助重读与语调，至少能表达如下语义，即不固定语义：相逢招呼、寒暄；警告、威胁；对别人不服气；闹了半天原来是你呀；以后，走着瞧。

> "喂，财会室吗？我是总经理办公室。今年全年的工资统计表你们做出来了吗？"这是某公司经理办公室的秘书在给公司的财会室打电话。财会室回答说：统计出来了。这位秘书又说："我正在给领导写年终总结，急等着要这个表。你给我送来吧。"财会室的人听了这话，有些不高兴了，说："我们也正忙着，你自己来抄好了。"啪，电话断了。如果那位秘书换一种口气，请求对方给予支持帮助，情况又会如何呢？
>
> （来源：廖小鸥. 秘书工作手册. 北京：企业管理出版社，2003.）

上述案例秘书的不受欢迎，就是在语调问题上出了问题。文秘人员在工作中语气不当，可能令其他人员不悦。

注意语调，就是巧妙地运用声调的转换，达到较好的表达效果。如将平直调运用为降抑调、平直调运用为弯曲调、高声调运用为降抑调等。通常在英雄事迹报告会或事故汇报会时，我们可以听到汇报人在讲到事故的发生时间时："2011年——7月23日——深夜（采用降抑调）……"将现代汉语语调常规运用的平直调巧妙地转换为低沉的降抑调的副语言的超常规运用，既表达了本人悲哀的心情，同时也感染了听众的情绪，渲染了气氛。文秘人员在开展协调工作时，对于反复纠缠很难于协调的问题，谈话时要控制高声调的使用，将高声调转换为弯曲调，表达的效果和交谈的气氛就会有利于协调。例如，虽经文秘人员苦口婆心，但一方对表达的意见仍不满意不予接受时，假如此时用高声调来反问："什么意思？"（高声调），这个高声调里明显含有不高兴的成分。高声调的使用可能会使双方的谈话造成不快，如果将语调转换为弯曲调，表达效果和交谈气氛就会截然不同。秘书还经常会遇到一些人来打探消息，而秘书必须坚持保密的原则，当然艺术性的保密回应方式很多。假如我们用"无可奉告"一词来回答，语调用现代汉语语调常规运用的降抑调，显得生硬、不留情面；如果将降抑调转换为平直调，再配合体态传意的微笑，就会让对方既感到没有回旋余地也不会很尴尬。

三、掌握语速

话语也是一种声音形式，也有自己的节奏，它主要表现在声音形式的变化上。如语速的快慢，语调的抑扬，语音的轻重高低，音节的长短停顿等。根据表达的需要。说话时对以上多种因素进行有效和巧妙的调节、控制和安排，就形成了口语节奏的主旋律。20世纪的口才大师、诺贝尔文学奖获得者、英国首相丘吉尔在自己的第一篇口才学论文中曾分析和论证了口才的语言技能问题。他的结论就是：口语表达艺术主要有四大要素，占第一位的就是口语的节奏。掌握语速，就是在表述中巧妙地变换语速。正常情况下，在较平和的语言环境中，语速用中速说话，在较紧急的语言环境中，语速用快速说话，在较悲哀的语言环境中，常规语速用慢速说话。但有时该用中速的地方却用快速或慢速，该用慢速的地方却用快速，会有一种口语节奏美，取得出乎意料的效果。例如领导安排工作时，问秘书是否能完成一件比较困难的工作时，秘书用中速适当提高音量回答："我可以试试"，听后感觉秘书充满雄心和自信，领导将会十分满意；如果秘书用慢速轻声回答："我可以试试"。同样的文字，但表达出来的节奏效果给人的感觉与前者大不一样，会让人感到他缺乏信心。留给领导的印象不会很好。

> 1979年1月，邓小平作为副总理访问美国，在签署两国协定时，美方一位记者突然向邓小平发问："你在中国遇到了政治上的反对派了吗？"在场的人都急切等待邓小平回答。邓小平开始说了一句："有呀！"稍停一会儿，才说出一句："我在中国的一个省遇到了严重的反对，"顿时人们都瞪大了眼睛……此时，邓小平加快语速大声地说："那就是台湾！"邓小平既作了准确的回答，又一语双关地挫败了美方制造"两个中国"或"一中一台"的政治阴谋，真可谓"一言以兴邦"！
>
> （来源：黎运汉．公关语言学．暨南大学出版社．1995.）

四、使用语顿（默语）

语顿，也叫默语，是话语中短暂的间隙。书面形式用省略号表示，常常出现在高信息内容或低概率词项之间，是超越语言力量的一种高超的传播方式。虽然语顿是无声语言，但有时在特定的语言环境中所表达出的思想内容是有声语言无法表达的。语顿的使用一般为：词语间的语顿最短，句子间的语顿稍长，段落间的语顿最长。灵活使用语顿的语音技巧，能形成一种"引而不发"的无声魅力，能引来"满堂彩"。

恰到好处的停顿——默语，使后续的话语如同一石激起千层浪，顿时产生了惊人的效果。在一问一答中，突然出现这一空隙，迫使听众以一种不可抑制的欲望去填补它——"都瞪大了眼睛"，这里包含了想象的极大值。如英国政治家赖白斯在一次演讲中，突然停顿，取出了表，站在讲台前一声不响地看着听众，时间长达72秒之久。正当听众迷惑不解之时，他说："诸位适才所感觉到的、局促不安的72秒长的时间，就是普通工人垒一块砖所用的时间。"赖白斯以默语的方式来表现演讲内容（即"普通工人垒一块砖所用的时间"）实属高超，这是吸引听众注意力的又一种方法。当时伦敦各大报纸都将此事争当新闻登载。

适度运用语顿的艺术，有时会有"此时无声胜有声"的幽默效果。

> 在动乱年代，有个武装部干部视察农村的民兵训练，发表了即席演讲："民兵同志们：我是首长（较长停顿，民兵报以热烈的掌声）派来的。我，是来抓民兵（又一个较长停顿，听众情绪紧张）工作的！（听众这才嘘了一口气，紧张情绪也随之松弛下来）是来给大家发枪的！（稍停，听众报以热烈的掌声）一个人一支（停顿，听众高兴，热烈的掌声）是不可想象的。（听众失望）两个人一支（停顿，听众又高兴起来）也是不可能的。（听众又失望）一个班一支（停顿，听众在犹豫中又鼓起了掌）也是希望不大的。（听众大为失望）那么，在座的全体同志发一支怎么样——我认为是没有必要的。（停顿，听众开始骚动）但是，我要发给你们的，是比枪还要好，比炮还要厉害的（停顿较长，全场肃静）一句顶一万句的红宝书！（掌声、笑声）"

但过犹不及。文秘人员运用语顿，要避免故作高深或多情而滥用语顿，其结果往往会事与愿违，只能给人以矫揉造作或难以捉摸的感觉。另外，如果停顿时间掌握得不恰当，也不会有好的效果。在高潮突然到来以前做好了心理准备，那就平淡无味，起不到语顿的那种独特的传播效能。

> 有位办公室主任在会上宣读文件，将"已经取得大专学历的和尚未取得大专学历的干部"念成"已经取得大专学历的和尚，未取得大专学历的干部"，还解释说："时代不同了，和尚也要大专学历嘛！"

上述案例显然是停顿得不恰当，在不该断句的地方停顿，就可能闹出笑话来。

五、运用笑声

笑声、哭声、叹息声、呻吟声以及因惊恐而发出的叫喊声都是人类功能性的发声。它能够传达出表示情感的、有意识的、有理智的信息。当这种功能性的发声配合有声语言出现的时候，它的语义及辅助作用就更加突出。笑声是通过发出声音的笑来传递信息的，是人们内心情感的自然流露。它和微笑不同。微笑是无声的笑，是属于体态语言，通过面部表情来传递信息。笑声是功能性的语音现象，通过功能发声来传递信息，属于类语言。笑声有多种多样：开怀大笑、捧腹大笑、放声大笑、哈哈大笑；狂笑、奸笑、狞笑、嘲笑、冷笑，等等，不同的笑声在具体语言环境中的表意功能不同。在交际活动中，恰当的笑声，即使不说话，也能完整地代替所要表达的含义，甚至胜似语言的表述。

> 被国际外交界夸赞为世界一流外交家，我国原外交部部长乔冠华在联大一次辩论发言之后，走下台来刚入座，此时，另一个大国的外交代表登台发言便气急败坏地向我国提抗议。这时，具有诗人气质与才子风度的乔冠华在坐席上仰天大笑不止，竟以震撼大厅的笑声压倒了对方的抗议，使得这位大国的外交代表狼狈不堪地败下阵来。后来美国纽约时报曾对此专题报道，题目就是"乔的大笑"。他仰头大笑的照片还得了世界新闻摄影大奖，乔冠华的大笑显示了新中国的气势与中华民族的自信与自豪，同时也使人们领略笑声语的巨大威力。
>
> （来源：大同天下论坛：http：//www.tzxqw.com）

同一形式的笑声，可能是负载着正信息，也可能负载着负信息。如哈哈大笑，有时可能是表示一种"高兴"、"赞同"的思想感情，有时也可能是一种"不祥之兆"（《智取威虎山》中座山雕的笑声就是此意）；捂着嘴笑，可以是"不好意思"，也可以是"惧怕某人的威严"而不敢放声大笑；直愣愣地笑是"傻乎乎"人的一种特征，但也有可能是太"出乎意料"的意思；含着泪笑，既可能是"激动"时的一种表情，又可能是"有苦难言"的一种流露；等等。笑声语的这种多义现象，只有在一定的语境中，语义才是明确的、单一的。当笑声配合有声语言出现的时候，它的语义往往是明确的。例如，秘书老王和老张是一对好朋友，在工作中由于误会产生了隔阂，有一段时间没有交往了。有一天，秘书老王跑到老张家，进行便说："老张啊，我今天是来唱'将相和'的。"老张感到很不好意思，忙接过话头说："要唱'将相和'也该我'负荆请罪'啊！"随后两人在"哈哈哈哈……"的笑声中握手言和。试想如果没有笑声的配合，要驱除各人心中的云雾，还需要说很多的话，而且效果未必会有这么好。文秘人员在工作中要求经常微笑。因为微笑是人与人之间感情的润滑剂，它包含着礼貌和尊重能够化解矛盾；笑声对文秘人员来讲也很重要，无论在保密工作、上下左右关系的协调、复杂事务的处理中用恰当的笑声，能够表达胜似有声语言的信息。

当然，文秘人员要避免"皮笑肉不笑"的笑，这往往被认为假心假意；还要避免往往表示"讨好、奉承"的谄笑。

此外，文秘人员还要学会运用掌声来表情达意。掌声是通过拍手而发出声响所表示的语言，一般语义为"高兴、赞成或欢迎"。在许多盛大庆典活动，或重大会议、演出场合，每当掌声响起来，一场暴风雨般的掌声所蕴含的震撼人心的意义，常常是其他任何形式的语言信号所难以比拟、难以替代的，这种轰动效应已是屡见不鲜的了。在文秘工作中，也要适当运用掌声，随着社会和人类文明的不断进步，人们开始用掌声表示一种礼貌的否定、拒绝。在这种意义上使用的掌声，一般持续时间较长，往往持续到对方改变自己的行动为止。如 1988 年 6 月 30 日《解放日报》报导的一则消息：莫斯科一市委书记发言空洞，代表们用激烈掌声哄其下台。这种以掌声替代扔食物、果皮和"嘘嘘"声的拒绝法，能减轻对方的心理承受力，是一种委婉式的表示方法。

☞ 阅读与讨论

下面谈的说话艺术很有哲理，你不妨进一步探究针对文秘人员这一主体的说话艺术。

说话艺术 12 条

1. 急事，慢慢地说。遇到急事，如果能沉下心思考，然后不急不躁地把事情说清楚，会给听者留下稳重、不冲动的印象，从而增加他人对你的信任度。

2. 小事，幽默地说。尤其是一些善意的提醒，用句玩笑话讲出来，就不会让听者感觉生硬，他们不但会欣然接受你的提醒，还会增强彼此的亲密感。

3. 没把握的事，谨慎地说。对那些自己没有把握的事情，如果你不说，别人会觉得你虚伪；如果你能措辞严谨地说出来，会让人感到你是个值得信任的人。

4. 已发生的事，不要胡说。人们最讨厌无事生非的人，如果你从来不随便臆测或胡说没有的事，会让人觉得你为人成熟、有修养，是个做事认真、有责任感的人。

5. 做不到的事，别乱说。俗话说"没有金刚钻，别揽瓷器活"。不轻易承诺自己做不到的事，会让听者觉得你是一个"言必信，行必果"的人，愿意相信你。

6. 伤害人的事，不能说。不轻易用言语伤害别人，尤其在较为亲近的人之间，不说伤害人的话。这会让他们觉得你是个善良的人，有助于维系和增进感情。

7. 伤心的事，不要见人就说。人在伤心时，都有倾诉的欲望，但如果见人就说，很容易使听者心理压力过大，对你产生怀疑和疏远。同时，你还会给人留下不为他人着想，想把痛苦转嫁给他人的印象。

8. 别人的事，小心地说。人与人之间都需要安全距离，不轻易评论和传播别人的事，会给人交往的安全感。

9. 自己的事，听别人怎么说。自己的事情要多听听局外人的看法，一则可以给人以谦虚的印象；二则会让人觉得你是个明事理的人。

10. 尊长的事，多听少说。年长的人往往不喜欢年轻人对自己的事发表太多的评论，如果年轻人说得过多，他们就觉得你不是一个尊敬长辈、谦虚好学的人。

11. 夫妻的事，商量着说。夫妻之间，最怕的就是遇到事情相互指责，而相互商量会产生"共情"的效果，能增强夫妻感情。

12. 孩子们的事，开导着说。尤其是青春期的孩子，非常叛逆，采用温和又坚定的态度进行开导，可以既让孩子对你有好感，愿意和你成为朋友，又能起到说服的作用。

（来源：多智网校）

第三节　文秘人员常见的口头语言沟通艺术

文秘人员在日常的工作中要学会说话的艺术，例如幽默的艺术、赞美的艺术、拒绝的艺术、提问和答问的艺术等，这些艺术是文秘人员智慧的体现。幽默的文秘人员不仅更具亲和力，而且对自身的工作效率和身心健康大有益处；发自内心的赞美在世界各地都是获得对方好感的有效的武器；不得已的拒绝如果讲究艺术，未必就一定产生负面的影响；"巧问才能引出实答"，文秘人员提问和答问同样要讲究艺术。

一、文秘人员的幽默语言艺术

幽默的人受人欢迎，具有幽默感的文秘人员不仅具有亲和力，还能提高工作效率。

1. 幽默的含义

幽默是 20 世纪 30 年代林语堂先生引自英文 Humour 的音译。幽默是什么呢？长期以来，专家们从不同的角度去把握它，定义各说不一。列宁说："幽默是一种优美、健康的品质。"在艺术审美领域里，人们常把讽刺、滑稽等戏剧性范畴作为幽默的近邻。由于它们之间的亲密关系，故有人认为幽默就是轻微的讽刺或高级的滑稽，又由于幽默给人时而带来哀伤，时而带来欢悦，故也有含泪的笑或健康的笑等不同说法。幽默按其表现手段不同，大致可分为幽默动作、幽默语言、幽默音乐、幽默漫画 4 种类型，其中 90% 是通过幽默语言实现的。

2. 幽默对于文秘人员的作用

首先，幽默使文秘人员更具亲和力。在社会交往活动中，幽默是不可缺少的，它是"最漂亮的服饰"，它让别人更愿意接近，更愿意谈心交往。幽默的谈吐如同润滑剂，可有效地降低人际交往中的"摩擦系数"，化解矛盾和冲突，消除尴尬，使双方从容地摆脱沟通中可能遇到的困境，拉近人与人的距离，填平人与人之间的鸿沟，从而与他人建立良好关系。同时，文秘人员幽默的谈吐，能使自己在对方心目中的形象丰满许多，也能给自己和组织树立一个良好的社交形象。幽默以愉悦的方式表达人的真诚、大方和心灵的善良，它像一座桥梁消除人与人之间的鸿沟。具有幽默感的人，都有一种超群的人格，他给人以友爱与宽容，能化解一些尴尬或不利的窘境，这样的人当然最受欢迎，最具亲和力，从而获得和谐的人际关系。

> 某公司炙手公关部门的经理出缺。部门里全是一等一的人才，大家争得头破血流。最后，居然来了"空降部队"，由别的部门调来了小王担任新的公关经理。小王上任那天，大家摩拳擦掌，准备给小王一点颜色。"凭什么让一个外行人来领导我们。"几个原来争权的主管，居然团结在一起。小王在就职会上致辞了。他笑着深深一鞠躬："在下能到这里来，全要

感谢大家。因为这里的能人太多，据说升谁当经理，都是一种不公平。所以按照历史的定则，找我这么一个有傻福的傻人来。"哄起一团笑声。小王继续说："傻人就像个蜡烛的芯，看起来最亮，又布在蜡烛的最高点、最中心。其实啊，他最惨！他是被烧的，烧得焦黑焦黑，你们看看我这么瘦，能烧几下啊？"大家又笑了。小王再一鞠躬："最重要的，是蜡烛芯自己不能烧，全靠四周的蜡油。所以，拜托！拜托！各位同仁，我全靠你们了，请大家帮忙，别让我给烧焦了！"一屋人都笑弯了腰，把要修理小王的事全忘了。

　　小王用幽默拉近了和大家的距离。

　　其次，能使文秘人员更好地化解某些尴尬局面。幽默是消解尴尬的一剂良药，也是文秘人员随机应变的重要法宝。文秘人员在交往活动中运用幽默，可以使人感到亲切轻松，易于沟通感情，取得理解，消除陌生和紧张，营造和睦的交际气氛。例如，在有些交际场合中，领导会遇到尴尬的问题，而文秘人员就要学会运用幽默，化被动为主动，化尴尬为愉悦，调节气氛。

　　　　例如，有人对一位公司办公室秘书颇为不服，他在一次公司职员聚会上，突然问道："刘秘书，你刚才那么得意，是不是因为就要当科长了？"这位秘书立刻回答说："是的，我得意是因为一旦我当上科长，这样我就可以实现从前的梦想，亲一亲科长夫人的芳容了。"那位发难的人也忍不住笑了。

　　刘秘书以敏捷地接过对方取笑自己的目标，让它对准自己，化解了冲突。

　　运用幽默化解尴尬，有时可以取笑自己的长相，或笑自己做得不太漂亮的事情，会让人觉得你更加成熟，因为只有那些心智成熟的人才会自嘲，才会把笑的把柄对准自己。

　　最后，能使文秘人员更乐观地应对艰难的环境。幽默大师查理·卓别林对幽默的分析很是意味深长，他说："幽默是智慧的最高体现，具有幽默感的人最富有个人魅力，他不仅能与别人愉快相处，更重要的是拥有一个快乐的人生。"从某种意义上说，幽默是人类面对共同的生活困境而创造出来的一种文明，现实中的困境也许是用其他方法所无法超越的，但可以用幽默来使自己精神超脱尘世的种种烦恼，使自己开心；可以用幽默来使自身乐观、豁达、增加活力。幽默是减轻自己人生重担的所必须依靠的支柱。有人还形象地把幽默称作"减压阀"，社会变革转型时期的今天，人们备感压力焦虑，要使心情变得愉悦，轻松诙谐的幽默不失为一剂良方。

作为文秘人员，其角色决定了他面临的压力比一般工作人员的压力大，如果没有幽默感，就缺少这种"减压阀"，工作遇到艰难困苦就会很郁闷。如果文秘人员能设法将快乐带给每一位同仁，让他们受到自己的感染，让工作成为一门轻松的任务，甚至是一种享受。

> 办公室小王放下手中的报纸，发起议论来："老是说交通紧张，为什么不修几条运河，一条从四川到新疆，一条从云南通往江南……"旁边的李秘书答道："嗨，听了您的高见，使我们更加具体、更加深刻地理解了一个成语。""什么成语?""信口开河!"坐在一旁看文件的其他同事听完之后愣了一下，随即哈哈大笑起来，整个办公室洋溢着欢快的气氛。

经常与同事用幽默的言语调侃一下，让开心的笑声驱散身心的疲惫，放松一下内心世界，就会感到工作不那么沉闷，甚至还有一种难得的惬意。有幽默感的文秘人员更能更加贴近群众，让人消除对领导身边文秘人员那种偏见或畏惧感、陌生感。

3. 文秘人员幽默语言的基础

第一，幽默语言源于乐观自信的心态。契诃夫曾告诫人们："朋友，要是火柴在你的衣袋里烧起来，那么你应该高兴，而且感谢上帝，多亏你的衣袋里不是火药库。要是你手指头扎了一根刺，那你应当高兴，挺幸运，多亏这根刺不是扎在眼睛里。"这就是幽默要具备的前提——一种乐观豁达的人生境界。只有对生活、对人生有较透彻的理解，有开放、包容的心理，才会对周围的事务做趣味的思考。试想，一个将自己封闭或是郁郁寡言，连生活的基本乐趣都找不到的人，是很难与幽默有缘的。说得极端点，那些患有忧郁症的沉默寡言之人，人们岂能从他们的口中听到幽默的语言? 社会生活越是复杂纷繁，越是有诸多的不公现象，越需要我们用乐观的态度去面对，处处有光明的心理，不是让我们无视社会的阴暗、不公。但自怨自艾是无济于事的。乐观的人往往自信，自信就会对生活充满信心，就不会被暂时的逆境挫折所困扰，甚至面对逆境，仍有快乐的谈吐，爽朗的笑声。那些睿智的哲人，无不都是心宽气朗，富有情趣之人。

第二，要善于观察、学习，为幽默语言准备素材。"巧妇难为无米之炊"。

对生活的深刻体验和对事物的敏锐观察是产生幽默语言的重要基础，要做到"意外之外，情理之中"，不善于观察是做不到的。要从熟视无睹的现象中挖掘别人不曾问津的东西，就要善于观察，处处留心。对那些奇闻逸事知晓得多了，对幽默故事，隽辞妙语熟悉了，也就自然有了幽默感，特别是要观察周围那些富有幽默感的人，留心他讲的趣言妙语，甚至可以"窃取"其资源为我所用。文秘人员偶尔"挪用"小品相声一些笑料，有时会收到奇特的效果。

另外，一个人要与时俱进地学习和掌握一些知识。具有良好的文化知识素养，广泛涉猎天文地理、影视文学、社会时尚等多领域的相关知识，注意积累相关的素材，才会有幽默的可能，才会在关键时刻有见地地自然流露些幽默语言。试想一个不懂计算机基础知识的人，是说不出甚至听不懂与之有关的幽默语言的。例如，一个文秘人员对另一个说脏话的同事说："请你格式化你那张嘴再说。"恐怕没有电脑的年代的人们是说不出来的。今天网络语言发展很快，网络新词汇也层出不穷，这不仅丰富了现代语言学，也丰富了我们日常幽默的表达，平时生活中恰当地运用网络的一些流行语言，会取得幽默的效果。例如，"给力"、"out"、"神马"、"浮云"、"Hold住"、"有木有"、"伤不起"、"卖萌"、"坑爹"等网络流行语，用得恰到好处就会产生幽默的效果。又如春晚流行语："此处略去一万字"、"××说得对啊"、"那是相当的"等适时借用一下也是不错的。

4. 文秘人员幽默语言技法

乐观的心态丰富的知识，为一个人的幽默语言提供了保证，如能结合以下一些具体的技法，文秘人员的幽默感一定能逐渐培养起来。

首先，运用谐音、仿义制造新词。谐音大家较为熟悉，如许多的广告词就利用谐音取得了一定的"笑"果，如"有'杯'无患"、"'咳'不容缓"等。兔年说"吉祥如意'兔'u"的幽默短信拜年语，相信大家不陌生，这里的兔、u谐音收到较好的效果。仿义，顾名思义，仿照原词，换掉某个词，制造出新词。如人们最常说的"家庭妇男"就是一种仿义。

1965年，周总理在上海展览馆大厅为美国女作家安娜·路易斯·斯特朗女士举行80寿辰庆祝宴会并发表贺辞，他说："今天，我们为我们的朋友——美国女作家安娜·路易斯·斯特朗女士庆贺四十公岁诞辰。"这里幽默地运用"公岁"，在几百位祝寿者中激起阵阵欢笑。

（来源：浦江新闻网之文化专刊）

这里总理幽默地运用"公岁"，也是一种仿义，很好地活跃了气氛。

其次，恰当运用修辞手法。常用的修辞方式有：比喻、婉曲、拟人、夸张、反语、对比、双关、降用、仿拟、倒引、讽等。

> 著名指挥家贝姆随团到日本演出，有一次他应邀去吃夜餐，由于餐桌上没有西方人所用的餐具刀叉，他只有拿起筷子，因为不习惯，他左夹右夹，就是夹不起来要吃的东西。面对众人投来的目光，他举起筷子说："一根棍子可以使我赚很多钱，但是这两根棍子恐怕会把我饿死。"在座的人都被他逗笑了。
>
> （来源：崔洪涛．你是风趣高手吗．延边大学出版社，2004，10．）

指挥家贝姆用棍子借代了指挥棒和筷子，指出了它们对自己的利弊，形成强烈的反差，收到了很好的幽默效果。

又如夸张。夸张的手法很容易引起幽默的效果，特别是在需要进行赞美或讽刺时，效果更佳。例如，某秘书形容上海地铁的拥挤时说："我早上是带着饼干上去，拿着面粉下来。"

再次，有意制造错误或错位，曲解、歪解某些词汇。有时有意读错某个字、某些成语也会产生幽默的效果，如把天真无邪读成天真无牙等。2011年春晚，《同桌的你》，演员把情窦初开的窦说成"斗地主"的斗、"土豆"的豆，也是在有意制造错误达到幽默效果。错位，一是指谈话对象间思维上的错位；二是指语言不符合常规，违背某些逻辑、原理的现象。一般有时空错位、逻辑错位等。例如"秦琼战关公"就是时空错位引起的效果。

> 如某办公室主任对文秘人员说："工作时不准吸烟"，文秘人员说，"我知道，所以我吸烟时不工作。"又如，人们喜欢引用孔子的话来获得理论的支撑，如某秘书对领导说："孔子曰：不上网百度一下，领导您是找不到正确答案的"，引起了幽默的效果。

以上是逻辑上的错位制出的幽默。

最后，改变思维方向，语言突然转折的方法。改变思维方向，语言突然转折会达到出其不意的幽默效果。幽默是一种睿智并且是急智。

德林是一家电器公司文秘人员，但是最近他经常迟到，就在他倒数第二次迟到的时候，老板忍无可忍地对他说："德林，我最后一次提醒你，要是你下次再迟到，你就自己收拾东西走人，不用再向我做任何多余的解释!"收到了这样的"通缉令"后，德林不敢怠慢，一连好几天都起得很早。但是这天早晨不小心又睡过了头，这次恐怕老板铁了心要"开"自己走人了。等到德林急匆匆冲到办公室的时候，办公室里面悄然无声，每个人都埋头做自己的事情。一个好心的同事冲他挤了挤眼，示意老板生气了。果然，德林刚坐在椅子上，老板就一脸严肃地朝他走了过来。同事们虽然不敢抬头，但是都为他捏着一把汗。这时，德林突然满面微笑迎上去握住上司的手说："老板，您好! 我叫德林，我到这里来是应聘工作的，我知道35分钟之前您这里刚开除了一个人，正好有一个文秘职位空缺，我想我应该是最早来应聘的吧，希望我能捷足先登!"说完，德林满脸自责又无限期望地看着上司。办公室里突然哄堂大笑，上司紧绷的脸终于也憋不住，笑了："快点干活吧你!"就这样，德林虎口脱险，保住了自己的工作。

（来源：秘书，2011.9.）

德林以幽默的方式保住了自己的工作，不能说不是一种智慧。

总之，幽默的方法还有很多，幽默感是可以培养的，文秘人员只要对生活乐观有信心，加上多学习、多观察、多实践，就一定能成为一个受人欢迎的幽默的人。

二、文秘人员赞美的语言艺术

文秘人员无论是与领导还是一般同事，赞美艺术运用得好，会受益无穷。

1. 赞美的作用

美国著名作家詹姆士有句名言："人性最本质的愿望，就是希望得到赞赏。"俄国文豪托尔斯泰说得深刻："赞美不但对人的感情，而且对人的理智也起着巨大作用。"心理学家则把赞美后带来的积极性反馈称为"皮格玛利翁效应"。

传说，古希腊一位年轻的国王叫皮格玛利翁，擅长雕塑。有一次，他雕塑了一尊美丽少女的雕像，并把它当作恋人那样和它说话，爱它。结果发生了奇迹，雕像活了! 变成了一位真正美丽的少女，并与他结为伉俪。

上述案例只是一个美丽的神话。但在生活中我们的确经常遇到这种现象，当你努力发现某人的优点和长处并由衷赞美他时，你就会看到他会表现得越来越符合你所赞美的那种形象。当然你若视某人为小人或恶棍的话，这个人也会以所给他"画"的嘴脸对待你。

马克·吐温说，"靠一句赞美，我可以多活两个月。"美国商界最早的百万富豪钢铁公司总裁史考伯当年只有38岁，他说，"我所拥有的最大资产就是赞赏和鼓励，这是发挥一个人最大能力的方法"、"再没有比上司的批评更能够抹杀一个人的雄心，我从不批评任何人，我的哲学是诚于嘉许，宽以称道，讨厌挑错。"班杰明·富兰克林年轻时手腕并不高，后来却成为老练的政治家，他的成功秘诀是从不说人坏话，只说每一个人的优点。因为他知道，在人的众多需求中，只有一种需求最强烈——那就是被赏识的欲望，这是一种旷日持久永远也无法填满的一种人性饥饿。无论任何人在任何时候任何地点都渴望被赞成、认可与欣赏。

> 一位周游世界、左右逢源的美国记者在介绍经验时说："要想在世界各地采访到有价值的新闻，首先要学会用各国的语言说出'漂亮'这两个字，这是一个包罗万象的赞美词，对怀抱婴儿的母亲，对拥有庞大企业的老板，对安排采访的秘书都可以使用它。"

这种赞美的能力使这位记者到处受到欢迎，值得我们思考。

有的人认为赞美是一种巴结、讨好别人，坦诚正直的人不应该这么做，因此不愿去赞美，尤其对领导赞美，怕别人有想法。事实上，赞美别人不是"溜须"、"拍马"。"溜须"、"拍马"往往是通过表面上的称赞达到自己趋炎附势、讨取欢心的目的，他们只是把赞美作为一种手段，让对方在他的言不由衷的、虚伪夸大的赞词中陶醉，借助对方的名望、权势轻而易举地实现他的企图。而赞美则完全不同，赞美是真诚的、热忱的，合乎事实、出于真实的感受，绝不掺杂任何不良用心。赞美别人的优点和长处，目的是满足别人对尊重和友爱的需要，在精神上予以激励和鼓舞，而溜须拍马往往巴结讨好权威。此外，赞美并不避讳指出别人的缺点，只是善意宽容地促其改进。而"溜须"、"拍马"往往不会指出对方的缺点不足，甚至有可能把缺点不足说成是优点、长处，所以还是卡耐基说得好："恭维是从牙缝里挤出来的，而赞美是发自心灵的。"

2. 要善于发现别人的优点

在这个世界上，应该说没有无可赞美的人，关键是你能否看到别人的优点，很多人一眼就能看到别人的缺点，因此很多情况下我们到处充斥着吹毛求疵、求全责备。释迦牟尼教导他的弟子们说："你的一眼可以看到别人的缺点，这我无须教你们，我要教你们的是，一眼就看到别人的优点，并诚心诚意地去赞美它们、学习它们。"发现别人的优点就要有一颗仁爱豁达的心，使我们对别人的优点不嫉妒、不忽略、不排斥，人人都有值得赞美的东西，关键是你是否愿意去寻找、去发现，是否有勇气去承认它。

3. 文秘人员赞美的语言技巧

前面提到，人都想被人夸奖，被人赞美，但赞美别人并不是一件容易的事，说过了让人感到你虚伪，说得太平淡又引不起对方的注意。可见赞美人也是有一定技巧的。

第一，赞美语言要真诚。卡耐基曾经把真诚作为区分赞美与奉承（溜须、拍马）的标志，他认为从牙缝中挤出的奉承为天下所不齿。因此赞美一定要依据事实，不胡编乱造，任意夸大，对不真实的赞美必然会反感。同时要发自内心，情意诚恳，不要虚情假意或敷衍塞责，避免空洞、刻板的公式化的夸奖，或不带任何感情的机械性话语，放之领导而皆准，令人有言不由衷之感。不能言过其实，如果赞美过头，会令人生厌，效果必然适得其反。有句古话说得好，"誉人之言太滥不可，责人之言太尽不可……含蓄之妙不可不知"。

如果说"你这人太正直了，这样是会得罪人的"。这既表示了对对方的关心，又夸赞了对方的品性，而且每个人都喜欢听别人说自己正直或"你工作这么辛苦，一定要注意身体，不要把身体搞坏了"。这种赞美人人都愿意接受，他不但会感到你夸奖他，同时感到你关心他。

第二，赞美内容要具体。赞美不要过于空泛笼统。我们与具体的人沟通，接触具体的事物，对外界越具体细致的信息越容易被我们感知领会。如你夸你的办公室同事有口才，你只是说"你口才真棒"、"你真能讲"，对方往往不会动心，但你若能赞美他的演讲口才具体好在什么地方，一定会更真切自然，让人接受。同样当对方细微之处有所变化，如发型、服饰，你能赞美到位、具体细致，别人就会认为你不是在敷衍，而是有自己观察感受、发自内心。赞美内容要具体，最好是就事论事，哪件事做得好，什么地方值得赞美，说得具体，见微知著，才能使受夸奖者高兴，便于引起感情的共鸣。同时，赞美内容要具体，还应该进行感受性赞美，而不是对比性的赞美。所谓感受性的赞美是指你感觉到对方有什么优点和长处，你就赞美他那个优点和长处，最好不要拿他的优点和长处去和别人作比较。如果要对比，也不要指名道姓，只是指某件事，或一般人在某些事上的态度与对方的区别。或者可以把对方与你做个对比。否则，不但会影响激励的效果，还会给人际关系带来消极的影响。赞美是出于人与人的尊重和友爱，不是叫你深入分析，比较筛选出最优秀、最出类拔萃的人，这样的话大多数人便无可赞美了。例如，作为文秘科的科长，你对下属说："小张，你工作积极，干劲十足，真是好样的，比大刘强多了……"如果大刘是个表现很差的人，小张听了这话未必会高兴，因为比大刘强未必真强，而且还可能影响小刘和小张的关系。

第三，赞美要及时。一般说来，赞美别人越及时越好，有人说把赞美埋在心底是一种浪费，赞美越及时，积极的影响越大，领导也不例外。领导某项工作做得好，秘书应及时赞美，如果拖延数周，时过境迁，迟到的赞美已失去了原有的味道，再也不会令人兴奋与激动，夸奖就失去了意义。某领导人的随行人员在领导跟国家乒乓球冠军队象征性挥拍对阵之后说："输给世界冠军，你是世界亚军！"领导人一行听后非常高兴。

第四，赞美要因人而异。

> 胡适博士年轻时在一次宴会上面对一位已经九十多岁的长者恭维道："您能活一百岁！"那老者大为不快，反诘道："你是说我只能再活几年了吗？"
>
> （来源：李建南. 口头交际的艺术. 北京：中国青年出版社，1991.）

以胡适之聪慧出如此洋相实在是有煞风景，主要是没看清对象。

对于不愿戴高帽的人，不妨"暗度陈仓"。俄国大作家契诃夫就是一个不愿被人戴高帽的人，他说"被庸人吹捧，还不如死在他手里"。对这种人，你的赞美要含蓄些，可以侧面进行表扬。如"主任，您办公室的几位得力干将实在不错，既有礼貌又有才华，真是名师出高徒啊！""您的孩子真懂礼貌"。

对于陌生的人、陌生的事，由于你不是内行，不了解其好恶，轻易赞美不一定说到点子上，不如先向别人虚心学习，看看别人是怎样评价的。最好不要"开门见山"，贸然赞美，当然，这里只是强调不要贸然赞美，并不是绝不可赞美，只要是真诚、自然的就是美的。此时可"借花献佛"，以求主动。例如，"听小李说，你在原单位得过办公室打字竞赛一等奖"。

第五，对于熟悉的人，也不要一成不变，可以采取"抑扬巧变"的方法。如抑乙扬甲："你的文章发表在咱地方××刊物上，实在有些委屈，应该在国家级日报发表啊。"抑昔扬今："你看你刚进办公室时那稚嫩样，现在可出息多了！"假抑真扬："对你的文笔，我实在妒嫉得很啊！"变抑为扬："没关系，爱因斯坦就不修边幅"。寓抑于扬法：有时需要指出对方缺点或短处，但直接指出来会引起不悦，如巧妙地变批评为表扬，效果则截然不同，如办公室主任的你，表扬下属小张："你的讲话稿文思敏捷，文笔流畅，如果再有一手好字，真是锦上添花了！"

对于异性，赞美要谨慎，特别是国人毕竟受传统文化影响较深，对异性的赞美不能是西方式的，如赞美对方漂亮、性感等。对女性的赞美，还应避免诸如女强人、铁女人一类的词，因为听到这种赞美，女性不一定喜欢，她们甚至认为这种赞美的潜台词就是不温柔。

赞美别人，还应该养成背后说人好话的习惯。当面夸奖人有时还不能说明你的真心，但若在背后夸奖别人，肯定会收到更好的效果。他会认为你真的认为他好。只要有机会你就说，夸奖得多了，对方自然会知道你夸奖他了。

三、文秘人员拒绝的语言艺术

与赞美不同，拒绝往往是不得已的事。正是因为拒绝会带来负面甚至严重的后果，文秘人员更要掌握拒绝的艺术，以将拒绝的消极性降到最低，甚至因为拒绝而让人高看你。

1. 文秘人员掌握拒绝语言艺术的意义

首先，拒绝对每个人来说都是在所难免的。在人际沟通中，有求必应是每个人追求的理想目标。但是，由于主客观条件限制，我们事实上不可能有求必应。实际上，拒绝的机会总多于承诺应允。拒绝的理由可能有很多，或我们条件有限，或为维护自己的利益，或对方的要求不合理，但纵使理由千万条，大多数情况下，往往由于拒绝所引起的心理抗拒及消极情感是不可避免的，为使这种消极后果降低到最小限度，任何人都要学会拒绝的艺术。学会拒绝，不是要我们去刻意地拒别人于千里之外，而是为了工作原则或者为了更好地保护自己，更好地使自己适应社会。

其次，文秘人员掌握拒绝的语言艺术，是工作的需要。文秘工作的机要性很强，文秘人员机构是一个核心要害部门，文秘人员在领导身边工作，知道的机密比较多。所以，文秘人员要有政治上的警惕性，要遵守保密纪律。但是，文秘人员必须树立群众观念，密切联系群众，关心群众的疾苦，及时向领导反映群众的心声，成为领导联系群众的桥梁，而不是横在领导与群众之间的一堵墙。因此，文秘人员既要始终坚持密切联系群众，又要时刻注意保守机密。文秘人员脑子里都装着一些不能随意道出来的"秘密"，而亲友、同事、老乡、上级不免要从文秘人员嘴里套点"信息"。对于来自这些方面的"探密"者，既不宜"无可奉告"伤其情面，也不能如实作答丧失原则。所以，防止密从口出，除了要有强烈的保密责任、保密意识和保密措施外，还必须讲究保密艺术，拒绝泄密。拒绝的方法运用得当，不仅能获得对方的理解，还有可能让你变得更有亲和力。

最后，文秘人员掌握拒绝的语言艺术，对于防止滥用权力很有好处。文秘工作者本身没有领导的权力，也不能直接行使任何领导权力，但是也要看到，文秘人员部门作为领导的办事机构，文秘工作是为领导直接服务的工作，实质上是为领导权力运行服务的工作，其本身就隐含着一定的权力。例如，文秘人员完成领导者授权交办的任务，文秘人员部门以机关名义进行公务活动，就体现着权力的活动，或者说隐含着要求人们服从的那种权力行为的属性。由于文秘人员始终围绕领导权力的运行而工作，文秘工作中必然隐含有权威性。不承认这一点，就无法解释现实生活中文秘人员的特殊地位和影响。明白了这个特征，文秘工作者就应当严格约束自己，一方面，要站在自己的位置履行文秘人员的职责，要充分利用文秘人员特殊的地位和影响，树立文秘人员部门的权威和形象，顺利推行各项工作，完成领导者交给的任务。另一方面，工作不能越位擅权，更不能滥用职权。很多时候别人会找到你，也许是有求于领导，也许我们能比别人有更多的资源，但文秘工作是要讲原则的，要学会克制自己，学会拒绝。可以想想，那些犯错误的文秘人员如果他们开始就懂得拒绝，就不至于走向犯罪的深渊。

2. 文秘人员拒绝的语言艺术

首先，文秘人员要有勇气说"不"。心理学研究表明，一个人的心理期望值越高，实现值往往就越低，一旦我们满足不了对方，对方的心理实现值就会从饱和状态跌至负值，就可能出现情绪反常或失态。我们因为不能勇敢地说"不"引起的后果就可想而知了。有的人在拒绝的时候，因为不好意思而不敢实话实说，采用闪烁其词的方式反而让对方产生很多不必要的误会。其实，拒绝本是件很正常的事情，别人有求于你的时候，也多少会有这个思想准备。只要处理得当，因为拒绝而伤害关系的并不多；倒是拒绝的时候吞吞吐吐、模棱两可，反而让人反感，而更容易影响关系。对领导和同事，都有需要说不的时候。当然，拒绝要讲究艺术，但首先得有勇气，你的智慧、艺术才能得以发挥。例如，当领导要求你做违法的事或违背良心的事时，这种事情做了会令你的良心感到不安，最终对领导，对单位或者对公司也不太好。这时，你就要勇敢地说出不，平静地解释你对他的要求感到不安，一般情况下，领导会自知理亏并知难而退。但假若你不能拒绝，不能坚持自身的价值观和准则，那只会迷失自己，并最终被领导所抛弃或走向犯罪。

其次，要选择好拒绝的时间和场合，当你拒绝别人的时候，必须考虑是不是应该及早拒绝？如需是，就要据实向对方表明你的态度，好让对方有所准备，以免耽误了对方的计划、伤害对方。从场合来看，在小的场合更容易拒绝对方，也更容易被对方接受。从心理学的角度来说，和对方正对着脸的时候，拒绝最不容易让人接受。

再次，要给对方留面子。在你拒绝之前，把对方的话倾听仔细，完全了解对方的意图再做出你的决定，并且选择恰当的方式去告诉对方。如果可能，最好选择婉言拒绝，但一定要让对方觉察到你的态度，不要绕了半天连自己都不知道表达的是什么意思，更别指望对方能理解了，有时需要坚决拒绝，但也要注意给对方留下足够的面子，或留下了相应退路。尤其当你拒绝那些总喜欢坚持自己的意见、自以为是的人时，不要太直截了当，要考虑他们的自尊心，不要使他们下不了台。

　　19世纪英国首相狄斯雷利所处事就是一例。有个军官一再请求狄斯雷利加封他为男爵。首相知道此人才能超群，也很想跟他搞好关系，但军官不够加封条件，因此狄斯雷利无法满足他的要求。一天首相把军官单独请到办公室，对他说："亲爱的朋友，很抱歉我不能给你男爵的封号，但我可以给你一件更好的东西。"狄斯雷利放低声音说："我会告诉所有人，我曾多次请你接受男爵的封号，但都被你拒绝了。"消息传出，众人都称赞这位军官谦虚无私、淡泊名利，对他的礼遇和尊敬远超过任何一位男爵。军官由衷感激狄斯雷利，后来成了首相最忠实的伙伴和军事后盾。

（来源：http：//www.xiexingcun.com）

　　案例中，首相的聪明就在于，他明白军官真正需要的不是一个男爵头衔，而是封爵之后的巨大荣耀。

　　最后，要掌握一定的拒绝语言技巧，下面一些方法技巧不妨在工作中试着应用。

　　方法一："倾听"＋"沉默"。

　　有效使用默语，可以不必明白说出"不"字，也能把"无言的不"传达给对方。这种方法的前提是，开始一直注意听他说话，一旦有机会发言时，却以沉默作答，以示否定。比如推选文秘办公室主任的候选人，张三先在小组会上宣读了一下候选人名单，然后问大家是否同意，由于当事人在场，大家不便直说否定的意见，于是僵持良久，仍是全场鸦雀无声，这就是"倾听"＋"沉默"。

　　方法二：诱导否定。

　　在对方提出问题之后，不要马上回答，先讲一点理由，提出一些条件或反问一个问题，诱使对方自我否定，自动放弃原来提出的问题。可以说，这是最高妙的拒绝的语言艺术，即诱导自我否定，比来之他人的否定有力得多。这种方法是：不妨在言语中安排一两个逻辑前提，不直接说出逻辑结论，逻辑上必然产生的否定结论留给对方自己去得出，这样的逻辑诱导否定法，如果是在面对上级领导时使用，效果往往比较理想。

1972 年 5 月 27 日，美苏关于限制战略武器的四个协定刚刚签署，基辛格就在莫斯科一家旅馆里向随行的美国记者团介绍情况，当他说到"苏联生产导弹的速度每年大约 250 枚"时，一位记者问："我们的情况呢？我们有多少潜艇导弹在配置分导式多弹头？有多少'民兵'导弹在配置分导式多弹头？"基辛格回答说："我不确切知道正在配置分导式多弹头的'民兵'导弹有多少。至于潜艇，我的苦处是数目我是知道的，但我不知道是不是保密。"记者说："不是保密的。""不是保密的吗？那你说是多少呢？"记者愣了一下，笑了。

（来源：方州．第一种本领是能说会道．中国华侨出版社，2009，5.）

用诱导的方法，诱使问者陷入了自我否定之中，解除了回答之难。如有人问你关于年龄的问题，你可以微笑回问："你为什么想知道？"但切记沉默比谎报年龄好。如果你想让逼问年龄的人住口的话，你就不妨过去低声地问他："你能保密吗？"通常对方会回答"当然"，于是你回答："我也能。"

方法三："Yes，but…"。

"Yes，but…"的意思为："是，然而……"即先肯定对方的说法，再转折一下，最后予以否定的方法。其中"Yes"是手段，"but"才是目的。心理学研究表明：当一个人说"是"的时候，他的肌体就呈现开放状态，使他在轻松的心理感受中，继续接受信息。尽管最终是转折了，但这样柔和地叙述反对意见，对方较易接受。如当文秘人员的意见与领导的看法有出入时，应这样回答："是的，您说得一点儿也不错。不过，这么一来，会不会变成这样呢？请允许我说一下我的看法……"又如，领导把大量的工作交给你，是出于对你的信任，因此，你应当感到很高兴，但如果真的无法完成这么多的任务，你应当向领导说不了。怎么说呢？你可以先肯定领导对你的信任，然后，将领导交给你的所有任务作出一个大体的计划，拿着你的计划，向领导请教。你说我手头有这么一些计划，但是由于时间关系，我不能同时完成，您看我首先应当完成哪个比较好呢？如果领导给出了轻重缓急的时刻表，那么你当前的工作也就实际减轻了，你可以按部就班地完成了。如果这些工作是要同时进行的，你又已经表明了你同时完成的困难性，那么只要领导懂得你的认真谨慎，自然会把细枝末节的工作交给别人处理。

方法四：模糊语言法。

所谓模糊语言，是一个语言概念，专指反映客观事物中那些在内涵和外延上具有不确定性的语言。它的最大特点在于客观事物的模糊与语言本身内涵，外延的模糊的相对性，从而达到准确表述事物这一目的。模糊语言不等于语言模糊，语言模糊不是一个语言概念，而是一种语言现象，是指对客观事物的表述含混不清，其主要特点是没有形成两种模糊的相对应，而是形成了错位对应：一种是客观事物和表述需要是精确的，而表述语言是模糊的；一种是客观事物和表达需要是模糊的，而表述语言却是精确的。

著名哲学家康德曾经说过："模糊观念要比清晰观念更有表现力，在现实生活中，常常是根本无法用准确语言表达所想的东西。"在某些场合中，使用模糊语言可以使话语更加可信稳妥，更显得委婉客气，避免承担不必要的责任或招致批评；能提高语言表达的简洁性和灵活性；能表示礼貌和尊重，保全双方面子，维系合作关系；能增加陈述命题的准确性、客观性、自我保护等语用功能；可以使话语含蓄，缓和说话人对某一命题条件的主观判断或者尽量避免招致受话人的反感或反对，更好地改善交际双方的人际关系，顺利实现交际目的。

我们经常听到或看到有人用"有关部门"、"该出手时就出手"、"该有的时候就会有"、"取得了一定的成绩"、"有了一定的好转"等，是运用模糊语言的典型例子。

文秘人员的日常生活工作中适当运用模糊语言是允许的，但在涉及公共场合或媒体面前，还是要慎用模糊语言，否则会影响工作的质量和效率，造成流于形式的现象，其消极效果是不可低估的。类似"该抓的抓、该判的判"、"不管你信不信，反正我信了"等语言有时会给公众敷衍、不负责任的感觉。

方法五：幽默语言法。

前面提到，由于文秘工作性质的原因，文秘人员要学会拒绝的艺术。幽默语言是最好的拒绝方法。这方面不妨向那些大师们学习。

　　启功先生是著名的书法家，向他求学、求教的人很多，以致先生住的小巷终日不断脚步声和敲门声，惹得先生自嘲："我真成了动物园里供人参观的大熊猫了！"有一次先生患了重感冒起不了床，又怕有人登门拜访，就在一张白纸上写了四句话贴在大门上："熊猫病了，谢绝参观；如敲门窗，罚款一元。"前来拜访的人看到启功先生如此幽默的拒绝，都会心一笑地离开了。作家刘绍棠也有同样的经历。有一次他得了一场大病，过了大半年还没有痊愈，行走仍需家人搀扶，但登门拜访的人却络绎不绝。刘先生便在门上贴出一张字条，上面写着："老弱病残，四类皆全；医嘱静养，金玉良言。上午时间，不可侵犯；下午会客，四时过半。人命关天，焉敢违犯；请君谅解，大家方便。"

（来源：中华名人网）

诚然，两位老先生是不得已而为之，因为他们的身体实在支撑不起。但直截了当地拒绝人们的所求又不符合先生做人处事的原则，所以最后才采用了幽默式的拒绝，让拜访者都能发自内心地接受和理解。

四、文秘人员提问与答问的语言艺术

提问和答问也是有技巧的。前面在拒绝的艺术中实际上也谈到了答问的技法。

1. 提问的艺术

一事当前，问什么，不问什么，怎样问，都是很有讲究的。高明的问话不但能达到目的，而且被问的一方也感到舒畅，乐于合作，愿意作答；不得体的、不恰当的问话，只会引起对方的反感。"巧问才能引出实答"，文秘人员要做到"问得巧"，就需要遵循提问的基本原则，讲究发问的艺术。

首先，提问的基本原则有：第一，提有准备之问，别信口发问。"机会青睐于有准备的头脑"，文秘人员只有事先做好充分准备，才能在沟通中取得满意的成绩。第二，提问要有明确的针对性。一把钥匙开一把锁，文秘人员应根据不同场合的具体情况，切合沟通对象的实际情况有的放矢。对象的不同，提问的内容、方式也应有所不同。"对男士不问薪水，对女士不问年龄"的提问禁忌都是这一原则的具体体现。又如，对高龄老人，就不宜问："你几岁了?"而应问："您高寿?""您高龄?"等。第三，提问要便于对方回答。问话的艺术，不仅体现为在恰当的时候提恰当的问题，而且更体现为如何提问。提问能否得到完满的答复，在很大程度上取决于如何问。第四，提问要得体礼貌。文秘人员在问话时不要伤害对方，让对方难堪，甚至不好下台；杜绝使用威胁性的发问，讽刺性的发问，也应该避免盘问式的发问和审问式的发问。第五，提出敏感性的问题时，应该说明一下发问的理由，以示对人的尊重。第六，敢于提对方准备回避的问题，并善于追问。并不是所有的问题都能得到满意的回答，当对方采取回避战略时，文秘人员要敢于打破沙锅问到底，追问出问题的正面回答。

其次，要讲究方法艺术。如要瞄准时机、讲究方式。下面简单谈谈常见的几种提问方式。

第一，正问：这是一种开门见山式的提问方式，即把你想了解的问题直接提出来。此提问方式常用于上级对工作的询问、同事间信息交流或亲密朋友间的沟通。需要注意，使用这种方式所提之问题，必须是没有深奥背景且三言两语就能说清楚的，以不会引起不快的后果为前提。

第二，反问：从相反的方向提出问题，令其表态。这种提问方式多用于向公众征询意见的公开场合，当用正面提问难以达到预期效果时，就要用带有"不"

字的反问句来达到目的。这种提问之所以有效，就在于抓住了人们不爱当众出"风头"的心理特征。例如，"有不同意这个活动计划的吗？"

第三，侧问：就是从侧面入手，探清对方意图。此类型提问虽然婉转但目的明确，对方一听就能明白。这种提问方式多用于政治谈判、外交场合，目的是避免对方拒绝而出现尴尬局面。

可见，侧问是在特定场合对特定人物的提问，在一般的沟通中大可不必如此。否则，对方会认为你在"绕弯子"，有"不实在"之嫌。

第四，设问：就是假设一个问题，启发对方思考，引导对方回答出你所需要的结论。可多用"如果"、"假如"或二选一的方式向对方提出问题，并将期望的答案也放在其中。一家咖啡店卖的可可饮料中可以加鸡蛋。于是服务员常常询问顾客说："要加鸡蛋吗？"顾客一般不接受这样的建议。后来，他们改变问话的方式，改为："您要加一个鸡蛋还是两个鸡蛋呢？"这样的问话使顾客有了更多的选择，其销售量也随即得到了增长，不得不说是问话的艺术起了决定的作用。

第五，追问：循着对方的谈话，打破沙锅问到底。这种提问方式多见于学术讨论会。追问有利于问题朝纵深发展，从而得出科学的结论。另外，执法人员在审问犯人、律师在搞法庭调查时也常用追问句式，这种提问具有步步紧逼的效果，往往能"问"出实情。文秘人员一般不用追问方式向人提问，特别不要追问别人的隐私，但在调研、督察等工作中难免也会用到。

2. 答问的艺术

在问答关系中，提问者常常占主动地位，答问者则比较被动一些。前面在拒绝的艺术中提到的语言技法，实际上也包含了答问的技法。下面先来看看一些例句，再简单谈谈答问时应该遵循的基本原则。

前些年当外国记者问起我国有没有制造航母的计划时，外交部发言人说，我们该有的时候就会有。外交问题上，领导人往往要对一些保密的问题采取模糊语言的办法来回答记者或有关人员的提问。文秘人员面对一些的尴尬问题，也可以适当运用模糊语言的方法拒绝（答问）。

例如：

·有人问你关于年龄的问题："你多大？"

——"你为什么想知道？"

——或者你不妨过去低声地问他："你能保密吗？"通常对方会回答"当然"，于是你回答："我也能。"

·你每月的薪水是多少？

·你每月的薪水是多少？

——"跟你差不多"、"够我生活的"、"不好意思拿出来谈"、"多得我怕你会难过"、"一般来说是这么多"、"差不多"。

·领导星期天干吗去了？

——"哎，我也就是上班的时候接触领导比较多，他星期天干吗去了，我也不知道。"

·你知道这次提干有没有我？

——提干是按业绩来，该有你的时候自然就会有。

·谁来接任下任科长？

——"领导也正在考虑让谁来接任下任科长，你有好的建议吗？可以直接告诉领导呀。"

·领导跟谁关系怎么样？

——领导和谁谁关系怎么样，你比我更清楚吧。

·领导有没有给大家加薪的打算？

——这可是领导的秘密，我和你一样，都盼着加薪呢。

答问时应该遵循的基本原则有：

第一，听明白再答。对方的提问往往是经过认真准备甚至精心设计的，因此，一定要认真倾听对方的问题，对对方的提问作冷静的思考，努力听懂对方问题的弦外之音、话外之意，从容镇定地回答。

第二，不要越权。文秘人员的角色决定了他们"只谋不断"，当对方所提的问题超越自己的权限时，应礼貌据答或请示领导后再答。同时，自己没有确切把握的问题一定要慎重。文秘人员尽管处在信息枢纽，但对许多问题的细节的了解都可能是有限的，对于超越自己知识范围、经验领域的问题最好请其他人回答，或者向对方直言不能回答的理由，请对方谅解。因为你无论是肯定的，还是否定的，都意味着责任。轻易表态，在以后的实践中，出现与答复相违背的结果，就会得到"言而无信，信口开河"的恶誉。

第三，学会说"不"。前面提到的拒绝语言艺术，已经谈到这一点，在此不再赘述。

☞ 阅读与讨论

阅读并翻译下面《谏太宗十思疏》原文，魏征的进谏艺术表现在哪些方面？

魏征及其《谏太宗十思疏》

臣闻求木之长者，必固其根本；欲流之远者，必浚其泉源；思国之安者，必积其德义。源不深而望流之远，根不固而求木之长，德不厚而思国之安，臣虽下愚，知其不可，而况于明哲乎？人君当神器之重，居域中之大，不念居安思危、戒奢以俭，斯亦伐根以求木茂，塞源而欲流长也。

凡百元首，承天景命，善始者实繁，克终者盖寡。岂取之易，守之难乎？盖在殷忧，必竭诚以待下；既得志，则纵情以傲物。竭诚，则吴越为一体；傲物，则骨肉为行路。虽董之以严刑，振之以威怒，终苟免而不怀仁，貌恭而不心服。怨不在大，可畏惟人，载舟覆舟，所宜深慎。

奔车朽索，其可忽呼？君人者，诚能见可欲，则思知足以自戒；将有作，则思知止以安人；念高危，则思谦冲而自牧；惧满溢，则思江海下百川；乐盘游，则思三驱以为度；忧懈怠，则思慎始而敬终；虑壅蔽，则思虚心以纳下；惧谗邪，则思正身以黜恶；恩所加，则思无因喜以谬赏；罚所及，则思无因怒而滥刑。总此十思，宏此九德。简能而任之，择善而从之，则智者尽其谋，勇者竭其力，仁者播其惠，信者效其忠。文武并用，垂拱而治。何必劳神苦思，代百司之职役哉！

《谏太宗十思疏》是唐朝著名宰相魏征写给唐太宗的一篇奏疏。在这篇文章中，魏征紧扣"思国之安者，必积其德义"，对这个在当时历史条件下安邦治国的重要思想作了非常精辟的论述，其主题是在于提醒唐太宗要想使国家长治久安，君王必须努力积聚德义，具体提出了居安思危、戒奢以俭等十个建议。魏征敢于直谏，在贞观年间先后上疏二百余道，强调"兼听则明，偏信则暗"，对唐太宗开创的千古称颂的"贞观之治"起了重大作用。

魏征（580—643）字玄成，馆陶（今属河北）人，从小丧失父母，家境贫寒，但喜爱读书，不理家业，曾出家当过道士。隋大业末年，魏征被隋武阳郡（治所在今河北大名东北）丞元宝藏任为书记。元宝藏举郡归降李密后，他又被李密任为元帅府文学参军，专掌文书卷宗。

唐高祖武德元年（618），李密失败后，魏征随其入关降唐，但久不见用。次年，魏征自请安抚河北，诏准后，乘驿驰至黎阳（今河南浚县），劝蕲李密的黎阳守将徐世绩归降唐朝。不久，窦建德攻占黎阳，魏征被俘。窦建德失败后，魏征又回到长安，被太子李建成引用为东宫僚属。魏征看到太子与秦王李世民的冲突日益加深，多次劝建成要先发制人，及早动手。

玄武门之变以后，李世民由于早就器重他的胆识才能，非但没有怪罪于他，而且还把他任为谏官之职，并经常引入内廷，询问政事得失。魏征喜逢知己之主，竭诚辅佐，知无不言，言无不尽。加之性格耿直，往往据理抗争，从不委曲求全。有一次，唐太宗曾向魏征问道："何谓明君、暗君?"魏征回答说："君之所以明者，兼听也，君之所以暗者，偏信也。以前秦二世居住深宫，不见大臣，只是偏信宦官赵高，直到天下大乱以后，自己还被蒙在鼓里；隋炀帝偏信虞世基，天下郡县多已失守，自己也不得而知。"太宗对这番话深表赞同。

贞观元年（627），魏征被升任尚书左丞。这时，有人奏告他私自提拔亲戚做官，唐太宗立即派御史大夫温彦博调查此事。结果，查无证据，纯属诬告。但唐太宗仍派人转告魏征说："今后要远避嫌疑，不要再惹出这样的麻烦。"魏征当即面奏说："我听说君臣之间，相互协助，义同一体。如果不讲秉公办事，只讲远避嫌疑，那么国家兴亡，或未可知。"并请求太宗要使自己做良臣而不要做忠臣。太宗询问忠臣和良臣有何区别，魏征答道："使自己身获美名，使君主成为明君，子孙相继，福禄无疆，是为良臣；使自己身受杀戮，使君主沦为暴君，家国并丧，空有其名，是为忠臣。以此而言，二者相去甚远。"太宗点头称是。

贞观二年（628），魏征被授秘书监，并参掌朝政。不久，长孙皇后听说一位姓郑的官员有一位年仅十六七岁的女儿，才貌出众，京城之内，绝无仅有。便告诉了太宗，请求将其纳入宫中，备为嫔妃。太宗便下诏将这一女子聘为妃子。魏征听说这位女子已经许配陆家，便立即入宫进谏："陛下为人父母，抚爱百姓，当忧其所忧，乐其所乐。居住在宫室台榭之中，要想到百姓都有屋宇之安；吃着山珍海味，要想到百姓无饥寒之患；嫔妃满院，要想到百姓有室家之欢。现在郑民之女，早已许配陆家，陛下未加详细查问，便将她纳入宫中，如果传闻出去，难道是为民父母的道理吗?"太宗听后大惊，当即深表内疚，并决定收回成命。但房玄龄等人却认为郑氏许人之事，子虚乌有，坚持诏令有效。陆家也派人递上表章，声明以前虽有资财往来，并无定亲之事。这时，唐太宗半信半疑，又召来魏征询问。魏征直截了当地说："陆家其所以否认此事，是害怕陛下以后借此加害于他。其中缘故十分清楚。不足为怪。"太宗这才恍然大悟，便坚决地收回了诏令。

由于魏征能够犯颜直谏，即使太宗在大怒之际，他也敢面折廷争，从不退让，所以，唐太宗有时对他也会产生敬畏之心。有一次，唐太宗想要去秦岭山中打猎取乐，行装都已准备妥当，但却迟迟未能成行。后来，魏征问及此事，太宗笑着答道："当初确有这个想法，但害怕你又要直言进谏，所以很快又打消了这个念头。"还有一次太宗得到了一只上好的鹞鹰，把它放在自己的肩膀上，很是得意。但当他看见魏征远远地向他走来时，便赶紧把鸟藏在怀中。魏征故意奏事很久，致使鹞子闷死在怀中。

贞观六年（632），群臣都请求太宗去泰山封禅。借以炫耀功德和国家富强，只有魏征表示反对。唐太宗觉得奇怪，便向魏征问道："你不主张进行封禅，是不是认为我的功劳不高、德行不尊、中国未安、四夷未服、年谷未丰、祥瑞未至吗?"魏征回答说:"陛下虽有以上六德,但自从隋末天下大乱以来,直到现在,户口并未恢复,仓库尚为空虚,而车驾东巡,千骑万乘,耗费巨大,沿途百姓承受不了。况且陛下封禅,必然万国咸集,远夷君长也要扈从。而如今中原一带,人烟稀少,灌木丛生,万国使者和远夷君长看到中国如此虚弱,岂不产生轻视之心?如果赏赐不周,就不会满足这些远人的欲望;免除赋役,也远远不能报偿百姓的破费。如此仅图虚名而受实害的事,陛下为什么要干呢?"不久,正逢中原数州暴发了洪水,封禅之事从此停止。

贞观七年(633),魏征代王珪为侍中。同年底,中牟县丞皇甫德参向太宗上书说:"修建洛阳宫,劳弊百姓;收取地租,数量太多;妇女喜梳高髻,宫中所化。"太宗接书大怒,对宰相们说:"德参想让国家不役一人,不收地租,富人无发,才符合他的心意。"想治皇甫德参诽谤之罪。魏征谏道:"自古上书不偏激,不能触动人主之心。所谓狂夫之言,圣人择善而从。请陛下想想这个道理。"最后还强调说:"陛下最近不爱听直言,虽勉强包涵,已不像从前那样豁达自然。"唐太宗觉得魏征说得入情入理,便转怒为喜,不但没有对皇甫德参治罪,还把他提升为监察御史。

贞观十年(636),魏征奉命主持编写的《隋书》、《周书》、《梁书》、《陈书》、《齐书》(时称五代史)等,历时七年,至此完稿。其中《隋书》的序论、《梁书》、《陈书》和《齐书》的总论都是魏征所撰,时称良史。同年六月,魏征因患眼疾,请求解除侍中之职。唐太宗虽将其任为特进这一散职,但仍让其主管门下省事务,其俸禄、赏赐等一切待遇都与侍中完全相同。

贞观十二年(638),魏征看到唐太宗逐渐怠惰,懒于政事,追求奢靡,便奏上著名的《十渐不克终疏》,列举了唐太宗执政初到当前为政态度的十个变化。他还向太宗上了"十思",即"见可欲则思知足,将兴缮则思知止,处高危则思谦降,临满盈则思挹损,遇逸乐则思撙节,在宴安则思后患,防拥蔽则思延纳,疾谗邪则思正己,行爵赏则思因喜而僭,施刑罚则思因怒而滥"。

贞观十六年(642),魏征染病卧床,唐太宗所遣探视的中使道路相望。魏征一生节俭,家无正寝,唐太宗立即下令把为自己修建小殿的材料,全部为魏征营构大屋。不久,魏征病逝家中。太宗亲临吊唁,痛哭失声,并说:"夫以铜为镜,可以正衣冠;以古为镜,可以知兴替;以人为镜,可以知得失。我常保此三镜,以防己过。今魏征殂逝,遂亡一镜矣。"

(来源:中国秘书网)

第三章　文秘人员书面语言沟通的艺术

时下，一个不容回避的现实问题是，在一些地方官场上，"假话、大话、空话、套话"颇多，文牍主义、形式主义、官僚主义盛行，可以说文风问题已经成为一大公害，群众称其为新"八股"。文秘人员经常要进行书面语言沟通，特别是应用文写作，就要掌握方法，避免新"八股"的现象。本章主要介绍文秘人员写作的基本要求和技巧，特别是文秘人员常接触的公文、事务文书的写作方法与技巧。

第一节　文秘人员书面语言沟通概述

文秘人员书面语言沟通实质上就是写作，而且大多数情况是一种应用文的写作，这种写作对于沟通信息、实施管理、塑造形象等具有重要的意义。

一、文秘人员书面语言沟通的特点

文秘人员在工作中的书面语言沟通特点，是随着时代的发展而发展的。特别是计算机网络的发展，给文秘人员沟通带来巨大变化。总体看，文秘人员书面语言沟通有以下特点：

1. 文秘人员书面语言沟通多为应用文写作

文秘人员既然要辅助领导工作，就要领会上级的意图，遵从组织目标和领导的工作目标，表达上级的意志。草拟公文、撰写领导讲话稿、市场调查报告等种种笔头工作一般会落到文秘人员身上。文秘人员这种写作范畴只能是以逻辑推导为主体思维形式的应用写作，而不是以形象思维为特征的文学创作。试想，如果某领导拿起的讲话稿是小说体；某下级机关呈报给上级领导的报告是散文体；某上级机关下发的批复是杂文体……那就无法在各单位开展正常工作了。应用写作拒绝了文学创作常用的虚拟想象、夸张渲染手法；远离了空间换行、大度跳跃的叙事方式；拒绝了意识流、蒙太奇、拼贴画的表达技巧。应用写作，不像文学创作那样给人一种潜意识的间接的影响，它为解决问题而生存，为交流信息而流通，为传送公务而运转，因此对人们的作用是直接的。比如，哪个城区需要翻新改造，哪个部门需要引进人才，都得通过单位调研、请批而后获得职能部门批答的途径，可以说，没有这种应用性文字的往来传送，也就没有方案的实施。这一切，显然无法通过小说、戏剧等文学体裁来解决。从这个意义上说，应用性文章是人们实施各项工作的工具。为了实现其工具性功能，我们必须采用相对固定的规范程式系统，在文种选用、结构安排、格式体例乃至办文过程上，都要遵守一定的规则。

2. 现代文秘人员书面语言沟通离不开网络在线写作

目前，计算机及网络的发展，使得在线写作流行开来。很难想象，今天的文秘人员离开计算机和网络，而用传统的笔头抄抄写写，该是何等的效率。文秘人员利用邮件、即时通信、微博言论、BBS 讨论等，都离不开在线写作，在线写作是今天文秘人员书面沟通的新方式，甚至是主要的方式。例如在外企，文秘人员利用电子邮件沟通甚至比使用内线电话还普遍。

2011 年 8 月 26 日，苹果新任首席执行官蒂姆·库克（Tim Cook）向公司全体员工发了以下邮件。库克在此信函中称，他和乔布斯一样，对于苹果公司的光明未来持有乐观态度，并称苹果将会继续成为"它应有的神奇地位"。

在信中，库克对自己胜任苹果 CEO 自信有加，他称，他非常期待如此良机，在当今世界最具创新能力的公司担任首席执行官。加盟苹果是他迄今以来所作的最正确决定。在过去 13 年中，能为苹果公司和乔布斯工作，他一直备感荣幸。他和乔布斯一样，对苹果的光明未来持有乐观态度。

在信中，库克对乔布斯对苹果作出的贡献予以肯定和赞扬，他说"对我、整个执行团队以及我们的所有员工而言，史蒂夫·乔布斯不仅是一位伟大的领袖，而且也是一位伟大的导师。我们衷心地希望，乔布斯在担任董事会主席期间，能够再度为公司提供指导和鼓励。史蒂夫·乔布斯已经打造了一个与世界上任何企业都不相同的公司和文化，我们将继续坚持，这些都是我们的 DNA。我们将继续制造世界上最好的产品，以便让我们的客户感到满意，并让我们的员工对自己所做的一切感到无比自豪和骄傲。"

信件结尾，库克对于苹果的未来满怀信心，他说我将会继续保持苹果当前的神奇地位。蒂姆在邮件当中写道："我很珍惜苹果独特的原则和价值观，史蒂夫。乔布斯建立了一个迥异于世界其他公司和文化的机构，这根植于我们的 DNA 中。我们将会继续生产最好的产品，使我们的顾客满意，并让我们的员工以此为荣。"而目前苹果方面仍然在正常运转，根据之前的消息新任 CEO 库克专于运营，而乔布斯会继续参与产品设计，但并未透露参与形式，苹果未来的走向非常引人关注。

(http://it.inhe.net)

上述案例反映的是新任首席执行官蒂姆·库克利用邮件这种方式，缅怀先驱乔布斯，并对全体员工表明决心和态度。

文秘人员网络沟通，尤其是在线写作，可以借助相关的软件，找出合适的模板，如利用写作之星、金山书信通、新东方书信等的相关功能，但在线写作不能机械地照葫芦画瓢。在线写作只是提供了一种写作方式，在线写作的本质依然是一种书面语言的沟通，而不是口头语言或体态语言的沟通，更不是其他。因此，它同样要遵循传统书面语言沟通的基本要求。

同时，利用网络写作，也要注意不要过于依赖网络，借助网络有关软件或模板，不能生搬硬套，闹出笑话。例如前不久，有网友曝出由公安部消防局主办的"中国消防在线"网站上，河南开封消防支队与漯河消防支队的宣传稿件如出一辙，不同的是漯河政法委书记换成了开封市副市长，而开封市副市长的讲话中竟有"构建和谐平安漯河"的字眼，被网友戏称为"开封指导漯河工作"。

二、文秘人员书面语言沟通的作用

文秘人员书面语言沟通有四点作用：

1. 传递信息

文秘人员所从事的代机关所言的撰写工作，联络着上下左右、四面八方的关系，成为沟通各机关信息的桥梁。文秘人员凭借着文稿，完成组织内部本级对下级的布置检查、本级对上级的沟通汇报；完成对组织外部公众关系的协调联络与合作工作。比如，及时回复下级机关的请示；逢年过节，给合作单位发封问候函，以保持友好来往。

2. 实施管理

曹丕在《典论论文》中提出："盖文章，经国之大业，不朽之盛事"。他把写文章的作用与治国兴邦联系起来了。在分工明确的现代社会中，书面语言沟通是上级机关实施管理的工具。上级机关制发的很多公文，都对下级机关的公务活动起着权威的指挥作用，下级机关以此来实施具体管理。在工作中，所有负责人都需要将自己头脑中活动着的意图、措施，物化为文字，物化为相对稳定而明确的文件，以此实现对下级的全面管理。在这种物化过程中，文秘人员的写作水平将起着决定的作用，没有文秘人员洗练准确的文字表述，其拟制的文件就很难成为这个单位"实施管理的工具"。

3. 展示形象

文秘部门内外沟通所使用的书面语言，是党政机关、企事业单位、社会团体工作的重要窗口，它可以为窗外人展示出该机关水平的基本面貌。窗外人通常会依据文秘人员拟就的文件作出对该机关的推断，拟制文书质量高的文秘部门，就能反映一个组织人员素质和良好的管理水平，塑造良好的组织形象。否则，对公文的文种、格式等错误百出的组织，窗外人会推断其难有一流管理制度；怀疑其领导人的水平和责任心；再如，对把经济合同、可行性研究报告写得思路不清、让人不明头绪的企业，窗外人不会选择该企业做合作伙伴。

4. 留下凭据

"口说无凭，立字为据"，正表现了人们对书面文字依据的认识。文秘人员书面语言是记载公务活动的凭证与依据。文秘人员在写作过程中留存的所有文稿，都会成为历史，它们见证了一定时期的工作，从这个意义上说，书面应用是记载公关活动的凭证与依据。从上级机关的角度看，文秘人员撰写的文件是该机关施行管理的意图、措施、要求的凭证；从下级机关的角度看，文秘人员撰写的文件是该机关实现上级管理的过程中需要的依据；从平级机关或不相隶属机关的角度看，文秘人员撰写的文件是两方或多方从事合作的凭证和依据。

☞ 阅读与讨论

阅读下面材料，谈谈你对该事件的看法。陆纯初在处理与瑞贝卡之间摩擦上，出了什么问题？为什么瑞贝卡的回信会造成这么大的影响？

史上最牛女秘书

瑞贝卡（Rebecca）无论如何也没有想到，她对老板一封指责邮件的回复，会引起如此轩然大波，并使她一夜成名，被网友称为"史上最牛女秘书"。

2006 年 4 月 7 日晚，EMC 大中华区总裁陆纯初回到办公室取东西，到门口发现自己忘记带钥匙。而此时他的秘书瑞贝卡已经下班，陆试图联系未果，非常恼怒。在次日凌晨，陆通过电子邮件系统用英文给瑞贝卡发了一封措辞严厉的"指责邮件"，告诫她下次要在确保其服务的主管无事后方可离开，并将这封邮件抄送给了公司的其他几位高管。

该邮件内容如下：

Rebecca, I just told you not to assume or take things for granted on Tuesday and you locked me out of my office this evening when all my things are all still in the office because you assume I have my office key on my person.

With immediate effect, you do not leave the office until you have checked with all the managers you support – this is for the lunch hour as well as at end of day, OK?

（瑞贝卡，这个礼拜二我刚告诉你，想东西、做事情不要想当然，今天晚上你就把我锁在门外，我要的东西都还在办公室里。问题就在于你以为我随身带了钥匙。从现在起，无论是午餐时段还是晚上下班后，你要跟你服务的每一名经理都确认无事后才能离开办公室，明白了吗？）

面对上司的指责，瑞贝卡在两天之后，用中文对陆的邮件做了正式答复。答复反过来指责陆忘记带钥匙而迁怒于她是推卸责任，同时认为陆无权干涉和控制其8小时外的私生活。更出乎意料的是，她将其答复转给了 EMC（北京）、EMC（成都）、EMC（广州）、EMC（上海）。

该邮件内容如下：

第一，我做这件事是完全正确的，我锁门是从安全角度考虑的，北京这里不是没有丢过东西，一旦丢了东西，我无法承担这个责任。

第二，你有钥匙，你自己忘了带，还要说别人不对，造成这件事的主要原因都是你自己，不要把自己的错转移到别人的身上。

第三，你无权干涉和控制我的私人时间，我一天就8小时工作时间，请你记住中午和晚上下班后的时间都是私人时间。

第四，从到 EMC 的第一天到现在为止，我工作尽职尽责，也加过很多次的班，我也没有任何怨言，但是，如果你们要求我加班是为了工作以外的事情，我无法做到。

第五，虽然我们是上下级关系，也请你注意说话的语气，这是做人最基本的礼貌问题。

第六，我要在这里强调一下，我并没有猜想或是假定什么，因为我没有这个时间也没有这个必要。

4月11日开始，邮件被疯狂转发，并引起网络争论热潮。流传最广的版本居然署名达1000多个。邮件转发的大致顺序是：EMC→Microsoft→MIC→HP→Honeywell→Thomson→Motorola→Nokia→GE……这些大名鼎鼎的外企大多为 IT 或电子类相关企业。

事件之后，瑞贝卡离开公司，称"这件事闹得太厉害，我已经找不到工作了。"5月9日，几大网站均贴出陆纯初离职的消息。

（来源：搜狐网）

第二节　文秘人员应用文写作的一般技巧

无论网络如何发达，网络写作模块如何花样繁多，文秘人员的应用文基本的技巧不能没有。这些基本的、一般的技巧是文秘人员的看家本领。如在应用文写作中，会选择合理的表达方式、会提炼主题、会选材、会安排结构、会运用准确而简朴的语言、会适当运用修辞手法等。

一、选择合适的表达方式

应用文的表达方式主要有三种，即叙述、议论和说明三种方式，有时在致辞和书信中还辅之以抒情色彩。这三种表达方式的使用在不同的文种中有所侧重，往往以其中一种为主，同时结合另一种表达方式，有的文种可三种表达方式兼而有之。如有的典型经验、工作总结、调查报告等。

首先是叙述。叙述是一种把人物的经历或事件发生、发展、变化的过程表述出来的一种表达方式。应该具备六要素，即时间、地点、人物、事件、原因、结果。叙述的作用是介绍事件的基本情况，或介绍事件发生、发展与变化的过程；介绍人物的经历和事迹；介绍问题的来龙去脉，说明原委。应用写作对叙述的要求简明扼要，绝对真实，概括简要、就事论事。应用写作中叙述的人称有：第一人称的叙述，是站在"我"、"我们"的立足点上来进行的。第一人称的叙述是偏重于主观性的叙述，其优点是使读者感到真实、亲切、可信，其缺点是囿于作者的所见所闻，不能叙述作者经历、见闻以外的事情。第三人称的叙述，是站在"他"、"他们"的立足点上来进行的。作者客观地陈述事宜，偏重于叙述他人的经历与事迹，所以显得理智、冷静而深沉。也不受时间、空间的限制，叙述时比第一人称更加自由。

应用文体中的叙述方式主要是顺叙。顺叙是按照事件发生、发展和结束的顺序来叙述顺叙的优点是有头有尾，来龙去脉清楚，文章的段落、层次与事件的发展过程相一致，符合人们的阅读习惯。其缺点是在文学性较强的一些文体中（如通信），如果只用顺叙，搞得不好，容易平板、乏味，缺少文章的波澜。在应用文体的写作中，几乎不用倒叙、插叙和分叙。倒叙就是先交代事情的结果，再回过头来叙述事情的由来。倒叙只在通信、调查报告的写作中才用得上。插叙是循着主线叙述的同时，插进去一段叙述，或追忆过去情节的片断，或对上文进行补充、解释。插叙可使文章内容更加充实，更加曲折有致。应用文体写作中一般只在消息、通信等文体中才运用。分叙也叫平叙，是指叙述两件（或两件以上）

同时发生的事情。可以先叙一件，再叙另一件，也可以两件事情相互交叉地叙述。平叙在应用写作中一般只用于通信写作中。

其次是议论。应用文的议论和一般议论文有许多相似之处，写作时要把握基本要素。包括论点、论据、论证过程。议论就是说理和评断，就是作者通过事实材料及逻辑推理来明辨是非、阐发道理、表明见解的一种文字表述。议论的作用可以对客观事物进行分析和评论，表明作者的观点或态度。应用写作最主要的表述方法是叙述和说明，议论处于从属地位，一般只是在叙述、说明的基础上进行。不需作长篇大论，不需作复杂的、多层次的逻辑推理，也不一定要具备论点、论据、论证这样一个完整的议论过程，而只是在需要分析论证的地方，采取夹叙夹议的方法，或采取三言两语的方式议论一下，点到即止，不作深入论证。议论的方法有：一是直接论证。用真实典型的事例证明观点、引用党和国家有关方针、政策的条文来证明论点、运用对比的方法，直接证明论点。二是间接论证。假设一个与自己的论点相排斥的观点，证明这个观点是假的，错误的，从而从反面来证明自己的论点是真的、正确的。此外，应用文的论证方法同样可以有归纳分析法、演绎分析法、例证分析法、比较分析法、反证分析法五种。

再次是说明。说明是用言简意明的文字，把事物的形状、性质、特征、成因、关系、功用等解说清楚，把人物的经历、特点等表述明白的一种表达方法。应用写作中说明的方法有：①定义说明，就是通常说的下定义使读者有一个比较明确的概念；②分类说明，将被说明的对象，按照一定的标准划分成不同的类型，一类一类地加以说明；③举例说明，就是举出实例来说明事物事理；④比较说明，把两种或两种以上的事物，通过横向比较，说明事物的本质特点；还可纵比，就是对同一事物的不同发展阶段的情况作比较；⑤引用说明，就是在说明的时候，引用资料说明客观事物或被说明对象的情况；⑥数字说明，就是用精确的、具体的数字来说明事物特征；⑦图表说明，就是用图形和表格来说明事物的特征，这种方法能节约文字，便于比较，读者看了也一目了然。当然，应用文的说明还可以运用一些修辞方法来说明。如运用比喻手法，把抽象的事理或复杂的事物说得浅显易懂、具体形象、简洁生动。

二、认真提炼写作主题

主题，即中心思想，基本观点，也是人们常说的立意中的意。它是指作者在说明问题、发表主张、反映现实生活时，通过材料所表达的基本观点或中心思想，是文章的灵魂和统帅。

1. 主题的要求

文秘人员应用文写作，主题的要求有以下三个方面：

一要正确。无论是什么文章，基本观点必须正确，否则，文笔再好，也是有害无益。观点一定要正确明了、表述直接准确，切忌含糊其辞、模棱两可。特别是对于行政公文，主题正确是指首先要符合党和国家路线、方针、政策和各项法律规定。其次要如实反映客观实际，并体现上级机关领导意图。否则，不符合客观实际或与上级领导意图有偏差，就不能体现公文的治理社会、管理国家管理机关的工具性特点。对于其他应用文书来说，作者的观点、见解和主张，要能反映历史与现实的状况，能经受住实践的检验，能对读者有一定的指导作用。

二要深刻。深刻是指主题能揭示事物的本质，能反映事物的内在规律性。文秘人员如能对事物千姿百态的外部特征和复杂微妙的内部联系有深入的分析和独到的见解，写出来的文章就能深刻，否则，就事论事或只见树木、不见森林，特别是对工作思想不清楚，要解决的问题和采取的措施，重点要抓住的环节模棱两可，就不可能做到深化主题。事实上，应用文更需要从一般的感性认识跃进到理性认识的阶段，更要学会去粗取精、去伪存真、由此及彼、由表及里地观察认识事物。例如，我们经常看到一些意见或调查报告，主题浅薄，看到的仅仅是一些松散材料的堆砌，看不到深入剖析和独到见解，给人感觉文章没有任何价值。要做到深刻，文秘人员要注意观察，学会以小见大，把隐藏在现象背后的思想内容社会意义发掘出来，这就要求深入事物内部，认真分析、比较、提炼。

三要集中。集中的意思是指文章的主题只表现一种主张或思想。应用文不同于文学作品，文学作品可以有"多主题"或"主题多义"，应用文的实用性要求其主题要坚持集中的原则。只有集中，人们才会"照文办事"，贯彻文中提倡的思想内容，否则，主题不集中，人们会无所适从。特别是行政公文，要求"一文一事"，做到内容单一，主题集中，便于上级主管部门审阅，授文部门执行，也便于立卷、存档。

以上三点是必须要做到的。此外，文秘写作如能有所创新，则锦上添花。一篇文章，既可以在结构上、形式上创新，也可以在主题、思想上创新，而后者更为重要。邓小平理论、"三个代表"、科学发展观的提出，是对马克思主义观点的继承、发展和创新，对于文秘人员撰写应用文，应努力做到"语陈而意新"、"词同而意新"。

2. 提炼主题的方法途径

文秘人员提炼主题的方法途径，可概括为：领会领导意图、"吃透"有关方针政策、了解基层基本情况。

文秘人员必须认真领会领导"让你写"的意图，并以文字的形式准确表达出来，不允许掺杂个人利益取向。也就是说，文秘人员是领导意图忠实、准确的表达者，一旦有文责问题，负责任的是领导，因为领导才是立意者、文稿内容的决定者，文秘人员只是代领导行文。领导往往是口头授意，在很多情况下并不明确，也不完整，文秘人员要学会通过领导口头授意的只言片语挖掘其中丰富的内涵，进一步完善和深化领导并不十分明晰的意图，从而使文章主题变得明确、突出。这就要求文秘人员平时要多留意领导的思维方式、行文习惯，必要时要换位思考，设身处地地站在领导的角度思考问题。所谓"处处留心，便是学问"，文秘人员要做有心人。例如，为领导起草讲话稿，平时就要留心领导在各种场合的讲话或发言，逐渐熟悉和掌握领导的讲话风格，以便起草讲话稿时予以灵活体现。在不同的场合，领导经常会对工作发表一些指导性意见或看法。这些指导性意见和看法往往就是需要在领导讲话稿中提出的工作要求。平时应及时记录下来，以备起草领导讲话稿时使用。如果是新任的文秘人员，还应先多翻阅该领导在不同场合的一些讲话稿，认真借鉴以前的经验，避免走弯路。如果发现立意领会不清，把握不准的现象，就要请示领导，不得将就凑合，应付了事。

"吃透"有关方针政策。领会领导意图和吃透有关方针政策是相辅相成的关系。吃透有关方面情况，才能更好领会领导意图，否则，文秘人员对有关方针政策不了解或不完全了解，领会领导意图时就会失去原则和方向；同样，领导一般情况下能较早、较好地了解国家政策、有关法律法规，领会领导意图，多数情况下促进了文秘人员进一步"吃透"有关方针政策。文秘人员在写作过程中，必须以国家法律、法规及有关规章制度为依据，与时俱进地与相关方针政策保持一致，如对于公文的写作，文秘人员要准确使用规范的文种、做到行文规范外，还要关注国家新出台的法律法规。例如，随着全球一体化和开放的深入，公文的保密要求在不断变化，又如一些体现以人为本的方针政策会更多地出台。

了解基层基本情况主要是对下情要熟悉掌握，全面了解来自基层的客观实际和相关信息，对有关数据、事实、人物、地点、时间问题、绩效等要反复核对，做到准确无误。同时，要虚心向有关人员请教所撰写文章的相关问题，以获得更多的信息，从而准确地提炼文章的主题。否则，如果有任何疏漏和失误，都会造成不良的影响。对下情不熟悉、不清楚，就不能在文章中有针对性地贯彻上级的规定和领导的意图。文秘人员必须深入基层、深入群众，对基层情况进行观察、体验、研究和分析，从而对某些问题有所感悟、有所发现、有所领悟，形成正确的理解和主张。如果平时不注意立足于实践，就对各种生产生活和管理工作中的现象缺乏深刻的认识和理解，就不能捕捉到具有一定意义和实际内容的深层次问题。写出来的文章就比较浮，不能很好地指导实践。材料在多数情况下属于对事物的感性认识，"这样的感性认识积累得多了，就会产生一个飞跃，变成了理性认识，这就是思想"。如毛泽东的《人的正确思想是从哪里来的?》就是从实际出发而得。要确立正确的主题，必须对材料有全面的研究和深入的了解，发现事物的本质，掌握事物的整体，从一些感性材料中提取最重要的本质属性，舍去其非本质属性。这就要求文秘人员带着一定的写作任务，有目地深入实际调查研究，然后把所获得的材料进行分析、研究，从中提炼出有一定意义的主题。再根据主题选用材料，加以编排，构成完整的文章。调查报告、总结尤其重视这一点。例如，要写出有关某市民生工程方面工作的总结，先有了这个初步意图之后并不能空对空提炼出一个的主题。要深入调查，得到了一些基本数据，几年前的情况如何，这几年实施了哪些工程，老百姓得到了怎样的实惠等，要有具体的数字、图表等材料，最终提炼出"某市民生工程蓬勃发展"的主题。

"吃透"有关方针政策、了解基层有关方面的情况，文秘人员才能使上下融为一体，起草的文章才能既符合实际，又突出主题，真正发挥参谋、协调的作用。

3. 应用文主题的体现方式

主题的表现方法可以体现在标题中，也可以在开篇就明旨，篇中立旨或篇末点旨也都是不错的技巧。

体现在标题中。例如，以发文事由明旨的标题：《关于将×××列为国家AAA重点风景名胜区的请示》；以体现主要精神明旨的标题：《民事民办扎实推进农村公益事业建设》；或以提出问题突出文章主要内容以引起读者关注和思考的标题：《他们小区物业是怎样落实物权法的》。

开篇明旨，主题体现在开篇。开宗明义，下笔切题。如公文惯用的开头语："为了……根据……现就……问题通知如下"等，开篇就明确了行文的意图与依据。一些报告也常采取这种方式，如一篇某市关于加强企业领导班子建设工作的报告是这样开篇的：今年以来，市委坚持"配好班子出生产力"的指导思想，对149户国有大中型企业的领导班子作了考核、调整，共调整干部610人，占企业领导干部总数的33.6%。其中，被撤职、降职的占13.3%，从组织上加强了企业领导班子建设。这样的开头显然起到了"定调"的作用。

篇中立旨通常采用两种表现形式：一是将文章主旨分成几个部分，每个部分用主题句作为小标题，以揭示这部分内容的主题。二是将主题句放于段首，或将主旨段放于篇首，以揭示这个自然段或这部分内容的主题。如汶川地震后一些专题经验总结：《在抗震救灾中锤炼伟大民族精神》的文章，就是如此。

篇末点旨，也称"卒章显志"、"卒章结意"。有些应用文是开篇提出主题，结尾呼应开头；也有些是前面作为铺垫，结尾时作出结论，点出主旨，强化全篇。如一些公告或通告往往如此，在说明了具体的措施后，最后一句话通常是：请广大市民遵照执行等，点出了公告或通告的行文意图。如《大连市关于达沃斯期间对市内四区实施交通管制措施的通告》，告知市民在达沃斯期间，要提前选择出行路线，自觉遵照执行有关规定。

三、精心选材、合理布局

应用文与其他文种的写作一样，也要精心选材，同时还要合理布局，安排好结构。

1. 精心选材

选材，就是选取写作文章的材料。所谓材料，就是作者为了某一写作目的，从生活中收集的有关信息资料，以及写入应用文中的能表现主旨的事实或根据。具体包括两类：一是事实材料，包括具体事例、统计数据、现实情况、人物和事件等；二是理论材料，包括党的方针政策、法律法规、科学理论以及上级机关的有关指示精神等。当然，还可以将材料分为直接材料和间接材料、具体材料和概括材料、正面材料和反面材料、历史材料和现实材料、文字说明材料和数字统计材料等。直接材料是文秘人员亲自深入实践所掌握的第一手材料，一般比较可靠具体，也较富有说服力；间接材料是指现成的材料，又称为第二手材料，可从上级的指示精神以及有关的文件、书本、他人研究成果中得到；具体材料是反映局部问题、个别事例、特殊情况的材料；概括材料是反映全局问题、整体概括、一般情况的材料；正面材料是反映公务活动的成绩、经验等方面的材料；反面材料则与之相反。它们也可以是一种观点的正反两面；现实材料结合历史材料可以形成强烈对比，以看出事物的发展变化。数字统计材料，以及图表、图例等也是很重要的材料，由于计算机处理数据图表比较方便，这种材料在写作中占的比重越来越多。

第一步，选材要尽量占有材料。文秘人员要通过调查、阅听（包括传统媒体及网络），亲身经历等方式，多占有材料，这样在领导安排写作任务时就能随用随取。

第二步，占有材料后还要分析、比较，即鉴别材料，不鉴别就可能失去选择最佳材料的机会，文秘人员要在工作实践中提高判断能力与鉴赏水平。

第三步，文秘人员要围绕主题选择真实、新颖的材料。

围绕主题，就是要选择与主题相对应的材料。俄国杰出作家契诃夫说："要知道在大理石上刻出人脸来，无非是把这块石头上不是脸的地方剔除罢了"，这句话非常深刻地点明了材料与主题的关系。主题统率材料，材料支撑主题。材料是形成主题的基础，材料是突出主题的支撑。二者相互依存。能充分表现主题的典型的材料要详写，一般的次要材料可略写。

要注意材料的真实性。应用文的写作，最求真实准确，特别是公文，真实是公文的生命，一旦决策机关的数据、材料不真实，其后果是可想而知的。

要选择新颖的材料。选材要"与时俱进"，不要"老生常谈"；要选择富有新发现、新认识、新感受、立意新、角度新的材料，选择具有生命活力和时代精神的材料。

2. 合理布局

选取了真实、新颖的材料，还要有先有后，详略得当地将材料安排好，这就是合理布局。布局就是安排文章的结构。结构是应用文的组织形式与内部构造。应用文结构的概念有两重含义，从总体上看，是指文章总的构思、大的框架；从具体上讲，是指文章的层次与段落，开头与结尾，过渡与照应，以及先后、详略的组织安排。结构的安排要反映客观事物的本质联系和规律；要服从表现主旨的需要，要适应不同文种的特点；要做到：严谨——严丝合缝，精当周全；自然——顺理成章，行止自如；完整——均匀饱满，首尾圆通；统一——统筹兼顾，主次分明，从而给读者以整体感、匀称感和稳定感。

应用文的结构一般有：并列式结构、总分式结构、递进式结构、纵横结合式结构、条目贯通式结构等。①并列式结构也称横向结构，即在开篇，概括阐明行文的依据、目的后，直接展开各部分内容，各部分内容之间在逻辑上呈并列关系。采用并列式结构的公文较多，内容较多的通告、公告，部署性及事项性通知、意见、会议纪要等。②总分式结构有先总后分，即开篇部分对全文进行总括，明确全文的主要内容、基本观点或总体评价，然后以此为中心分别进行阐述和说明，这种结构形式比较容易把握。先分后总，先进行分述，最后进行总结。工作总结、工作要点、重要决定、典型经验、规章性应用文、调研性应用文经常采用这种结构形式。③递进式结构也称纵向式结构，即指以时间或空间为线索，按照事物的内在联系和人们的思维习惯，将其结构安排得循序渐进，层递有序，在叙述论理的过程中，不断将主旨确立、深化。请示、通报、专题性报告、调查报告、演讲辞等常采用递进式结构。④纵横结合式结构，即在纵式、横式结构的基础上，将二者很好融合，形成纵中有横、横中有纵，彼此交错的结构方式。一般内容比较丰富的工作总结、典型经验、调查报告、工作研究等运用这种结构形式较多。⑤条目贯通式结构，全文是以条目的结构形式串连起来的，这种结构形式适用于规章性的应用文。

层次，是文章思想内容的表现次序。它是作者行文思想，也是作者逻辑思维的体现，我们经常评论别人的文章层次清晰不清晰，就是指文章作者是否有层次地反映文章的思想内容，有层次感的文章读来通顺、易懂，文秘人员应根据应用文的需要，选择恰当的层次方式。常用的层次方式有：总分式、并列式、递进式、因果式、时序式、三段式等。总分式是指层次之间先"总"后"分"或先"分"后"总"的形式；并列式是指层次之间逻辑关系互为并列的形式；递进式指由浅入深，层层深入的形式；因果式是按前因后果或前果后因的顺序安排的形式；时序式是以时间先后为序的方式；三段式是以缘由、事项、结尾安排层次的方式，是公文常采用的结构形式。

段落，是构成文章的基本单位，是表达由于转折、间歇、强调等情况造成的分割、停顿，具有换行另起的明显标志。文章写作中的构段，应尽量做到单一、完整、严谨、匀称。单一，即一段只有一个观点；完整，即一个观点最好在一段中讲完；严谨，指各段之间要有内在联系，每一段是必需的，是全篇文章的一个有机组成部分；匀称，指各段轻重适宜，长短适度。

过渡，指上下文之间的衔接、转换。起着承上启下的作用，使上下段落自然衔接，以使读者的思想连贯而不至存有间隙。一般的过渡词如：总之、因此、由此可见、综上所述、既然、尽管、但是、相反地等。过渡行如：现将具体要求通知如下、本项目招标概况如下等。

照应，指前后内容的关照、呼应，即平时所说的"前有交代，后有着落，它的作用是保证全篇文章有机合成一个整体，紧紧围绕主题。"照应主要有三种方式：一是首尾呼应，即开头和结尾相照应；二是前后呼应，即前后段之间的照应；三是文题照应，即文章某部分与标题相照应。照应也是作者逻辑性的一种反映。

安排材料的先后要以便于读者接受理解为原则，要依照人们思维习惯，如按时间的先后，或事件发展的逻辑顺序等。如前所述，材料的详略要注意，能充分表现主题的典型的材料要详写，一般的次要材料可略写；当然，文种不同对详略的要求也不同。如调查报告一类的事务文书要以"事"显现，叙述事实部分要详写，议论、说明部分要略写，而公文在于直言"说"明，故说明部分要详写，议论、叙述部分要略写。

四、语言力求准确简朴

如前所述，文秘人员的写作多是应用文体的写作、应用文体的实用性特点决定了其语言不能像文学作品那样追求生动、形象、含蓄、优美，而要追求准确、简朴。

1. 准确

文秘写作很多时候事关党务、政务和各种公务，政策性极强，如工作安排，问题解决办法等，要求用字、用词及语句表述准确，不能造成读者理解上的歧义。所谓准确，就是判断推理合乎逻辑，结论符合实际，正确地反映客观事物，使人正确无误地理解文章的内容，便于处理。《国家行政机关公关处理办法》中规定，公文应"用词、用句准确规范"。这里准确的意思是用词严谨、庄重、坚定、不拖泥带水，表意一语中的，不点缀铺陈；语气铿锵有力，不模棱两可；格调严肃郑重，只有这样，才能确保其政治性和权威性。

要做到准确，在表述事物的性质、状态时，就要用含义单一、确定的量词、名词、动词和代词，尽量少用副词和形容词。如某通知："……各企事业单位的学员请携带身份证，于8月10日前来报到。"由于表述不准确，造成理解上的歧义，许多学员不知是应该"8月10日前"来报到还是8月10日"前来报到"，影响了工作的有序开展；要做到准确，还要避免成分不完整、搭配欠妥当、不合逻辑的现象发生。例如，"铁道部的决定，代表了本次'7·23'事件遇难者家属的利益和愿望"，这里的代表应改为体现。要做到准确，应尽量不用方言口语，尤其是含义模糊和情调低下的口语。如应使用"面洽"、"诞辰"、"不日"等书面语代替"见面"、"生日"、"不几天"这样的常用口语。又如不把"好"说成"棒、帅、盖帽了"，而应说"优秀、优异、优良、良好"。此外，一些叠音词和象声词也要尽量少用，如袅袅娜娜、羞羞答答、糊里糊涂、稀里哗啦等。

应用文包括各种协议、合同等，涉及各方利益，要求共同履行，假如行文语言不确切，造成歧义，理解错误，就会贻误工作或造成损失。时间、数量、地点等信息的表达尤要准确，不能模棱两可。例如，在交货时间上，应该准确界定是北京时间还是其他时间；结算方式是以人民币结算还是美元、日元或欧元结算等等。又如，"公证"、"鉴证"、"见证"是合同类文书中常用的几个概念，都有证明的含义，但证明机关却不同，因而不能互相代用。"公证"是公证处对经济合同作出的审查、鉴定、证明；"鉴证"是工商行政管理部门作出的证明；"见证"则是由律师事务所作的证明。"在正常的情况下，乙方拒不交货，则每天处以货物总额20%的罚金；质量不合格，则重新议价；如逾期交货，则每天处以货款5%的滞罚金"。这里的"正常情况"、"质量不合格"、"逾期交货"都是罚款的前提条件，不能遗漏，20%、5%十分精确。既没有笼统地说"处以罚金"，也没在"20%"、"5%"之后加上"以上"、"以内"之类的词语，否则难以执罚。商品数量也写得准确，没有用含糊的数字"一堆"、"一套"等，交货数量也没有用"约"字等。这些都很好地体现了应用文语言的精确性。

要做到准确，还要会使用模糊语言。模糊语言的概念在拒绝的艺术中有所谈及。应用文写作也要发挥模糊语言的积极作用。恰当地运用模糊语言有时能收到准确语言难以达到的效果。一方面，运用模糊语言其表意往往更准确。例如对自己工作所取得的成绩的评价、有关报告的写作，为了表示自己审慎的态度和清醒的认识，可用"取得了一定成绩"，"效益有了一定程度的提高"的说法，其中的两个"一定"都是模糊词语，就很好地表达了谦虚、冷静的风度。又如，"合资企业的注册资本一般以人民币表示，也可以用合资各方约定的外币表示"。其中的"一般"、"可以"都是模糊用词。另一方面，运用模糊语言还可以增强灵活性。例如，"传授犯罪的，情节较轻的，处五年以下有期徒刑；情节严重的，处五年以上有期徒刑；情节特别严重的，处无期徒刑或者死刑"。这里，多处运用了模糊语言，不仅表意是准确的，而且指导实际工作的灵活性增加了，因为司法实践中，只要依据这些模糊词语规定的原则，结合事实情节，综合分析就可以确定量刑，倘若用精确语言，反而难以掌握和操作。当然，在应用文写作中，不能在表述上似是而非、含混不清、脱离语境、滥用模糊语，甚至以追求模糊为美。下面一些词汇是应用文学用的模糊词汇：连日来、近几年来、五年多来、总的说来、部分地区、有关部门、基本上、一定的、适当、酌情、参照执行等。

2. 简朴

简朴即简洁、质朴。首先是简洁。简洁的就是美的。刘勰在《文心雕龙》中也谈道，"文以辨洁为能，不以繁缛为巧。"简洁一是用词要简洁明快，尽量以少胜多，言简意赅，应用文贵在简明扼要，没有多余的话。刘知几在《史通·叙事》里提倡的"文约而事丰"，指的就是文章要用最少的文字表达出最丰富的内容。

恰当地使用一些文言词语，既能使语言简练，又能增强文章的表现力。如：用"业经"代替"已经过"；用"妥否"代替"合适不合适"；用"勿误"代替"不要耽误"等，使商务文书语言既简练，又庄重。恰当使用简缩词语。现代汉语中的许多词语的简缩已约定俗成，众所公认。如"劳保"、"高校"、"边贸"等。适当使用简缩词，可使行文简洁精练。但不可滥用简缩词，简缩词语须约定俗成，具有规范性，为社会所公认。如"总后勤部"简称"总后"，不能简称"总勤"；"人才交流"不能缩为"人流"，因为"人流"是指医疗用语"人工流产"，乱用则引起歧义。如果简缩词语有多种含义，应在第一次出现时加以注明，如"三公消费"应注明是公车、公款和公费出国。二是要尽可能地使用短句。短句表意简洁明快，特别是可以用"的"字结构的句式，如"违反本规定的，依照相关法律法规另以处罚；构成犯罪的，依法追究刑事责任。"这里的两个"的"，表意已很明确，无须再添加"人"了。公文只有简洁，才能更好地指导公务，翻阅中共中央的指导性文件，无一不是简短意明。而我们有的单位、部门、下达的公文空话、套话很多，有的洋洋洒洒上百字仍未进入公文正题，影响了办事效率。

其次是质朴。质朴指平易通俗、朴素无华。俗话说，"话须通俗方传远"。列宁曾说，最高程度的马克思主义是最大限度的通俗易懂。应用文的读者对象较为固定，他们不习惯佶屈聱牙、艰涩难懂的表达，不适应文学作品那种通过隐蔽地表达主题的审美形式，而是希望一看就懂，一听就明白。文字、词汇或句子越是平易近人，明白的人就越多，影响就越大。毛泽东主席早在党的八届七中全会上就提出："凡是看不懂的文件，一律不准拿上来，拿上来也要顶回去，写文章要通俗，要有目的性，观点要明朗，讲话要看对象。"

质朴表现在语言上尽量使用大众化语言，不用冷僻字。例如毛泽东、邓小平等领导人的语言就朴实无华，说理明朗，既没有深奥的词汇，也没有华丽的辞藻，读来朗朗上口，听来句句实在。如小平同志说："和平统一不是大陆把台湾吃掉，当然也不能是台湾把大陆吃掉。"形象地阐明了大陆与台湾不存在根本冲突，要以中华民族利益为重，尽快实现和平统一的愿望。

为了做到简朴，应用文一般采用下面一些专用语言：第一，开头用语。用于说明发文缘由、意义、根据，或介绍背景材料及情况等。如：为、为了；根据、按照、遵照、依照；鉴于、关于、由于；目前、当前；兹（指现在）、兹有、兹将、兹介绍、兹派、兹聘。第二，承启用语。用于连接开头与主体文部分，起承上启下作用的惯用语。如：根据……决定；根据……特通告如下；依据……公告如下；为了……现决定；为……通报如下；为此，现就……问题请示如下；现将……（情况）报告如下；现就……问题，提出如下意见；经……批准（同意），现将有关事项通知如下；拟采取如下措施，经……研究，答复如下。第三，引述用语。批复或复函引述来文作为依据的用语。如：悉（知道）、收悉、电悉、文悉、敬悉、欣悉。第四，批转用语。用于批转、转发、印发通知时的用语。如：批示、阅批、审批、批转、转发、印发。第五，称谓用语。对各机关称谓的简称。如：我（部）、贵（局）、你（省）、本（部门）、该（处）。第六，经办用语。表明工作处理过程或情况。如：经、业经、兹经、未经；拟、拟办、拟定；施行、暂行、试行、可行、执行、参照执行、贯彻执行、研究执行；审定、审议、审发、审批。会议听取了、会议讨论了、会议认为、会议指出、会议强调指出、会议通过了、会议决定、会议希望、会议号召、会议要求、会议恳切呼吁。第七，表态用语。不同意、原则同意、同意；不可、可办、照办；批准、原则批准。第八，结尾用语。用于请示：当否，请批示；妥否，请批复。用于函：请研究函复；盼复；请予复函；不知尊意如何，盼函告；望协助办理，并尽快见复。用于报告：请指正；请审阅。用于批复、复函：此复；特此专复；特函复。用于知照性公文：特此公告（通告、通知、通报）。

五、适当应用修辞手法

应用文不同于文学作品语言，要讲究文采，但在一定程度上也需要增加其"华丽"色彩。这里所谓的"华丽"和质朴并不矛盾，不是大量堆砌华丽辞藻，而是指要恰当使用修辞手法，使表达上更具感染力、更具形象性。一般来说，应用文的修辞手法有：引用，排比，比喻，设问、反问，反复，对偶等。

1. 引用

即在行文中引进别人的言论或成语、谚语、歇后语等，使文章内容更深刻，更加具有说服力。

成语是以多种修辞方式增强语言的艺术性修辞，是加强语言表达效果的方法和手段，它不是关于语言对与错的判断，而是对如何使语言运用得更准确、更恰当的追求。它长期存在于书面语或口语里，被人们广泛地使用，具有一般词语所不能比拟的表达力，通过使用成语可以实现句子的形容、比喻、排比、夸张等修辞方式，从而增强语言的艺术性，使话说得更形象、更生动，不落俗套，别致清新，给人以深刻的感受。毛主席等国家领导人的讲话，总是富有感染力，具有说服性，往往像浩瀚大海里排空裂岸的滚滚大潮，气势磅礴，锐不可当，这与他们非常善于运用成语不无关系。

又如谚语。别有韵致的诗意的谚语是汉语里数量很多、运用很广、使用频率很高的一种语言，它是人民群众口语中广泛流行并世代口耳相传的通俗而简练的语言形式，它往往包含着丰富的自然知识、哲学知识、社会知识等，是"群众经验的结晶"，是"智慧海洋的明珠"。

再如歇后语。歇后语是一种文学性较强的群众语言，是流传在人民口头的一种具有民族特色的俗语。好的歇后语构思巧妙，生动幽默，因此，人们有时也称它为"俏皮话"。歇后语由于其内容与生活的联系密切广泛，形式通俗，往往在半句话里或几个字里刻画出极其生动鲜明的形象，在书面语言沟通中也可以恰到好处地运用。

2. 排比

即以结构相同或相似，语气一致的一连串语句，表述密切相关或相似的内容。在撰文中适当地使用这种修辞方式，有助于文件论述详尽，条理清晰，叙事深刻并使全文气势贯通，语言节奏整齐、和谐流畅。如："只要我们坚定不移地执行党的十一届三中全会以来的正确路线；只要我们坚持经济体制改革的正确方向；只要我们团结一致，不动摇、不懈怠、不折腾，胜利就一定属于我们。"

3. 比喻

恰当地运用之可以简明而形象地说明问题。如："大锅饭"、"松绑"、"后遗症"、"三角债"、"软着陆"、"市场疲软"、"倾斜政策"、"拳头产品"、"三驾马车"、"房地产泡沫"等都是通过比喻，使抽象的变形象，使读者易理解、接受。如：中国经济改革研究基金会理事长、国民经济研究所所长樊纲在"博鳌论坛"上指出，中国经济是在"软着陆"，"软着陆"是一件好事情……

4. 设问、反问

设问是自问自答，设问的基本用意是引导读者注意和思考。一般在如下三种情况使用：在标题上使用，可以吸引读者，启发读者深入领会文章内容；在篇章开头或结尾、过渡或照应中使用，可使结构更加严谨；说理性文章，在关键内容上使用，既可使论证更深入，又可使行文言语波澜起伏。如"培养中华民族的栋梁之才靠谁？靠老师。"

反问是明知故问，用以加重语气，增强感情色彩。例如，"不转变经济发展方式，那我们拿什么完成 7.5％的 GDP 增长目标？"

5. 反复

反复是根据表达需要，使同一成分或句子反复出现的方法。在文件中使用反复的，强调某些词语，有助于加深读者的印象。例如，"我们一定要和实际相结合，要分析研究实际情况，解决实际问题。按照实际情况决定工作方法"。

6. 对偶

在总结、报告一类的应用文中多加运用。特别是再拟制文内小标题时使用，可收到简洁、醒目的效果，很值得重视。如海瑞《禁馈送告示》："与之官，取之民，出其一而收其十，陷阱不浅。"

除以上几种常见修辞外，还有顶针、访词、互文、合说、同异、叠字等方法，文秘人员应该在实践中认真加以应用。

☞ 阅读与讨论

才华横溢的"高级秘书"欧阳修，其写作风格有何特点？他的为人处世方面哪些值得文秘人员学习？

才华横溢的、最初职务是秘书的一代文宗——欧阳修

欧阳修（1007—1072 年），字永叔，号醉翁，晚号六一居士，吉州庐陵（今江西吉安）人，北宋天圣八年进士。欧阳修是北宋著名政治家、文学家。与历史上许多通过科举走上仕途的文人一样，欧阳修最初的职务是秘书——西京（今洛阳）留守"推官"（掌管文书的幕僚）。欧阳修一生除了担任过滁州、扬州、颍州（今安徽阜阳）、应天府（今河南商丘）等地的主官外，还担任过许多秘书性质的官职，如：景祐元年（1034）任宣德郎，充馆阁校勘；庆历三年（1043）以太常丞知谏院，授右正言知制诰，负责草拟皇帝诏令；至和元年（1054）受命纂修《新唐书》，不久被提升为翰林学士，这一职务的主要职责就是为皇帝出谋献策，是皇帝的高级秘书。在古代著名秘书中，欧阳修是一位个性鲜明、影响巨大的人物。

一、刚直率真　敢于言事

欧阳修性格刚直率真，他当谏官时给朝廷提出了许多有价值的建议：庆历三

年（1043），欧阳修受命知谏院不久，就提出改革吏治、废除宋太祖时制定的任职年限一满就能提升官阶的旧制、建立审官院等主张。

当时，范仲淹推行新政，其反对者诬陷范仲淹及其支持者是"朋党"。欧阳修支持新政，特地写了一篇《朋党论》，针对保守势力诬蔑范仲淹等人结为朋党的言论，旗帜鲜明地提出"小人无朋，唯君子则有之"的观点，有力地驳斥了政敌的谬论，显示了革新者的过人胆识。

当时包拯任御史中丞，其主要职责是对官员进行监察。包公铁面无私，两任三司使都被他以巨额家产来路不明和生活奢侈的理由弹劾下台。掌管财政大权的三司使是个重要的职位，派谁去接任呢？因包拯以清廉出名，皇帝和宰相们商定派他去当，包拯领命，准备赴任。欧阳修认为朝廷此举不妥，立即写了《论包拯除三司使上书》给朝廷。欧阳修认为，包拯连续将两任三司使弹劾下台，如让包拯自己取而代之，会引起大臣们怀疑他弹劾人家的动机，为了保全包拯公正清廉的名节，不应让他去接任该职。

欧阳修上书建言非常注重调查研究，他的奏章内容极其翔实。庆历八年（1048），黄河决口改道北流，其后引起了黄河是否恢复故道东流的争论。欧阳修极力反对回河东流，连上两疏陈述不能回河东流的理由。两文列举了大量详细的调查数据和历史事实，得出结论：回河东流"于大河有减水之名，而无减患之实。今下流所散，为患已多，若全回大河以注之，则滨、棣、德、博河北所仰之州，不胜其患，而又故道淤涩，上流必有他决之虞，此直有害而无利耳，是皆智者之不为也"。可惜欧阳修的奏疏未被采纳，朝廷命加紧堵口。嘉祐元年（1056）四月，决口塞而复决，回河失败。

二、亲民廉洁　为政"宽简"

欧阳修23岁入仕，64岁退休离开官场，一直与老百姓保持和谐融洽的关系，这从《醉翁亭记》中就可以感受一二："负者歌于途，行者休于树，前者呼，后者应，伛偻提携，往来而不绝者，滁人游也……人知从太守游而乐，不知太守之乐其乐也。"熙宁三年（1070）四月，时任参知政事（副宰相）的欧阳修回故乡祭祖，由于对沿途地方官员接进送出、兴师动众的做法十分反感，他决定改走水道，从运河南下入长江进鄱阳湖再转赣江，日夜兼程回到故乡永丰。为不惊动地方县府，他直接投宿于码头客栈，"享受"农家伙食。

欧阳修在地方为官，对政事实行的是"宽简"政策。所谓宽简，就是宽容和简化，办事遵循人情事理，不求博取声誉，只要把事情办好就行。这是他一生为政的风格，他继包拯后任开封知府，包公重典严法，注重打击豪强劣绅，而欧阳修实行"宽简"政策，注重创造宽松和谐的社会环境。他从建章立制入手，从制度上约束官员的行为，同时加强教化、引人向善。欧阳修办事往往不动声色，同样把开封治理得井井有条。后人曾将他与包拯相比较，在开封府衙东西侧各树一座牌坊，一边写着"包严"，一边写着"欧宽"。两位名臣，都成为后世为官的楷模。

三、怜才爱士 奖掖晚辈

欧阳修善于发现人才，乐于提拔晚辈。《宋史·欧阳修传》评价他："奖引后进，如若不及；赏识之下，率为闻人。"宋代释惠洪《冷斋夜话》曾说"欧公喜士为天下第一"。

嘉祐元年（1056）三月，长于古文、笔力雄健的苏洵携儿子苏轼、苏辙进京参加会试。欧阳修见到苏氏父子的文章后，极为赞赏，立即将苏洵的文章上献朝廷，并呈奏《荐布衣苏洵状》称："眉州布衣苏洵，履行醇固，性识明达……其议论精于物理，而善识变权，文章不为空言而期于有用。"经欧阳修的推荐，苏洵名声大振。

第二年，欧阳修以翰林学士的身份主持会试，苏轼、苏辙参加考试。欧阳修见到苏轼的文章《刑赏忠厚之至论》，认为其文超凡脱俗，深为赏识，欲判为第一，但因欧阳修并不知道此文作者是谁，怀疑是出自自己的门生曾巩，为避嫌而将其列为第二。之后，欧阳修又见到苏轼在试策中所作的《春秋对义》一文，激赏之下，还是将其提升为第一。直到发榜之时，欧阳修才知道给他留下深刻印象的那两篇文章的作者是苏轼。后来，欧阳修对另一考官梅圣俞道："读轼书，不觉汗下，快哉快哉！老夫当避路，放他出一头地。"欧阳修如此推崇原本毫无名气的苏轼，令许多人都感到不可理解。随着苏轼的出名，人们才叹服欧阳修为真正的伯乐。

在这次会试中，苏轼的弟弟苏辙也中了进士。除了"三苏"外，北宋的许多大政治家、大文学家都得到过欧阳修的帮助和举荐，如梅尧臣、苏舜钦、王安石、曾巩等。这些人都是在尚未出名时，就被欧阳修广为扬掖，"谓必显于世"；他写奏状推荐人才，常常担保说所荐之人假如"不如所荐"、"但有一事败误"，自己就"并甘连坐"、"并甘同罪"、"甘当朝典"。欧阳修对后辈人才的栽培和奖掖，在历史上实属罕见。

四、文风简练 惜字如金

欧阳修所写的议论文说理透辟，抒情文优美俊逸，而他所有文章的共同点是文风简练。

欧阳修初入仕，任西京留守钱惟演的推官。有一次，钱惟演修建了一所驿舍，让尹师鲁、谢希深和欧阳修三个幕僚各写一篇文章记述这件事。谢文七百字，欧文五百多字，尹文三百多字。尹文文字精练、叙事清晰、结构严谨，欧阳修十分钦佩，就带了酒去向他讨教。欧阳修知道了自己文章的缺点，就认真地重写，重写的文章内容更加完整，篇幅却比尹师鲁的还要短。尹师鲁看了以后称赞道："欧阳修进步真快，简直是一日千里！"

欧阳修写文章非常注重修改。据说他写成著名散文《醉翁亭记》后，曾让衙役把文章分别贴在各个城门上，让行人为他修改。一位五十多岁的老樵夫对欧阳修说："你的文章字里行间充满了实情，就是开头太啰唆！"原文开头是："滁州四面皆山也，东有乌龙山，西有大丰山，南有花山，北有白米山，其西南诸峰，林壑尤美……"欧阳修根据老人的建议改为"环滁皆山也。其西南诸峰，林壑尤美……"这就是我们今天看到的《醉翁亭记》言简意丰的开头。

欧阳修在翰林院任职时，一次与下属出游，见路旁有匹飞驰的马踩死了一只狗，欧阳修提议："试书其事。"有人说："有犬卧于通衢，逸马蹄而杀之。"另一个人说："有马逸于街衢，卧犬遭之而毙。"欧阳修听后笑道："像你们这样修史，一万卷也写不完。"从者连忙请教："那你如何说呢？"欧阳修道："'逸马杀犬于道'，六字足矣！"下属都为欧阳修行文的简洁所折服。

欧阳修曾与宋祁共编《新唐书》，他自己编写的《新五代史》篇幅只有原本《五代史》的一半，其记述的内容却比原书更丰富。

五、改革文风　功勋卓著

欧阳修是北宋诗文革新运动的领袖，在我国文学史上有着重要的地位。他师承韩愈，主张文章应"明道致用"。他所讲的"道"，主要不在于伦理纲常，而在于关心国计民生。他认为学道而不能至，是因为"弃百事不关于心"。他反对文章"务高言而鲜事实"，大力提倡简约、流畅、自然的文风，反对浮靡雕琢和怪僻晦涩。

欧阳修主持进士考试时，鼓励考生写质朴晓畅的古文，凡是内容空洞、华而不实、语言险怪者一律不予录取。与苏轼同时参加考试的一位考生叫刘几，平日爱写险怪文章，欧阳修决定拿他开刀以整饬文场风气。于是，他用大红笔将刘几的试卷从头到尾横抹一杠，批上"大纰缪"三字，予以张榜示众。此举虽然遭到落第举子们的围攻、辱骂，但欧阳修不为所动，坚持打击文坛险怪文风，毫不动摇。与此同时，他又通过科举考试，提拔、培养了王安石、曾巩、苏轼、苏辙等一批人。这样，他倡导的诗文革新运动就取得了决定性的胜利，一代平易文风逐渐形成。

欧阳修的散文大都内容充实、气势旺盛，具有平易自然、流畅婉转的艺术风格。叙事既得委婉之妙，又简约有法；议论纡徐有致，却富有内在的逻辑力量。章法结构既能曲折变化而又十分严密。此外，欧阳修在经学、史学、金石学等方面也颇有成就。

宋神宗熙宁五年（1072），欧阳修在颍州（今安徽阜阳）的家中，留下一万卷藏书、一千卷集古录、一张琴、一局棋和一壶酒，溘然长逝。苏轼评论欧阳修的成就说："论大道似韩愈，论事似陆贽，纪事似司马迁，诗赋似李白。"

（来源：中国秘书网）

第三节　文秘人员常用应用文的写作方法

文秘人员，特别是秘书，撰写公文显然是文秘人员最分内的事情之一。同时，起草领导讲话稿也是难免的事，写讲话稿领会领导意图，掌握一定的写作套路尤为重要。而像计划、总结、调查报告、简报、启事等事务文书是文秘人员平时涉及较多的内容，要熟练掌握其写法。此外，随着形势的发展，文秘人员还要掌握一些公关文稿如新闻稿、策划文书的写作方法。

苏轼与欧阳修、王安石等不仅从理论上倡导文风改革，而且写作了大量文风朴实而又长于说理的公文，为宋朝公文文风的改革做出了重要的贡献。宋代也因此成为我国公文写作的繁荣期。苏轼在其政事活动中写过不少经世治国的公文，如《上神宗皇帝书》、《论河北京盗贼状》等。他的公文犹如他的散文，气势纵横，行文流畅，雄辩滔滔。但是，写作公文也给苏轼带来了巨大的灾难。他遭遇的政治坎坷大多与文字有关。先是因文字议论触怒王安石，之后又发生了"乌台事案"，再后来因起草公文招致的祸患就更多了。他虽然痛感"平生文字为吾累"，也曾发誓"扫除习气不吟诗"，但"澄清天下之志"的使命感时刻召唤着他，激励着他，所以他每次奉命起草公文，都"是其所是，非其所非"，尽心尽责。

（来源：中华利书网）

苏轼的这种敬业精神十分可贵，很值得现代文秘人员学习。

一、公文的写作方法

公文写作要遵循应用文写作的一般技巧，同时，公文在格式上有较严格的要求，文秘人员要掌握不同文种的公文写作的方法。

1. 公文概述

公文即公务文书，指党和国家机关、人民团体、企事业单位和其他社会组织在实行管理过程中，所撰制和形成的具有法定效力和规范体式的文字材料，是进行公务活动的重要工具。公文具有法定的作者、法定的权威、法定的效力；公文具有规范的体式、规定的处理程序；公文具有实用性的同时，也有很强的时效性，没有公文是永远有效的，失去时效的公文就转化为档案材料了。

一般意义上的公文指的是行政公文。根据《国家行政机关公文处理办法》的规定，行政公文共 13 种：命令、决定、公告、通告、通知、通报、议案、报告、请示、批复、意见、函、会议纪要。此外，党内也有党的机关公文，共 14种，与行政公文不同的有：决议、指示、公报、条例、规定；相同的有：决定、通知、通报、报告、请示、批复、意见、函、会议纪要。这里我们讨论的是行政机关公文。

2. 公文写作的要求

公文写作要遵循前面所谈的应用文写作的一般技巧，同时，要特别注意格式问题。如公文用纸要 A4 规格大小的纸张：210 毫米×297 毫米。文字图表要在版心内。版心：156 毫米×225 毫米，即版心的页边距为：上 37 毫米，下 35 毫米，左 28 毫米，右 26 毫米（Word 文档 A4 页边距默认值：上、下 25.4 毫米，左、右 21.7 毫米）。

公文的格式包括眉首、主体、版记部分。

（1）眉首。主要包括以下内容：

份数序号：位于版心左上角顶格，书写不少于两位数，十以下数字前面要"0"，如"05"。份数序号是一份公文总印数的流水编号。一般只用于大量印发或有秘密等级的公文，便于发文时逐份登记和清退时对号注销。一般保密性较强的公文有此标识。

密级：位于版心右上角第一行，分"绝密"、"机密"、"秘密"，两字之间空一格。如有密级期限，不需空格，与期限间用星号隔开。如"秘密★6 个月"。

紧急程度：分"特急"、"急件"，两字之间空一格。右对齐排在密级之下。但对上行文来说，密级和紧急程度标在"发文机关标识"的右上方，距其 5 毫米，右顶格。

发文机关标识：发文机关标识推荐使用小标宋体字，用红色标识。字号由发文机关根据机关名称字数多少酌定，一般应小于现行"国务院文件"的字号，即小于 22 毫米×15 毫米（高×宽），以显示国务院作为最高国家行政机关的权威地位。下行文、平行文：至版心上边缘 25 毫米，上行文：至版心上边缘 80毫米。

发文字号：位于发文机关标识正下方，空 2 行，红色反线之上 4 毫米。用 3号仿宋体字，对下行文、平行文来说，位于发文机关标识下空 2 行（即 20 毫米），居中排布；对上行文来说，位于发文机关标识下空 2 行，居左空 1 字。年份要写全称，要注意用六角括号将年份括起来，不能在序号实数前加 0 或在年份后加"第"。如"国办发〔2010〕11号"。

签发人：上行文应标注。平行排列于发文字号的右侧，标注"签发人（或会签人）×××："，签发人姓名右空一字。

红色反线标识：在发文字号之下4mm处，为156mm×1mm（长×宽）。其长度与版心宽度相等（党内文件，在其正中间加1个红五星）。

（2）主体。是公文的重要核心部分。

标题：位于红色反线下方空两行，居中。公文的标题由三个要素构成：发文机关、事由、文种。其中事由（或称事项）是对公文主要内容准确而简要的概括，而不是某种精神的抽象；公文种类应该用行政公文法定的规范化名称，不得生造、变更公文文种；标题中除法规、规章加书名号外，一般不用标点符号。另外，标题中不要过多出现"通知"两个字，比如省、市层层转发国务院一个文件的通知，到县级，可直接说转发国务院某某文件的通知。公文标题的写法要避免：一是事项或事由的表述繁而不清、简而不明；层层转发的文件，文字冗长拗口，造成标题语意不明；二是在批转、转发、印发性公文中，将被批转、转发、印发的公文文种误认为本公文文种而造成文种缺位；三是语法不规范（包括不符合语法规则和逻辑规则等）。

主送机关：标题下空一行，左顶格（需回行仍要顶格）。只能主送给某一机关而不是某一机关的领导人个人。主送机关要用统称或者规范的简称，不能随意写，如市政府、市人民政府都是规范的简称，但不能写成市府。

正文：注意正文要在首页出现。字体3号仿宋为宜。正文的开头可以概括为"凭"，即凭什么行文，也就是制发该文的依据或理由。中间可以概括为"事"，即什么事情或什么事项。结语部分可以概括为"断"，即论断、判断，也就是正文的结论部分，多数提出要求、措施、办法等。结尾一般要写几句号召的话（一般针对下行文），或者表决心、态度的话（上行文）。请示，要用"妥否，请批示"；意见，要用"以上意见若无不妥，请批转执行"一类的语言。

附件：附件指属于公文正件的有关文件或材料，如图表、名单、规定等。公文不一定都有附件。附件位于正文后，下空一行，左空2字，两份以上，用阿拉伯数字表序号，分行排列。如："附件：1.×××

2.×××"

附件名称不加书名号，后面也不加句号。应该注意的是，有些印发、转发类通知，把印发的法规或规章、所转发的文件列为附件，这是不对的。印发、转发、批转类通知等公文是复合式公文，它所印发的法规或规章，所批转、转发的文件，是通知正件不可缺少的重要组成部分，绝不应该被列为附件。

成文时间：机关领导人或秘书长、办公厅（室）主任签发的，以签发的日期为准；须经会议讨论通过的，以通过的日期为准；须经上级机关或立法机关批准的，以批准的日期为准；电报以发出的日期为准。单一机关制发的公文落款处不署发文机关名称，只标识成文日期，成文日期右空4字。用汉字书写。如"二〇一二年三月十五日"，注意"〇"不要写成"0"。

附注：就是附带说明，是用来注明文件的阅读、传达范围和行文有关的事项。如"（联系人：×××，电话：×××××)"，公文如有附注，用3号仿宋体字，居左空2字加圆括号标识在成文日期下1行。上行文一般为"联系人：×××，电话：×××××"。

公章：公章是机关职权的象征，是公文生效的标志。公章要上不压正文，下压成文日期，多数压六个字左右，即把年份的最后两位数字加"年"字，把月份的数字加"月"字全盖上。公章要盖得端正，不要盖歪了或者盖成了"双眼皮"。

（3）版记。版记也就是文尾部分，包括主题词、抄送机关、印发机关、印发时间、印制的份数等。

主题词："主题词"三字用3号黑体字居左顶格标识，其后标全角冒号；词目用3号小标宋体字，词目之间空1字，不可用逗号、顿号取代空格。主题词的标引，3～5个主题词为宜，位于版记部分反线之上。主题词标引顺序是：类别词＋类属词（内容）＋类属词（形式）。要按照《国务院公文主题词表》标引主题词。如《国务院关于加强水土保持工作的通知》，主题词可标为：农业　水土保持　通知。

抄送机关：主题词下一行左空一字。应使用全称或者规范化简称、统称。抄送的范围不要太宽泛，不明确，甚至抄送给领导者个人；抄送机关排列顺序不要混乱。

印发机关：一般是发文机关的文秘部门。位于抄送机关之下，无抄送机关则直接位于主题词之下。

印发日期：与印发机关同处一行，右空一字。用阿拉伯数字标识，后加"印发"两字。

版记中的反线：版记中各要素之下均加一条黑色反线，宽度同版心，以显示各要素之间的区别。

页码：页码为4号半角白体阿拉伯数字，位于版心下边缘之下1行，单页码右空1字，双页码左空1字，数字左右各放一条4号一字线，距版心7毫米。如果版记和正文不在一页，版记页可不编页码。

以上主要谈的是单一机关行文的一般情况，但要注意联合行文的情况和信函式公文格式的特殊性。

第一，联合行文时格式的特殊性。

对比单一机关行文，联合行文的格式特殊性见表3-1。

表3-1 联合行文与单一机关行文格式对比

	联合行文	单一机关行文
发文机关标识	主办机关名称在前，"文件"在右侧上下居中排列。	"文件"紧随机关名称后。
上行文签发人	主办单位签发人标识位于第一行，其他按发文机关顺序，从第二行起依次排列，同时使发文字号与最后一个签发人处在同一行。此时红色反线下移，与发文字号的间距仍保持4毫米。	平行排列于发文字号的右侧，空两格标注。
成文时间	以最后一个机关签发的日期为准，成文时间位于最后一排印章之下右空2字。	成文时间因印章位置而定，一般右空4字。
印章	联合行文为两个单位，应将成文时间的字距拉开，使两个单位的印章均压在成文时间上，互不相交或相切，且相距不超过3毫米。三个单位以上，应有发文机关名称，按顺序标在正文和成文日期之间，再在各机关名称偏上方盖印。主办方在前，每排最多盖三个印，中心线对齐，两端不超过版心。最后一排只有一个或两个印章，均应居中排列。	上不压正文，下压成文日期。

第二，信函式公文格式的特殊性。

对比一般公文格式，信函式公文格式的特殊性见表3-2。

表3-2 一般公文格式与信函式公文格式对比

	信函式公文	一般公文（文件式公文）
排版规格不同	上页边距30毫米。	上页边距37毫米。
间隔线不同	武文线、文武线170毫米，均为红色，文武线距最后一行文字6毫米。	红色反线156毫米，版记各要素间为黑色反线。
页码要求不同	首页不显示页码。	首页显示页码。
发文机关标识不同	采用全称，无"文件"二字不标签发人。	可简称，有"文件"二字上行文标签发人。
发文字号位置不同	武文线下1行，右边缘顶格。	发文机关标识下空2行居中（下行文、平行文）或居左空1字（上行文）。
标题的位置不同	发文字号下空1行。	红色反线下空2行。
份号、秘密等级、紧急程度的位置不同	分别放在武文线下1、2、3行，顶格。	份号在版心左顶格处，秘密等级和紧急程度在版心右顶格处（上行文在发文机关标识右上5毫米处）。

3. 各文种特点与写法举例

命令（令）

[例文]

中华人民共和国主席令
第一号

根据中华人民共和国第十一届全国人民代表大会第一次会议的决定，任命温家宝为中华人民共和国国务院总理。

中华人民共和国主席　胡锦涛
2008 年 3 月 16 日
（来源：中国政府网）

命令（令）是一种下行文，是国家行政机关公文的最高形式，有公布令、行政令、任免令、嘉奖令、通缉令、戒严令、惩戒令等类型，其共同特点是具有权威性、强制性、严肃性。主要适用于依照有关法律公布行政法规和规章（如主席令、国务院令），宣布施行重大强制性行政措施（如通缉令），这些法规、规章的制定，要省级以上的国家机关才能制定和通过，因此，在市、县两级，一般不涉及命令文种。

命令的写作要求：语言应极简单概括，篇幅力求简短；用词准确、规范；语气要庄重严肃。

命令的格式与一般文种的公文格式有所不同：

发文机关名称用全称，不用简称包括规范化简称，应以批准该机关成立文件核定的全称为准；用红色小标宋体字，字号由发文机关酌定。

命令标识上边缘距版心上边缘 20 毫米，下边缘空 2 行居中标识令号，令号前加"第"字，即"第×号"。令号不同于发文字号，其编制自发布第 1 号开始，不受年度限制。

令号下空 2 行标识正文，不设红色反线。

正文下 1 行右空 4 字标识签发人签名章，签名章左空 2 字标识签发人职务；联合发布的命令或令的签发人职务应标识全称。

在签发人签名章下 1 行右空 2 字（一般文种右空 4 字），用阿拉伯数字标识成文日期（一般文种用汉字）。

命令（令）不分主送、抄送，采用"分送"这一特定形式。

［例文］

国务院关于表彰全国劳动模范和先进工作者的决定

各省、自治区、直辖市人民政府，国务院各部委、各直属机构：

2005年全国劳动模范和先进工作者表彰大会以来，各行各业涌现出一大批在全面建设小康社会、加快推进社会主义现代化伟大实践中取得显著业绩的先进模范人物，他们是继续解放思想、锐意改革创新的时代先锋，推动科学发展、促进社会和谐的行动楷模。为表彰他们的突出贡献，弘扬他们的先进思想，进一步激励全国各族人民积极投身建设中国特色社会主义伟大事业，推动经济社会又好又快发展，国务院决定授予2115人全国劳动模范荣誉称号，授予870人全国先进工作者荣誉称号。

国务院希望获得全国劳动模范和先进工作者荣誉称号的同志，谦虚谨慎，再接再厉，继续发挥模范表率作用，不断作出新的更大贡献。国务院号召全国各族人民，以全国劳动模范和先进工作者为榜样，学习他们信念坚定、胸怀大局的崇高思想，艰苦奋斗、勇于奉献的高尚品质，求真务实、纪律严明的优良作风，开拓创新、自强不息的进取精神，在以胡锦涛同志为总书记的党中央坚强领导下，高举中国特色社会主义伟大旗帜，以邓小平理论和"三个代表"重要思想为指导，深入贯彻落实科学发展观，同心同德、奋发图强，为夺取全面建设小康社会新胜利、谱写人民幸福美好生活的新篇章而不懈奋斗！

附件：全国劳动模范和先进工作者名册（共2985名）（略）

国务院
二○一○年四月二十四日
（来源：中国政府网）

决定是一种对重要事项或重大行动作出安排部署、奖惩有关单位和人员的公文文种。一般有部署性决定、奖惩性决定、处理重要事项的决定等。决定有决策性、指令性、权威性的特点。决定是对重大事项、重要问题和工作进行安排部署，是领导机关的一项重要的决策活动；决定是阐明指导思想、方针、任务和原则，以统一思想；决定是领导机关行使职权、表达意志的集中体现。

决定的写作要求：要先阐明作出决定的原因依据，说理要充分，再写决定的具体内容；最后发出号召，提出要求。决定的行文单位或发文机关比较广泛，既可以是国家最高权力机关，也可以是一般社会团体、企事业单位。

公告

[例文]

2012年中央机关公开遴选公务员公告

为建立来自基层的公务员培养选拔机制，优化领导机关公务员队伍来源和经验结构，进一步提高选人用人公信度，中共中央组织部、人力资源和社会保障部、国家公务员局决定开展中央机关公开遴选公务员工作。现将有关事项公告如下：

一、报考范围和条件

……

二、报名程序

……

三、考试

……

四、体检和考察

……

五、公示和办理转任手续

……

中共中央组织部　人力资源和社会保障部

国家公务员局

二〇一二年三月十九日

（来源：中国政府网）

公告是国家权利机关和行政机关在较广泛的范围内发布特别重要事项时使用的公文。《国家行政机关公文处理办法》规定，公告"适用于向国内外发布重要事项或者法定事项"。公告的特点是：发布内容重要。公告涉及国家事务的重要事项或者法定事项，发布范围广泛。公告一般通过新闻媒体或其他形式公开发布；发布机关有限制。级别较高的国家行政机关或者权力机关才有权发布；风格严肃庄重。

公告的写作要求：公告一般内容单一，语言在简洁凝练、通俗易懂的同时，要庄重、严谨。公告是普发性公文，因此一律不要眉首部分，也不写主送机关。标题一般不写事由。法定性公告可在标题下标识发文字号。

通告

[例文]

国家自然科学基金委员会关于发布"可信软件基础研究" 重大研究计划项目指南的通告

国家自然科学基金重大研究计划遵循"有限目标、稳定支持、集成升华、跨越发展"的总体思路，围绕国民经济、社会发展和科学前沿中的重大战略需求，重点支持我国具有基础和优势的优先发展领域。重大研究计划以专家顶层设计引导和科技人员自由选题申请相结合的方式，凝聚优势力量，形成具有相对统一目标或方向的项目群，通过相对稳定和较高强度的支持，积极促进学科交叉，培养创新人才，实现若干重点领域或重要方向的跨越发展，提升我国基础研究创新能力，为国民经济和社会发展提供科学支撑。

国家自然科学基金委员会（以下简称自然科学基金委）现公布"可信软件基础研究"重大研究计划 2012 年度项目指南（见附件）。

一、申请条件

重大研究计划项目申请人应当具备以下条件：

1. 具有承担基础研究课题的经历；

2. 具有高级专业技术职务（职称）。

正在博士后工作站内从事研究、正在攻读研究生学位以及《国家自然科学基金条例》第十条第二款所列的科学技术人员不得申请。

二、限项规定

具有高级专业技术职务（职称）的人员，申请或参与申请本次发布的重大研究计划"集成项目"不限项。

三、申请注意事项

1. 申请人应当认真阅读本通告和项目指南，不符合通告和项目指南的申请项目不予受理。

2. 本重大研究计划 2012 年度只受理"集成项目"的申请。

……

附件："可信软件基础研究"重大研究计划 2012 年度项目指南（略）

二〇一二年一月十九日

（来源：http://www.nsfc.gov.cn）

通告是国家行政机关和社会组织时常使用的一种公文。《国家行政机关公文处理办法》规定，通告适用于公布社会各有关方面应当遵守或应当周知的事项。除党的机关外，其他社会组织也可以通告的形式发布重要事项。通告的种类有知照性通告，主要是公布社会公众应当周知的事项，如《抚顺人民政府关于抚顺地区电话号码启用八位制的通告》。通告的特点是内容的业务性、对象的群众性、语言的通俗性。法规性通告，有法规性质和行政约束力，公布社会公众应当遵守或执行的事项，如《黑龙江省人民政府关于加强春季森林防火工作的通告》。

通告的写作要求：通告一般内容单一，尽量不使用过于专业的语言，要通俗易懂，语气要相对平和。通告也是普发性全文，不要眉首部分，也不写主送机关。

通告和公告的区别见表3－3。

表3－3　　"通告"与"公告"的区别

	通告	公告
内容	与群众利益直接相关的事项。	重要事项和法定事项。
发布范围	群众性、以社会公众为主要发布对象。	国内外、发布范围广泛。
语言特点	通俗、易懂、平和。	庄重、严谨。
行政效力	有社会公众需遵守或执行事项，体现行政权力和行政效力。	受众不被强制要求遵守和执行。

通知

[例文]

国务院关于坚决遏制部分城市房价过快上涨的通知

各省、自治区、直辖市人民政府，国务院各部委、各直属机构：

《国务院办公厅关于促进房地产市场平衡健康发展的通知》（国办发〔2010〕4号）印发后，全国房地产市场整体上出现了一些积极变化。但近期部分城市房价、地价又出现过快上涨势头，投机性购房再度活跃，需要引起高度重视。为进一步落实各地区、各有关部门的责任，坚决遏制部分城市房价过快上涨，切实解决城镇居民住房问题，现就有关问题通知如下：

一、各地区、各有关部门要切实履行稳定房价和住房保障职责（略）

二、坚决抑制不合理住房需求（略）

三、增加住房有效供给（略）

四、加快保障性安居工程建设（略）

五、加强市场监管（略）

……

国务院各有关部门要根据本通知精神，加快制定、调整和完善相关的政策措施，各司其职、分工协作，加强对各地的指导和监督检查。各地区、各有关部门要积极做好房地产市场调控政策的解读工作。新闻媒体要加强正面引导，大力宣传国家房地产市场调控政策和保障性住房建设成果，引导居民住房理性消费，形成有利于房地产市场平稳健康发展的舆论和氛围。

国务院

二○一○年四月十七日

（来源：中国政府网）

通知是一种广泛运用的公文，是下行文，也可作平行文使用。其特点有：应用的广泛性，凡是不宜以其他文体印发的公文，一般都可以通知作为载体印发；内容的具体性，通知的内容都是具体的、明确的，具有很强的现实针对性；效用的指令性，通知对受文机关的具体工作进行部署、提出要求时，受文机关必须认真贯彻落实，不得推诿敷衍；意图的告知性，通知要告诉被通知的对象，要做些什么事情，这些事情如何去做；不要做什么事情。

通知的分类一般有：按照通知的性质和内容划分为发布性通知、部署性通知、事项通知、会议通知、任免通知等。其中发布性通知又有用于发布下级机关的公文，用"批转"；用于发布上级机关或不相隶属机关的公文，用"转发"；用于发布本机关的公文，用"印发"。按通知的写作主体划分为单一主体制发的通知、几个不相隶属部门联合制发的通知。按照通知内容的紧急程度划分一般性通知、紧急通知。

通知的写作要求：发布性通知一般既要点题，又要表态。有的涉及重要事宜，要提出贯彻执行的具体要求和希望。部署性通知要阐明所部署工作的目的、事项、执行要求等。事项通知要具体写明要告知的事项。会议通知要写明开会原因、时间、地点、参加人等。任免通知须按干部任免权制制发，命令、决定、通知都具任免功能，但一般行政机关的人事任免可采用通知的方式。

通知和决定在行政效力上非常接近，具有很强的指令性。但在适用范围上，决定的内容更具重大性、宏观性、长远性；而通知的内容则更具专题性、事务性和具体性。在文体风格和篇章结构上，决定比通知的要求更大气、庄重、严谨、完整。

通报

[例文]

××大学关于表彰李强、王力二位同学舍己救人的通报

今年 7 月 13 日，我校学生李强和王力二人去镜泊湖旅游区旅游。在观看瀑布时，一位女游客不慎落入湍急的河中。李强和王力二人见状奋不顾身，跳入水中将落水游客救起。围观的游客拨打 120 救护车，他们把落水游客护送到了附近医院。之后，二人悄悄离去，后经媒体记者寻访，被救游客才找到校领导和二位学生，并表达了感激之情。

李强、王力同学舍己救人的行为体现了我校新时代大学生的风貌，为进一步促进我校校风建设，鼓励学生培养助人为乐品格，发扬为校争光精神，经校领导研究决定：

授予李强、王力"优秀大学生"称号。

校学生处、团总支、学生会号召全校学生向李强、王力学习，学习他们把他人的安危放在心上，舍己救人的精神；学习他们在突发事件面前临危不惧、奋不顾身的气概；并要以他们为榜样，做一名正直、勇敢、胸怀他人的新时代优秀大学生。

××大学

××年七月二十日

（来源：赵华. 应用文写作. 北京：高等教育出版社，2010.）

通报是用来表彰先进，批评错误，传达重要精神或情况的公文。通报作为一种宣传教育、交流信息、推进政务工作公开的工具，得到了各级党政机关和人民团体的广泛应用。通报的种类有情况通报、表彰性通报、批评性通报。情况通报用于上级领导机关为了推进工作而通报某项工作的进展情况，或传达上级领导的重要指示精神，或发布需要下级机关周知的事项。表彰性通报用于在一定范围内对先进人物和事迹进行表彰和宣传，以发挥先进典型的带动和示范效应。批评性通报用于在一定范围内对错误的人和事进行批评，对典型事例进行解剖，分析其错误的性质、产生问题的原因及其造成的危害和带来的不良影响，以警示本人和他人，吸取教训，引以为戒。通报的特点是事件的典型性、内容的准确性、行文的及时性、作用的指导性。通报的对象是正面的或反面的，都具有普遍的教育意义和指导意义；其引用的事实必须经过认真的调查核实，做到准确无误；用于传

达上级精神和通报情况、信息，具有很强的时效性；通报是行政机关和党的机关的正式公文，体现教育、警示和指导的作用。

通报的写作要求：叙述清楚、重点突出。要在事实的基础上提炼主旨，要紧紧围绕主题提出要求或号召。

同时，要注意通报和通知的区别。通知旨在于上级要求下级执行办理的具体要求，而通报旨在于以好的、坏的典型事例或重要情况来教育有关人员，起指导、启发和警戒作用与沟通重要情况的作用。

报告

[例文]

××市人民政府关于在本市文学艺术界开展档案资料征集工作的报告

省政府：

根据省政办《关于做好在文学艺术界开展档案资料征集工作的函》（×政办函〔2005〕12号）要求，现将我市在文学艺术界开展档案资料征集工作的情况报告如下：

2004年11月20日，我市成立了以副市长××为组长的市档案资料征集工作领导小组，成员由市文化局、市文联、市档案局有关同志担任。

2004年12月1日，市档案资料征集工作领导小组根据《中华人民共和国档案法》、国家文化部、国家档案局《艺术档案工作暂行办法》有关规定，结合我市实际情况，在全市文学艺术界下达了开展档案资料征集工作的通知。

档案资料征集的内容有：在文学艺术界中，反映知名人士主要经历及其主要活动的生平材料，包括履历表、传记（含自传）、回忆录、日记等；反映知名人士公务活动的材料，包括报告、演讲稿、题词、录像带、光盘、照片等；反映知名人士成就的材料，包括论文、专著、研究成果、艺术作品、获奖证书、荣誉称号证书等；其他反映知名人士活动的相关材料，如评介文章、研究资料、原始材料等。

我市档案馆拟以知名人士个人为单位设立个人档案全宗，给予全宗号；并建立人物档案数据库，采用现代化管理模式和管理设施进行保管。

下达通知以来，据市档案资料征集工作领导小组调研走访，获悉许多知名人士正在整理自己多年积累的材料，以支持市政府的工作。

目前，市档案资料征集工作办公室已经收到无偿征集（移交、捐赠、寄存）资料112件；有偿征集（珍贵的历史价值档案）资料35件。市档案资料征集工作领导小组正在组织专业人员进行分类整理。

特此报告。

××市人民政府

二〇〇五年二月十日

（来源：卢如华. 新编秘书实训. 北京：高等教育出版社，2010，7.）

报告是向上级机关汇报工作，反映情况，答复上级机关询问时所使用的公文。报告可分为综合报告和专题报告。综合报告是反映本地区、本单位全面情况的报告。这种报告内容全面、篇幅较长，是本机关工作全面总结并向上呈报的重要形式。专题报告突出"专"字，是一事一报的专门性报告。这种报告的内容比较单一，是单就某一方面的情况、某项工作或某个活动向上级所作的报告。

报告也可具体分为工作报告、情况报告、答复报告和呈送报告。工作报告用于总结工作经验、汇报工作进展情况或提出今后工作的设想。情况报告重在反映情况，包括上级的决策和部署的执行情况，本机关工作中出现的新问题、新情况，某方面出现问题的处理情况等，以便上级及时了解情况，及时处理。答复报告属于被动行文，上级有所询问，下级机关才有答复报告。答复报告由答复原由和答复事项两部分构成。要紧紧扣住"问"和"答"行文，有问才有答，不问不必答，更不能答非所问。呈送报告是下级机关向上级机关报送公文、物件时，随文或随物写的一种报告。报告特点是汇报性、陈述性、定向性。汇报性指将已经做过的工作或发生的情况报告给上级机关；陈述性指从表达方式上用陈述的方式进行表述；定向性指不得多头主送，也不得越级主送，不需要上级机关予以回复。

报告的写作要求：先简要概括地写明报告的目的，再以陈述为主，实事求是地叙述事实，并要有恰当的分析和判断，不要只罗列一些材料或现象，在语气上要诚恳谦虚。

请 示

［例文］

天津市河北区教育局关于申请专项经费的请示

河北区政府：

为提高我区办学实力，我局从2006年起对学校进行办学水平的综合评估，评估结果分为优秀、良好、合格、不合格，对优秀给予奖励。今年是根据学校三年自主发展计算进行评估最后一年，我局决定在年度奖励（20万元）的基础上，提高奖励标准10万元，由于系统奖励基金无能力支付，恳请区领导给予拨付专款解决。

当否，请批示。

天津市河北区教育局

二○○六年九月十日

（来源：http://gk.tjhbq.gov.cn）

请示是用于向上级机关请求指示、帮助或批准事项时所使用的公文。请示的特点是陈请性、定向性、前置性、具体性。陈请性指请求上级机关指示、批准或审核；定向性指不能多头请示、不能越级请示、不能送领导者个人。请示的主送机关只有一个，即直接上级机关。如需要报送其他上级机关的，应当用抄送的形式；前置性指事先请示，事后汇报；具体性指明确的单一性，一文一事。

请示的写作要求：要写清具体的请示事项和请示的理由，结尾要用"以上请示妥否，请批示"一类的语言。请示的理由要写充分，语气要诚恳谦恭。

请示与报告的区别见表3－4。

表3－4　"请示"与"报告"的区别

	请示	报告
行文目的不同	请求上级机关给予帮助、指示或批准。	汇报工作，让上级了解情况。
呈报时间不同	事前行文。	比较灵活。
处理方式不同	办理件，受文机关必须及时处理，做出明确批复。	阅知件，受文机关不必做出答复。
写作侧重不同	重在说明请示的事项和原因。	陈述工作情况，不能夹带请示事项，不能把标题写成"……的请示报告"。

批复

［例文］

国务院关于同意将山西省太原市列为国家历史文化名城的批复

山西省人民政府：

你省《关于申报太原为国家历史文化名城的请示》（晋政〔2009〕25号）收悉。现批复如下：

一、同意将山西省太原市列为国家历史文化名城。太原市历史悠久，文化底蕴丰厚，历史遗存丰富，城市建设特色突出。

二、你省及太原市人民政府要根据本批复精神，按照《历史文化名城名镇名村保护条例》的要求，正确处理城市建设与历史文化遗产保护的关系，保护好太原市的传统格局、历史风貌和历史建筑。要编制好历史文化名城保护规划并纳入城市总体规划，明确保护的原则和重点，划定历史文化街区、文物保护单位、历史建筑的保护范围及建设控制地带，制订严格的保护措施。要在历史文化名城保护规划的指导下，编制好重要保护地段的详细规划。在规划和建设中，要注重体现传统文化特色和地方传统风貌，不得进行任何与历史文化名城环境和风貌不相协调的建设活动。

三、你省和住房城乡建设部、国家文物局要加强对太原市国家历史文化名城规划、保护工作的指导、监督和检查。

国务院

二〇一一年三月十四日

（来源：中国政府网）

批复是上级机关针对下级机关的请示事项所使用的表明自己态度，或作出相应决定的公文文种。下级有请示，上级才有针对该请示的批复。批复属于被动行文；批复对下级机关具有指示性。请示是一事一请示，批复也是一事一批复。批复的类型有，指示性批复：是对请求指示性请示的答复。批准性批复：是针对下级请求批准性请示的答复。批复具有以下特点：内容的针对性、缘由的被动性、处理的及时性、效力的权威性。内容的针对性指一事一批，针对请示的对象，不能超越请示的内容；缘由的被动性指先有请示，然后才有批复，批复是被动行文；处理的及时性指批复应当及时，以免给下级机关的工作造成被动或损失；效力的权威性指批复是领导机关行使法定权力的体现，要写清楚意见。

批复的写作要求：标题一般加上请示单位；正文要说明接到什么请示，要标引该请示的发文字号或标题；要表示是经过研究后予以答复；要表明态度；文字要尽量简洁。

意见

[例文]

国务院办公厅关于进一步做好减轻农民负担工作的意见

各省、自治区、直辖市人民政府，国务院各部委、各直属机构：

近年来，随着国家强农、惠农、富农政策实施力度的逐步加大和农民负担监管工作的不断加强，农民负担总体上保持在较低水平，由此引发的矛盾大幅减少，农村干群关系明显改善。但最近一个时期以来，一些地方对减轻农民负担工作重视程度有所下降，监管力度有所减弱，涉农乱收费问题不断出现，向农民集资摊派现象有所抬头，惠农补贴发放中乱收代扣问题时有发生，一事一议筹资筹劳实施不够规范，部分领域农民负担增长较快。为进一步做好减轻农民负担工作，切实防止农民负担反弹，经国务院同意，现提出如下意见：

一、明确减轻农民负担工作的总体要求（略）

二、严格管理涉农收费和价格（略）

三、规范实施村民一事一议筹资筹劳（略）

四、深入治理加重村级组织和农民专业合作社负担问题（略）

五、建立和完善农民负担监管制度（略）

六、加强涉及农民负担事项的检查监督（略）

七、严肃查处涉及农民利益的违规违纪行为（略）

八、加强减轻农民负担工作的组织领导（略）

有关部门要加强对各地减轻农民负担工作情况的督导，及时通报结果。各省级人民政府要根据本意见的要求，结合本地实际，抓紧制定具体实施意见。

国务院办公厅

二〇一二年四月十七日

（来源：中国政府网）

意见适用于对重要问题提出见解和处理办法，是一个适用范围比较广泛、行文比较灵活的公文文种。其特点一是行文方向的灵活性：既可上行、可下行，又可平行。二是效力作用的多元性。作为直接下发的指导性意见，侧重于指导性；作为上报的建议性意见，它体现的是下级机关对全局工作负责的大局意识，受文机关应认真受理和办理；作为平行文的意见，更显得庄重和规范。作为下行文，一般是对重要工作进行安排部署，提出指导性意见。

意见的写作要求：如作为下引文，正文是对重要工作进行安排部署，提出指导性意见，一般采用"总—分"式的横向结构方式。如果是作为上行文，提供给上级机关作为决策时参考的，应重点把建议的内容和理由写充分、写清楚，以便于领导机关采纳；如果是请求领导机关批转或转发的意见，应把重点放在开展工作的办法和要求上，在表达方式上以陈述和说明为主。文尾往往还要写清何时起实施，解释权归属等。文尾的标志性语言是"此意见如无不妥，请批转各地区、各部门执行"，以此表达作者的行文意图。

函

[例文]

国务院办公厅关于征求《国家行政机关公文处理办法（草案）》意见的函

各省、市、区人民政府，国务院各部门办公厅（室）：

现将我们草拟的《国家行政机关公文处理办法（草案）》送给你们，请组织有关同志讨论修改，并将修改意见于十一月底前告诉我们。

国务院办公厅

××××年××月××日

（来源：李慧强．应用文写作．经济科学出版社，2010，7．）

函适用于不相隶属机关之间相互商洽工作、询问和答复问题；向有关主管部门请求批准等。就行文关系而言，函是平行文。函的种类有商洽函、问答函、请批函。商洽函是不相隶属的组织或自然人之间，就某一具体事宜进行联系与协商，以求对方给予理解和支持时所用的信函。主要用于向对方询问或答复某一事项。问答函包括询问函和复函两种类型，主要用于不相隶属机关之间商量洽谈办理某一问题，如联系参观、学习，商洽干部调动，请求帮助支持等，请批函的对象是无隶属关系的主管部门，用于向有关主管部门请求批准某一事项。请批函是请示函与批复函的合称，是指不相隶属机关之间用于请求指示、批准或答复请示事项时所用的公文。但要注意其与请示、批复的区别。请示是报请上级机关请求批准或审批的事项，批复是上级机关就下级机关的请示事项所作出的答复。鉴于不相隶属的机关之间不能以请示或批复行文，因此只能以请批函的形式就请求批准或审批的事项进行请示或答复。

函的写作要求：如果是来函，写法上要写得明白具体，要开门见山，直叙其事，简洁明了，切忌空话、套话，或者含混不清，不知所云。语言运用要得体，要用尊重、协商、平等、坦诚、谦和的语言。如是复函，要针对来函进行答复，类似批复的写法。但注意不要打官腔，不要使用生硬甚至盛气凌人的语言，也不能显得恭维奉迎。如果是公函，要严格按公文格式制作；如是一般便函，可不受公文格式限制，但也应有发文机关印章和成文日期。

　　值得注意的是，国务院办公厅等机关部门，为尽量减少"文件"，对一些约束力不强的文件，如通知、通报、批复、意见等，有时采用函的形式行文，发文字号标明的是函。不要误以为这些机关将文种与格式搞错了。另外，国务院《国家行政机关公文处理办法》规定，应由办公厅（室）对外行文。办公厅（室）以外的部门机构需要行文时，应该"以函的形式行文"。此时，函可用于不相隶属机关间，也可以是有隶属关系的上下级机关。此时的通知、通报、批复、意见等可视作"信函式公文"，格式上可遵照信函式公文格式（参见表3－2）来行文。

议案

[例文]

国务院关于提请审议《中华人民共和国经济合同法修正案（草案）》的议案

全国人民代表大会常务委员会：

　　《中华人民共和国经济合同法》是一九八一年十二月十三日第五届全国人民代表大会第四次会议通过、一九八二年七月一日起施行的。十多年来，经济合同法在保护经济合同当事人的合法权益，维护社会经济秩序，促进社会主义商品经济的发展等方面，起了重要的作用。但是，这部法律毕竟是在改革初期制定的，随着改革的不断发展和深化，有些规定与现实经济生活已经不相适应；在一些重要问题上，同后来制定的民法通则、民事诉讼法、涉外经济合同法、技术合同法不相协调，特别是同今年第八届全国人民代表大会第一次会议通过的宪法修正案也存在不一致的情况。为了适应建立社会主义市场经济体制的迫切要求，需要尽快对经济合同法中急需修改的内容进行修改。国务院法制局在调查研究、广泛征求意见的基础上，经与有关部门共同研究，拟订了《中华人民共和国经济合同法修正案（草案）》。这个修正案（草案）已经国务院常务会议讨论通过，现提请审议。

国务院总理　李　鹏

一九九三年六月十日

（来源：中国政府网）

　　议案是各级人民政府按照法定程序向同级人民代表大会和同级人民代表大会

常务委员会提请审议某项法规、规章、条约和人事任免等事项的文件，属于平行文。议案须经过议案的提出、初步审议、正式辩论、修正、表决、通过和公布等过程。议案一般由享有提出议案权的机关或个人提出，所提内容必须是属于议事机关职权范围内的事项。除人民代表大会主席团、常务委员会和本级人民政府可以直接提出议案外，人民代表大会代表也可以提出议案。议案提出后，由人民代表大会主席团提请人民代表大会讨论，或交付议案审查委员会审查后提请人民代表大会讨论，然后作出决定。

议案可分为三类：提请任免干部的议案、提请审批某项草案的议案和提请决定某项工作事项的议案。具体有任免案、法律案、预算案、咨询案和有关国家和地方重大事项的议案等。

议案的使用具有专一性。制发机关只能是各级人民政府，政府的职能部门无权制发。人民政府所提议案的内容，必须属于该人民代表大会或常务委员会职权范围内的有关事项。各级人民政府的议案，应当而且必须在同级人民代表大会或其常务委员会举行会议规定的限期前提出，否则不能列为议案，超过期限提交的议案一般改作"建议"处理，或移交下次人大会议处理。提交大会审议的议案，必须限期审议表决或提出处理意见。议案只能由各级人民政府向同级人民代表大会或其常务委员会行文，不能向其他部门单位行文，主送机关也只有一个。适合提交人大议案审议的事项，必须是重要事项，符合人民群众的意愿和要求，而且议案中提出的方案办法措施，也必须是切实可行的，才有可能获得通过。

议案的写作要求：一般要用请求的语气，同时要做到：目的明确，理由充分；中心突出，主旨集中。议案的写法可以把提请审议的方案直接写入议案正文中，也可将之置于正文之后，但不是作为附件。议案要由政府首长签署。国务院提交给全国人大的议案，要由总理签署；各省、市、自治区提交给同级人民代表大会的议案，要由省长、市长或自治区主席签署。

会议纪要

[例文]

宁波市国土资源局局务会会议纪要

2012年2月1日上午，柴利能局长主持召开局务会议，局领导周力丰、李千火、李承戍、何国强、张志勇、万江波、吴晓明、吴洵凤、唐训民、林合聚和机关处（室、局）、事业单位主要负责人参加了会议。现将有关议定事项纪要如下：

一、会议听取了办公室关于全局去年十二月、今年一月份工作完成情况和二月份工作计划安排的汇报，听取了组织人事处、计财处、法制监察局、利用地籍处、规划耕保处、地矿处关于二月份重点工作安排情况的汇报。

二、会议充分肯定了各处（室、局）、事业单位近两个月来在节约集约用地、双保双服务、开发造地、地质灾害防治、干部队伍建设、财务管理等方面取得的工作成绩。

三、会议明确了二月份工作重点。

……

四、会议还对 2011 年度土地画片执法监察整改督察、上海督察局例行督察、行政复议诉讼应对、信访接待处置、地质矿产、土地储备、城中村改造等工作进行了部署。会议要求，各级领导和各单位在工作方法上，要进一步提高领导艺术和水平，学会"弹钢琴"，增强统筹协调能力，坚持"一手抓业务、一手抓队伍"，努力提高国土资源整体工作水平。

（来源：http://www.nblr.gov.cn）

会议纪要是机关、人民团体和企事业单位等在召开重要的领导例会或座谈会、学术会议时，依据会议宗旨和讨论内容，在会议记录的基础上，用准确而简练的语言，扼要记述会议情况，重点阐明议事要点和会议主要精神的具有法定效力的公文。会议纪要的类型有例会式会议纪要和研讨式会议纪要。例会式会议纪要是各级行政机关、人民团体和企事业单位的领导班子，或其他非常设机构的领导成员，定期召开的、以传达贯彻上级机关的工作部署和研究解决工作中的重要问题为目的的会议所形成的会议纪要。研讨式会议纪要是各级领导机关或社团组织等，非定期召开的，以交流思想和理论学术观点、研究探讨问题为目的的座谈会、研讨会所形成的会议纪要。

会议纪要的写作要求：会议纪要要注意行文内容的纪实性、表述方式的纪要性。标题要写清是什么会议纪要；开头简要介绍会议的基本情况；主体部分要写清会议讨论的事项及意义，讨论的意见，决定的问题，提出的要求等，要忠实于会议的实际情况不得偏离、扭曲；结尾要写对会议的评价（但要注意避免空泛的议论）、会议的倡议、希望与号召等。

会议纪要也应注意是作为上行文还是下行文，作上行文的会议纪要，发文机关标识距版心上边缘 80 毫米，作下行文的会议纪要，发文机关标识距版心上边缘 25 毫米。此外，会议纪要格式上与一般公文的最大区别是不加盖印章的。

二、领导讲话稿的写作方法

> 小许在读大学时，就是小有名气的笔杆子，报刊上发表过不少小说、散文和学术论文。通过公务员招聘考试当上区长的秘书后，小许的文才好像不够用了，为区长起草的讲话稿，总要让区长改得"满堂红"，有时还要重写几次。小许似乎要对自己丧失信心了。办公室同事老王似乎看出了小许的苦恼，他找小许谈心说"秘书工作中的写作，也要讲究个主辅配合，你对起主导作用的领导者理解不够，自然也就写不出令他满意的文章来。"接着，他拿出区长出版的几部专著和一些发表的文章，说是读读这些材料，可能对小许会有所帮助。小许认真读了区长的著作和文章，并对著作和文章中经常引用的马列原著、经济和管理方面的名著也系统地学习之后，又加上对区长的工作思路、谈话风格留心学习和理解，再写区长的讲话稿，思路就活跃起来了，区长也越来越满意了。
>
> （来源：方晓蓉等．秘书学．北京：高等教育出版社，2008.）

正如上述案例所反映的，文秘人员给领导写讲话稿是一件常事，也是文秘人员文字水平的展现机会。要写好领导讲话稿，除了掌握前面谈到的一般技巧应用文写作的外，文秘人员还要多读书、多练习、多了解领导的性格和文风。

1. 领导讲话稿概述

领导讲话稿，是在会议上或某个特定范围内进行宣讲、鼓动或表态时所用的文稿。

从广义上说，凡是经过事先准备，用于会议或某个特定范围发言的各种文稿，都是讲话稿。在日常使用中，以职务身份面向被领导者发表讲话时所用的文稿多称为讲话稿，而代表政府或机构在国际场合发表讲话时所用的文稿多称为讲演稿。以个人身份发表讲话时所用的文稿一般也称为演讲稿。

领导讲话稿的类型，根据工作领域的不同，讲话稿可分为政治类、外交类、学术类、工作类、礼仪类等；按内容划分，根据讲话内容的不同，讲话稿可分为宣讲式、阐发式、祝贺式、表态式等；根据写作结构的不同，讲话稿可分为纵式结构、横式结构、纵横结合式结构等。

2. 领导讲话稿写作方法

领导讲话稿的写作要遵循前面提到的文秘人员书面沟通的一般技巧。即在提炼写作主题方面，要领会领导意图、吃透上级精神，了解基层基本情况，做到中心明确，表达清楚，立场、态度鲜明；同时要注意材料的选择要尽量选择新近的一些典型材料。再者，结构安排要考虑到口头演讲的特点，应相对单纯明朗，使人容易听明白。有些讲话稿没有注意这一点，层次用得太复杂，先有一、二、三，下面再分（一）（二）（三），下面又有1、2、3，这种叠床架屋的结构是不适于用在讲话稿方面的。最后，在语言方面要适应口头表达的需要，力求准确简朴、富于感染力。应力避艰涩的书面语言，如需使用较为生僻的专业性词语，应适当加以解释。

要写好领导讲话稿，文秘人员除了遵循以上基本要求外，还要注意讲话稿要写出领导的个性特点和风格，防止把不同领导的讲话写成一张面孔、一个模式。也就是说，起草者要站在领导的位置上，把领导写进去，写出特色来，让人一听一看就知道是谁的讲话，做到"文如其人"。为此要把握以下几点：

一是充分体现领导身份特征。不同领导，由于其在身份、经历、语言、性格、素质等个性特点方面的差别，对讲话材料的要求也会有所不同。起草领导讲话材料，很重要的一个方面，例如，领导是军事领导，还是政工领导、后勤领导？领导是年龄大、资历深的领导，还是年纪轻、资历浅的领导？领导是"基层"出身，还是"机关"出身？身份不同，讲话的内容、口气，表达方式也有区别。

二是要体现领导的语言特点。按领导语言特点，大致有严谨型的：要求有较强的逻辑性，用字准确，上下对仗，不用过分的词语，不可随意夸大和发挥。幽默风趣型：注重生动活泼，不呆板、枯燥的说教。有时常用一些大家熟悉的成语典故以及歇后语，顺口溜，有时还"旁征博引"，加以发挥，使讲话生动幽默，妙趣横生。善于鼓动型：语言富有感情，爱憎分明，比较有力量。讴歌赞美时，气势昂扬；批评不满时，严肃激愤，通常多用响亮的词，多写短话，在视听效果上以激昂来抓住人、吸引人、说服人、感动人、鼓舞人。通俗易懂型：常常是形象地表述抽象的概念，通俗地阐释深奥的理论，简要地说明复杂的事物，轻松地道破严肃的问题。喜欢用一些地方方言，讲朴实的道理，深入浅出。用语上尽量少用比较生涩难懂的词汇，多用简单、明了，甚至口语化的语言。文秘人员起草领导讲话稿时就要有针对性地选择一种类型进行发挥。

三是要体现领导的性格和素质特点。不同领导有不同的性格，不同性格的领导讲话材料写法差异很大。比如，有的领导性格直爽，讲话材料语句要干练、果断、坚决，简洁明快，常用短话、直话、硬话。有的领导性格细腻，讲话材料内容要具体详尽，有时要多引用详细的数据和事例，语句也可以长一点、软一点。另外，有的领导宽宏大度，讲话材料就容易通过；有的领导特别挑剔，讲话材料很难过关；有的领导很有主见，讲话材料一锤定音；有的领导见异思迁，讲话材料改来改去；等等。文秘人员要细加分析，准确把握，方可动笔。素质方面，对思想水平不高、文字能力较弱的领导，给他们起草讲话材料，尽量用常用词汇表达，句子的结构要简单，表达的方式要常见。千万不可咬文嚼字，章法高深，表述深奥复杂。对于引经据典，明移暗喻的表达方式更要慎重使用。思想水平较高，知识较为渊博的领导，给他们起草讲话稿，要特别注意对文字的修饰和润色，对问题的深刻分析和理论阐述，还可以引用名人轶事、箴言警句等。

3. 领导讲话稿的写作格式

领导讲话稿的写作格式一般为：标题 +（署名）+（日期）+ 称谓 + 正文

（1）标题。讲话稿的标题通常有如下面两种常见的形式：

何人 + 在何时（何地或何种会议上）+ 讲话

如《温家宝总理在 2012 年春节团拜会上的讲话》，《习近平同志在中央党校开学典礼上的讲话》，标题也就突出了讲话的主要精神。这种标题有时可省略"何人"，而将讲话者的姓名写在标题下。

单行标题或正题 + 副题

单行标题：如《转变经济方式再创大连辉煌》，正题 + 副题：如《共育共建共享繁荣社区文化——在加强社区文化建设讨论会上的讲话》，用正题强调讲话的中心内容，用副题说明发表讲话的场合。

（2）日期。指讲话发表时的日期，多在署名之下，用阿拉伯数字居中标示，加括号。

（3）称谓。是对听者的称呼，意在引起听者的注意，也表示对听者的尊重。称谓写在日期之下空一行，居左顶格。通常在工作会议上使用"同志们"、"各位领导、各位员工"等；在礼仪性的场合可使用"女士们、先生们"、"同志们、朋友们"等。

（4）正文。正文的结构是：引语 + 主体 + 结尾

1）引语。引语要能够集中听者的注意力，以便进入正文的宣讲。使用较多的有以下几种：

概述式：简要说明会议或活动的内容、意义、作用等。

表态式：表态式是个人演讲中常见的写法。

抒情式：就是用比较抒情的语言表达会议或活动的情况。

2）主体。主体是全篇的核心，根据需要可采用不同的结构方式：

横式结构：从不同的角度切入主题，分别加以阐释或介绍、说明。

纵式结构：从一个点切入，以层层深入的方式加以阐述。

纵横结合式结构：在篇幅较长、内容较多的讲话稿中可以使用这种结构，但要慎用，因为这种结构容易造成层次过多，不宜把握，弄得不好，也会造成听者理解上的困难。

3）结尾。一般要再一次点明主旨，做到前后照应。

[例文]

中原水运总公司领导在职工运动会上的讲话（开幕辞）

各位领导、各位来宾，职工同志们：

50年风雨创业路，半世纪拼搏铸辉煌。在这金秋收获的季节，在中原水运总公司50年华诞到来的喜庆日子里，中原水运总公司第六届职工运动会今天隆重开幕了，在此，我谨代表总公司党、政、工领导和全体职工向莅临大会的各位领导、各位宾朋表示最热烈的欢迎！向全体运动员、裁判员、工作人员表示深切的敬意，对坚守在供水工作岗位上的全体职工表示亲切的慰问，你们辛苦啦！

近年来，总公司在上级党委、政府的领导下，弘扬"团结奋斗、创新进取、服务奉献、勇争一流"的企业精神，进一步深化了企业内部改革，圆满地完成了供水生产经营各项任务，为本市经济发展和居民生活提供了良好的服务，在社会上树立了良好的企业形象。我们的企业文化建设也有了长足发展，每两年举办一次职工运动会已形成制度并深入人心。各种形式的文体活动的开展，锻炼了职工强健的体魄，培养了职工爱祖国、爱企业的集体主义精神，为建设强健而高素质的职工队伍、增强企业凝聚力和向心力作出了贡献。

我们这次运动会是总公司50周年系列庆典活动之一，也是总公司广大职工的一次体育盛会，有576名运动员将分别参加各个项目的角逐。各参赛选手在供水战线上是主力军，在文化体育活动中是骨干，他们将在绿茵赛场上一展英姿，为总公司争光添彩，为本单位争得荣誉。我希望全体运动员、裁判员以及与会的全体同志坚持友谊第一、比赛第二、公平竞争的原则，遵守赛场纪律和比赛规则，顽强拼搏，勇于争先，赛出风格，赛出水平，以优异的成绩展示出供水职工的风采，向总公司50周年庆典献上一份厚礼，为促进城市供水事业的发展作出更大的贡献！

最后，预祝全体运动员取得优异成绩！预祝本次运动会取得圆满成功！

（来源：www. pujiwang. com）

这篇领导在企业职工运动会开幕式上的讲话，强调了企业文化建设对增强企业凝聚力和向心力的促进作用和重要意义，提出在体育活动中弘扬"团结奋斗、创新进取、服务奉献、勇争一流"的企业精神。全文热情洋溢，富于鼓动性。

三、常见事务文书的写作方法

事务文书有很多，大多数文秘人员都能接触各种事务文书。总体上看，计划、总结、调查报告、简报等是比较多见的，文秘人员尤其要掌握这些文书的写法。

1. 计划

计划是预先拟定一定时期的行动内容、步骤和方法的指导性文书。计划规定了"做什么"和"怎样做"，对工作、生产、研究、学习等具有指导或规范作用。古人云：凡事预则立，不预则废。实现准备充分，目标明确，行动有序，才有可能顺利完成任务。一份好的计划，其目标、实施步骤和方法应是切实可行的计划一经确定，对实施者就具有约束力，以此规范人们的行动。

根据性质的不同，计划可分为指令性计划、指导性计划等。根据时间长短，计划可分为长期计划（5～10 年及 10 年以上）、中期计划（2～4 年）、年度计划、季度计划、月度计划、周计划等。根据覆盖和指导范围，计划可分为国家计划、地区计划、部门计划、个人计划等。根据内容的不同，计划可分为综合（全面）计划、专项计划等。

计划的写作方法：开头部分即引语。简要说明制定计划的背景、依据或指导思想、目的要求。

主体包括通常说的"计划三要素"：目标、措施、步骤。要写得周全、明白、准确。往往要把具体方法、措施和人员分工写清楚，以便于检查。

结尾通常使用富于号召性、鼓动性的语言，简洁有力地提出希望和要求。计划的结尾有时可省略不写。

上报或下发的计划应在署名和日期上加盖公章。

制定计划的目的是克服盲目性，所以写作计划前一定要先开展必要的调查研究，分析任务的具体情况，确定切实可行的目标，找出可能出现的困难、问题并提出解决办法，切忌空想和盲目自信，更不能弄虚作假、吹牛浮夸。

［例文］

××大学文心社 2012 年上半年活动计划

为贯彻学校加强素质教育、丰富校园生活、大力开展艺术学科社团活动的要求，我社特制定 2012 年上半年活动计划。

一、目标

1. 通过各项活动，激发社员对文学艺术的兴趣，提高文学鉴赏水平，培养社员的文学创作能力。

2. 读书、实践、练笔三结合，上半年将举办文学作品欣赏活动两次，文学创作讲座一次，笔会一次。

3. 继续办好文学期刊《文瞳》、《大黑山诗刊》。

4. 向××大学校刊提供稿件 15 篇。

二、措施

1. 重新选举文心社社委，并由 3 名社委增至 5 名。

2. 继续做好聘请指导老师的工作，除中文系 2 名老师外，拟聘请文学院××教授做我社顾问。

3. 加强与兄弟院校人文社团的交流。4 月中旬，将与××××大学人文学社举行一次联谊活动。

4. 争取院团委、学生会的支持，解决部分经费问题，为独立展开活动创造条件。

5. 6 月中旬评选优秀社员，并给予适当奖励。

2012 年 3 月 1 日

（来源：××大学素质教育中心网）

这份学生社团的活动计划符合条文式计划的基本写作规范，内容切实可行，也便于事后的检查和总结。

2. 总结

总结是单位或个人对前一阶段的工作、实践进行回顾、分析、研究，从中找出经验和教训，并上升到理论高度，规律性的认识以指导今后工作这样一种文书。总结的使用频率很高，尤其是文秘人员可能经常会遇到。总结的种类挺多，如思想总结、学习总结、生产总结、工作总结、个人总结、集体总结、阶段总结、季度总结、学期总结，等等。

总结的写作方法：总结的重点并不在于反映情况，而是总结工作的经验或规律，作为以后工作的指导原则。总结包括标题、前言、主体、结尾四部分。

1）标题。一是公文式标题，写法基本固定：由"单位、时间、内容、名称"组成。如：《大连市 2012 年上半年环保工作总结》。二是新闻式标题，可以是单式标题，一句话或一两个短语，如《有序引导客流，确保交通安全》；也可以是双式标题，即主副标题形式，如《实践之树常青——文心社参与西安世园会开幕式策划活动的体会》。

2）前言。即正文的开头，简要介绍总结工作的背景、时间，总结的目的、主要内容等。

3）主体。①工作情况，即对某阶段开展了什么工作，采用了哪些方法措施，效果怎样，有哪些成绩，存在哪些问题和不足加以叙述说明。可以总体介绍，也可以分项说明。②主要的经验体会，即对取得成绩的原因进行分析，以便总结经验，获得对工作规律性的认识。③检讨失败或失误的教训，总结其原因和规律性，探索防止或减少失误和失败的途径。④下一步工作的初步设想，即准备在以后的工作中怎样发扬成绩、克服缺点错误。

4）结尾。提出今后努力方向，或指出存在的问题，或表示自己的态度。

写作总结，不能千篇一律，毫无特色。一定要根据实际反映出本阶段、本单位工作的特点来。写作总结忌使用虚假材料，夸大或缩小事实；忌重复无新意的陈旧"经验教训"；忌为总结而总结，拼凑一些并不是自己真正认识的"经验"或"教训"。

[例文]

××局防汛工作总结

根据南京市防汛指挥部统一指挥，我局召开防汛准备工作专题会议，全面部署今年交通系统防汛工作，各单位认识到位，准备认真，备足防汛运力，组织精干防汛队伍，随时应对可能出现的险情，局系统各单位圆满完成了今年防汛工作。现将具体情况总结如下：

一、群策群力，各部门组织得当

公路建设处根据市交通系统防汛工作会议要求，航道处……

二、建章建制，各项工作有章可循航道处近期出台的《汛期船舶安全航行保障对策》，对各地方海事处的汛期工作作了具体的要求，一是抓好责任区的巡查，建立健全防汛值班制度；二是抓好水上巡航工作，及时发现问题，解决问题；三是抓好防汛物资的储备，随时应对出现的汛情；四是抓好紧急情况下的船舶的征调工作，完成临时性的防汛任务。

三、……

四、……

五、存在的不足与问题……

南京市××局

××××年××月××日

（来源：卢如华．新编秘书实训．北京：高等教育出版社，2010，7．）

3. 简报

简报，是机构或团体内部专用的带有新闻性质的简要情况报道。

简报的使用范围很广，可用于上报、下发，或在平行机构、不相隶属机构之间互发，起到沟通信息、交流情况的作用，也有一定的指导、导向作用。如果报道的内容需要保密，可标示密级或限定阅读范围。简报在公务活动中广泛使用，用来及时反映工作的某一侧面。简报不公开发表，这一点像新闻中的"内参"。不过"内参"多反映问题，而简报多报告成绩、成果、经验等。简报的类型有：常务简报：是定期编发的经常性简报，主要报道本单位日常工作情况。这是简报中使用最多的一类。动态简报：以反映本地区、本部门、本系统的动态信息为主，包括方针、政策的最新调整，重大政治、经济、科技等的最新动向等。一般根据需要定期或不定期编发。专题简报：针对某个时期的中心工作或重要工作专门编发的阶段性简报。会议简报：大中型重要会议为报道会议情况、及时交流信息而编发的专用简报。

简报的写作方法：简报的写作首先要简。顾名思义，简报是情况的简要报告。一般来说，简报篇幅要简短，文字要精练，做到简明扼要、短小精悍。其次要真实、准确，这是一切新闻报道的精髓。简报应为领导提供正确的决策依据，为有关人员传递正确的信息，坚决反对虚假、浮夸；再次要快捷。简报是用来及时反映工作动态，提供最新讯息的，时效性很强速度一定要快，反映思想动态快，报告工作情况也要快，以便领导机关及时掌握新情况、研究新问题。至于会议期间，其时限性更强，上午开大会，下午就会出简报。最后，简报内容要新颖。新闻刊物突出"新"的因素，而简报也强调"新"，办简报的目的就是为了使领导机关及时掌握新情况、研究新问题，包括思想方法的新动态，工作方面的新经验，值得注意的新苗头等。更注意说明有普遍意义的经验和问题，以期能在工作中发挥更实在的指导作用。

简报虽然与新闻报道有很多相同之处，但简报毕竟用于公务，编制风格通常简洁明了、庄重大方。语言上以叙述为主，兼有议论，一般排除描写、抒情的表达方式。

简报要注意写作格式。简报由报头、报核、报尾组成。报头与报核之间是红色间隔线：报核与报尾之间是灰色间隔线。报头占第一页上 1/3 居中位置，字体应庄重醒目。由报头名称（如某某简报）、期数、编发部门、编发日期构成。报核由目录（报头间隔线之下，列出本期简报的目录）、按语（重要文章加编者按语）、标题、正文、供稿者（正文的右下方应使用括号标示供稿者）组成。报尾标明发送范围和印发份数。报尾居最末一页下 1/3 位置，即使这一页上面的报核部分只有几行字，报尾也是居下 1/3 处。

[例文]

大连大学2012届毕业生春季就业洽谈会简报

3月23日，我校2012届毕业生春季就业洽谈会在我校图书馆举行。本次洽谈会共有186个用人单位前来招聘，提供就业岗位4679个，参会学生2700人，共投递简历3100多份，达成就业意向719个，毕业生现场签约15人。校领导刘正宁、宋协毅亲临洽谈会现场指导工作，详细了解招聘单位信息及就业市场的供需情况，各学院领导和教师共90多人也来到洽谈会现场，为同学们提供就业帮助。

本次就业洽谈会成功邀请到世界五百强企业：江森自控、日立公司；欧洲最大的运动用品连锁集团迪卡侬；上市公司东华软件、东软集团等行业领军企业。还有正海集团、天津华侨城、山东魏桥铝电有限公司、北京橘子水晶酒店、北京互动巅峰科技有限公司、珠海维登义齿研发制造有限公司、山东省乐陵市广播电视台等18家外省市企业前来参会。此外，大连麦花食品集团、大连宜华建设集团、三菱电机大连机器有限公司、大连工进机械制造有限公司、辽宁融正信用担保有限公司、大连康莱德酒店、凯宾斯基饭店、逸盛大化石化有限公司、大连JMS医疗器具有限公司等大连知名企事业单位前来参会。本次招聘会提供的就业岗位覆盖了我校经济、教育、文、史、理、工、医、艺术等全部学科和专业，其中计算机、机械、土木、旅游、护理、市场营销、日语、英语和艺术设计等多个专业成为热点，受到招聘单位的重点关注。

本次春季就业洽谈会主要体现以下特点：一、培养质量获得认可。统计数据显示，近几届报名参加洽谈会的招聘单位从规格、品牌和层次上都在稳步提升，我校毕业生扎实的专业基础，全面的综合素质，较强适应能力和创新意识，吃苦耐劳精神得到越来越多的用人单位的认可。二、毕业生应聘准备充分。我校大部分学生的简历和面试都准备得非常充分，对自己有较合理的职业定位和就业期待，在与用人单位的交谈中应聘礼仪、就业理念和就业观都比较成熟和理性。三、就业指导效果明显。经过几年的就业指导强化工作，2012届毕业生的就业紧迫感明显增强，主动关注就业、积极求职的毕业生越来越多。毕业生从以前的被动就业转变到现在的主动查看招聘信息、积极应聘，就业观念有了较大的转变，就业意识和就业紧迫感明显增强。本学期开学以来，我校已举行包括万达集团、THK、深圳市大族激光科技股份有限公司、大连市委办公厅在内的12场用人单位专场招聘会，总计提供岗位200余个，通过就业网发布招聘信息95条，提供就业岗位1715个。

（来源：www.dlu.cn）

4. 调查报告

调查报告也称"调查研究报告"，是对整个调查研究结果的客观而又具体的反映，是人们经过深入细致的调查和认真分析研究后写出来的反映客观事物、揭示客观规律的文书。熟练掌握调查报告的撰写方法，是文秘人员必须具备的基本功。

一般来说，调查报告的内容大体有：标题、导语、概况介绍、资料统计、理性分析、总结和结论或对策、建议，以及所附的材料等。

调查报告的写作方法：调查报告由标题、导语、主体（正文）、结尾和附录组成。

标题。类似总结的标题写法。一是公文式标题，写法基本固定：由"单位、时间、内容、名称"组成。如《大连市文秘人员学历情况的调查报告》。二是新闻式标题，可以是单式标题，一句话或一两个短语，特别是作者通过调查所得到的观点的标题，如《调整节能政策，增加环保投入》。也可以是双式标题，即主副标题形式，如《为了造福子孙后代——甘井子区封山育林调查报告》。

导语。也称前言，起着总领或引出全文的作用。主要概括介绍调查的意义和目的、调查对象和范围、调查采取的方法及其过程等。前言要开门见山，言简意赅，明快朴实，紧扣主题。形式有①概述式：用叙述的方法，概括地写出调查报告的基本情况、问题、目的、方法及其重要意义；②结论式：先写调查结论，然后分别叙述调查的内容；③说明式：先简要说明所述对象的基本情况、背景情况，再叙述主题和其他有关材料；④提问式：开头首先提出问题，给人设下悬念，然后引出下文。

主体（正文）。主体是表现调查报告主题的重要部分。它详细叙述调查的内容，其中包括事实材料、中心思想及调查者的分析和评价等。主体有以下几种结构：

横式结构：把调查研究的事实和形成的观点，按其内在逻辑联系，分成几个部分，并列排放，分别叙述，从不同的方面共同说明调查报告的主题。

纵式结构：按照事件发展过程的先后次序和历史顺序来叙述事实，阐明观点。

综合式结构：也称纵横式结构。即纵式结构和横式结构结合使用，通常是按时间顺序介绍经验产生的前因后果，然后再将经验并列为几个部分加以说明。

逐点式结构：围绕一个主题，调查了若干个对象，每个对象提供的情况或经验教训各有其特点，为了充分反映调查结果，可以分几个相对独立的部分来写，逐一说明调查所得各种情况。

主体的写作的方法是先叙后议：先摆事实，着力叙述事物的前因后果，来龙去脉，再扼要地归纳认识，得出结论；夹叙夹议：一边叙述交代调查的事实情况，一边进行必要的议论，观点与材料渗透在一起；印证说明：先提出观点和方法，再摆事实加以印证。观点或主题是调查报告的灵魂，有的主题是领导机关确定的，有的是自己研究得出来的，有的是在设计阶段已经提出雏形，还有的是在调查阶段逐步酝酿形成的。材料的取舍要围绕着已定的主题来决定，去掉与主题无关的、次要的、非本质的、琐碎的，尤其是虚假的、不可靠的材料，选用那些能够真正反映客观事物本质和主流的材料，才能更好地论证主题，表现主题，使写出来的调查报告更加有声有色。结构是调查报告的骨架，骨架要安排得妥帖严谨合理，在动笔前拟制好写作提纲是关键。调查报告的写作提纲分为条目提纲和观点提纲。条目提纲就是从层次上列出调查报告的章节目。观点提纲是在此基础上列出各章节目所要叙述的观点。

结尾。调查报告的结尾，从形式上看，一般有：无结束语；有简短的结束语；有较长的结束语。从内容上看，主要有：概括主题，深化主题；总结经验，形成结论；指出问题，提出建议；展望未来，说明意义四种类型。

附录。是调查研究的附加部分。调查报告的正文包容不了，或者是没有说到而又需要附带说明的问题和情况，在全文结束时，可将这些问题或情况写出来附于调查报告的正文之后。附录的内容一般是有关材料的出处，参考的资料和书籍，调查统计图表的注释和说明，以及旁证材料等。

[例文]

大学生饮料市场调查报告

一、前言

目前，我国软饮料市场以碳酸饮料、瓶装水、茶饮料、果汁饮料和功能饮料为主。其中，碳酸饮料已进入成熟期，市场已被"两乐"基本瓜分完毕，两者合计占有率接近80%，其他竞争者难以撼动其市场地位；瓶装水市场庞大，但由于生产工艺简单，品牌繁多，市场格局变动频繁，尚未形成居稳定统治地位的品牌。为更加详细地了解××校区的饮料市场，我们就对此展开了一次市场调研。

二、调查概述

1. 目的：了解××校区大学生饮料消费情况，及对未来饮料市场的期望。

2. 对象：××校区大学生

3. 经过：

首先大家每个人先出一份问卷，然后大家再一起从中选出几道精选题，组成一份较完整的问卷，经过一天的试调，修正题目，再复印60份问卷，大家分工，有的去其他学校做问卷，有的在自己寝室楼做问卷，这样，经过一天的问卷调研，完成了60份的任务。然后孙斌和赵颖开始做数据整理，傅金娣和沈青青做调研报告，薛猛和张琪做PPT，从中经过老师的几次提醒，纠正了其中的错误，完成了最终的整个调研工作。

4. 调查方法：问卷调查。

三、调查结果及分析

1. 饮料产品分析。

茶饮料分析

……

碳酸饮料分析

……

果汁饮料分析

……

2. 消费者消费行为。

饮用频率：……

最常饮用的场合：……

购买价位：……

购买原因：……

3. 消费者购买习惯。

购买动机：……

对某些品牌饮料的喜好程度：……

包装分析：……

获得信息渠道：……

影响购买的重要因素：……

运动型饮料：……

4. 饮料需求。

……

四、结论和建议

……

（来源：李慧强. 应用文写作. 经济科学出版社，2010，7.）

四、新闻稿和策划文案等公关文稿的写作方法

新闻稿和策划文书，是文秘人员特别是企业公关文秘人员日常工作中常要撰

写的文稿，其写作方法应该努力掌握。

1. 新闻稿的写作方法

在今天媒体高度发达的时代，文秘人员应该成为组织的宣传员。尤其是公关文秘人员，需要选择组织的有关信息，经过精心加工和润饰，将之变成一篇篇具有新闻价值和文采，可读性强的新闻稿件，争取在有关的报刊或网站上发表，在广播、电视节目里播出，以达到对组织进行"免费宣传"的目的。

新闻稿的宗旨是提供有价值、有益的新闻。英国公关专家杰弗金斯曾在其《最新公共关系技巧》一书中认为，撰写的新闻稿要得到报刊编辑们的认同和重视，提高被采用率，就必须经过专门的学习和训练，熟悉媒介公众对新闻稿的专业要求，真正向媒介"提供读者感兴趣的有价值的原始材料"；尽可能避免自我吹嘘和评论，采取相对客观的态度和正确的视角，增加稿件的可信度，即要提供有价值、有益的新闻。

所谓有价值，表现在以下几个方面：第一，真实，对新闻而言真实永远是第一位的；第二，特殊，提供给媒体的信息要与众不同，这样才能引起读者的兴趣；第三，时效，所谓"新闻"的"新"就是强调信息的时效性；第四，重要，世界之大无奇不有，只有重要的新闻才真正能够引起媒体和媒体的受众的关注。所谓的新闻应该是有益的，不仅对自身有益、对媒体有益、对受众有益，而且对国家对社会也是有益的。

所谓有益，主要是：第一，新成就。如企业所提供的新的产品、新的服务。第二，新贡献。企业所提供的新的产品、新的服务从整体上对国家对社会的新贡献。例如，企业所创造的利润、实现的出口额、利税等贡献。第三，新影响。企业所提供的新的产品、新的服务对国家对社会产生的影响。第四，新动态。企业在社会上新的行为，主要是从企业行为可识别的角度而言的。第五，新事件。企业所从事的新的事件，例如，新开发产品、新的选址、新的改制，等等。

总之，新闻稿要把可是新闻可不是新闻的事件写成新闻，写成社会关注、人们乐意接受的大事。公关文秘人员要全面了解组织，把握亮点，进而"拔高"为对行业社会发展有意义的事，从写作的角度也可以说是以小见大。例如，中新社曾发过一篇新闻稿《北京市长焦若愚在开会时吸烟受批评后立即改正》，写的是北京市工代会上，与会代表在小组讨论时对焦若愚开会吸烟提出批评，焦若愚虚心接受立即改正的事。记者抓住记忆中的这个小插曲，以小见大，提炼出我们领导干部能够虚心接受群众意见，勇于改正错误和我国人民的民主意识在逐步增强这样一个有丰富思想内容的主题。

新闻稿的写法：新闻稿由标题、导语、主体（结尾）几部分组成。

标题。标题是一篇新闻的标示，在写作中占据十分重要的位置，标题是否具有吸引力，具有新颖性和创造性，是事关整个新闻写作是否成功的关键。新闻稿的标题应准确、凝练、新颖、醒目。无论单标题还是双标题，都要在标题中把有价值的内容体现出来。例如《李娜法网横扫卫冕冠军创历史大满贯首折桂》，一语破的，突出了新闻中最主要的事实。

导语。新闻稿重在导语的写作。从导语的含义看，导语包含开始、启发、吸引三个含义，它所担负的第一大任务就是启发、吸引读者完成阅读。要启发、吸引读者，就必须用最精练、生动的文字把最重要、最有意义、最新鲜的事实，或者事实中最主要的思想凸显出来，做到"立片言以据要"。实践证明，一方面，要采用倒金字塔的写作模式，即充分重视新闻导语的作用，把最重要、最新鲜、最能吸引人的新闻事实放在最前面。开篇案例中导语开门见山，五个 W 俱全，浓缩了新闻中最有价值的部分，同时也引起了读者往下阅读的兴趣。另一方面，导语应多用简单的文法结构：主语—谓语—宾语，或主语—谓语；尽量不用复合句、分句、从句等。这应成为导语写作的一条经验。

导语常见的三种写法：叙述式、描写式、提问式。三种写法各有优点，叙述式往往将最具新闻性的内容放在最前面，读者便于接受最重要的信息。"今天，西部 58 家企业在京设摊揽才，并联袂向人才发出请柬：请到西部创业去！"。描写式往往开门见山把所见所闻摆出来，容易令人信服。如："《长江上游仍在砍树》：记者近日随世界银行组织的 14 名生态、环保和人类学专家考察雅砻江下游的二滩水电站库区生态环境，见到江面漂浮着上游漂运下来的上万根三四米长、脸盆般粗的木头，小舟左冲右突一个多小时后才驶离码头。行出不到 1000 米，数万根粗木密密麻麻地塞满了几百米宽的江面"。提问式直接用一个疑问句开头，往往能引起读者的兴趣，吸引读者读下去。如："《开发中国的风》：'当清风吹起你的黑发，你可曾想到风竟是我们取之不尽的能源呢？'"

新闻稿主体。主体是指在导语之后的主要部分，它是对导语中已披露的新闻要素作进一步的解释、补充与叙述，是发挥与表现新闻主题的关键部分。写好主体部分，要注意层次清楚、点面结合、精选材料，并且与导语呼应，力求生动活泼。

[例文]

海尔第 1 亿台冰箱下线成就行业领袖地位
——全球高端冰箱中国超越欧美

日前，从意大利传来消息，海尔全球第 1 亿台冰箱在意大利工厂下线，并直接送往用户家中，该冰箱是海尔根据欧洲当地市场需求研制的卡萨帝意式三门高端冰箱。业内人士指出，1亿台不仅意味着海尔成为行业增速最快、规模最大的跨国冰箱品牌，更说明海尔的产品已得到全球市场的高度认可，正超越欧美品牌成为高端冰箱市场的主导者。

长期以来，"中国制造"在国际市场上一直是廉价产品的形象，目前这一形象已在冰箱业被颠覆。对全球冰箱产业来讲，在相当一段时期内，欧美冰箱企业利用技术与品牌的先发优势，长期占据着全球冰箱的高端市场，而目前以海尔为代表的中国冰箱企业正通过推出基于当地消费需求的领先性产品与卓越的品质获得全球消费者的青睐，逐渐瓦解欧美冰箱企业的高端冰箱市场优势。

2010年第1亿台高端冰箱下线，这意味着海尔仅用26年就实现了1亿台的产销量，成为全球发展速度最快的冰箱企业。具体来讲，海尔第1亿台冰箱下线具有双重战略意义：第一，从产销规模数据上看，第1亿台冰箱的下线意味着平均每分钟就有近8台海尔冰箱走进全球各国的不同家庭，充分说明了海尔冰箱已成为最受消费者欢迎的冰箱品牌；第二，第1亿台冰箱在发达国家市场下线，同时还是畅销发达国家市场的高端冰箱，这标志着海尔冰箱正在向全球高端市场实现跨越式发展，抢占欧美冰箱企业市场。

（来源：时代商报.2010-9-30.）

2. 策划文案的写作方法

策划文案也叫策划案，或策划文书。在今天这个竞争的时代，组织利用各种公关活动提高知名度和美誉度，已司空见惯。组织的文秘人员理应成为活动的主角。事实上，在大多数组织没有挂牌公关部的情况下，文秘部门成为活动的组织和策划人员。写好策划案是高层次文秘人员以文辅政的重要方式。

策划文案要具备完整性、合理性和逻辑性。完整性就要把题目列出的各个要素所包含的内容规范地拟写出来。如果缺少了一些要素，尤其是缺少了某些关键要素，则这一方案即属不完整。一般来说，一份完整的策划案包括：标题、活动背景分析、活动方案（目的、时间、地点、内容、效果预测）、实施计划、经费预算、效果评估，等等。合理性就是这一策划文案所提出的活动内容、实施方案等均需合情合理，在实际操作中具有相当程度的可行性。逻辑性是针对这一策划文案的整体而言。要求上下文统一，注重前后逻辑关系，不可出现自相矛盾、难以自圆其说之处。

下面介绍策划文案的结构与具体写作方法。

（1）标题。作为一份完整的策划文案，必须有一个标题，这一标题，可以直接写成"××公司××活动策划书"，如："××股份有限公司××品牌市场推广活动策划书"。也可以采用点明某一活动主题的词语作为主标题，而将"××

公司××活动策划书"作为副标题列在其下。例如："老年人健身，为健康幸福每一天"——大连"××杯"滨海路老年人健身大奖赛活动策划书。这两种拟题方法，前者容易把握，后者较为醒目。但必须注意的是：无论何种方法，都必须让阅读者明白这是一份活动策划文案而非其他。值得注意的是活动策划文案拟题要规范，不可漫不经心，草率对之。有人常常会写成"××公司××活动"，看不出这究竟是一份活动策划书还是一份工作小结、评估报告，或一篇新闻报道。

（2）活动背景分析。社会组织的任何一项策划都不是无缘无故的。作为活动主办（或出资）方，在特定的时间、地点推出一项公关活动，均有其特定的背景和需要。一份策划文案，只有在充分调查研究的基础上，首先阐明这一背景和需要，才能引出后面的具体策划方案，也才能说明举办这一活动的迫切性和意义所在。离开了这一定的活动背景的分析，活动的策划方案在一定程度上就成了莫名其妙的东西，让人不得要领。

活动背景分析的撰写，并无固定的套路，可视活动的不同性质而定。如一项公益型公关策划书，与一项品牌推介型公关策划书，其活动背景分析的撰写重点就有所不同：前者强调社会热点和公众需要，后者着眼市场竞争态势和企业拓展需求。但一般说来，这一活动背景分析离不开两大块内容：一是社会、公众和市场需要。二是组织自身发展需要。只不过不同的活动各有其不同的侧重点而已。

（3）活动方案。

1）活动目的。活动目的是任何一份公关策划方案不可缺少的规定要素。不同的公关活动，其目的自然有所不同。一般来说，带有公益活动性质的公关活动，往往带有双重目的，一是引起社会公众对某一社会热点问题的关注和支持，二是提升主办（出资）机构的认知度、美誉度和满意度。在策划书的这一部分，就应该同时明确这两个方面。而一项品牌推介型的公关活动，则目的比较单一，即集中于企业和品牌自身形象的宣传、推广上，但有时也兼有借此沟通政府和媒介关系的考虑。

2）活动时间。在策划案中，对于一项公关活动的时间，应根据这一活动的具体情况，并充分考虑种种社会因素，予以明确规定（在实施中调整则是另一回事）。必须注意的是：如这一活动集中在半天或一天之内实施，在策划文案中其活动时间应细化到小时，即明确这一活动设想定于某年某月某日几时至几时进行；如这一活动时间跨度较长，则其活动时间细化到日即可，即明确这一活动设想定于某年某月某日至某年某月某日进行。在这一点上，切忌草率。

3）活动地点。对于一项时间和内容均比较集中的活动，这一点比较容易理解，只要写明某处的某一场所即可。如"大连滨海路"、"北京××宾馆×楼××厅"。如这一活动时间跨度较长且拟分别在不同场所进行，则应分别列出活动不同阶段的不同地点，并重点突出其最关键阶段活动的具体地点，以让人一目了然。

4）活动内容。活动内容是构成一份公关策划方案最核心的要素之一，是对整个活动的具体内容的构想和设计，也是最能体现公关创意的部分。如果这一部分内容不能成立，则整份策划方案就谈不上有什么实质性的价值和意义。当然，创意固然重要，要求每一项活动的内容都有新的创意却难免苛求。事实上，有不少常规的公关活动，可借鉴和沿用一些规范的路子，在做到规范、严整的基础上再谈创意。

5）效果预测。一项大型公关活动既然具有很强的针对性和目的性，则活动内容设计完成之后，对这一活动所能产生的实际效果，也应有一个大致的预测和估计，事后也可有所检验。这就是"效果预测"这一要素所要解决的问题。其主要指标包括这一活动将有多少人参与，将有哪些新闻媒介予以报道，将在多大范围内为社会公众所知晓，将在社会各阶层中产生什么影响，以及对提高这一活动主办（或出资）机构的知名度、美誉度、满意度有何促进作用，等等。

（4）实施计划。活动方案确定之后，关键的问题是如何实施。实施计划从一个侧面说明这一活动方案的可操作性。公关活动策划文案如果缺少了这一方面的内容或者一方面的内容过于单薄，一则在审批时不容易获得通过，二则亦会影响日后各项具体工作的展开。

1）实现活动方案的措施。所谓"实现活动方案的措施"，指的是活动主办（出资）机构和具体承办单位为保证这一活动方案的顺利实施而必须做的工作和应该采取的相关措施。对于一些小型活动来说，这一问题可能比较简单。但一项大型活动，这方面需要做的工作就很多。比如，为了增加这一大型活动的号召力和权威性，活动出资机构往往采取邀请政府有关部门和重要新闻媒介出面共同作为活动主办单位。这就是保证活动方案得以顺利实现的一项重大措施。具体邀请哪些部门和单位共同主办，在策划文案中就应该有所建议和说明。其次，向有关主管部门履行报批手续，也是保证方案顺利实施的一个关键环节。具体向哪个部门申报，何时办妥，也需要在策划文案中有所交代。另外，诸如有关机构的组成，活动的前期准备和有关人员培训，活动现场保安问题的安排，活动应急计划的制订和落实，等等，均应该说明。

2）信息传播策略。首先是新闻媒介传播等事。即通过新闻媒介发布有关活动消息及相关报道。这一传播方法投入资金少，宣传效果好，最为理想。所以，一个大型公关活动在策划时，必须考虑到其宣传的"新闻眼"，并据此制订新闻媒介传播方案。这一方案的内容包括：分几个阶段组织新闻报道；采取什么形式组织新闻报道；重点邀请哪些新闻媒介进行报道。

其次是广告媒介传播。即通过广告发布的形式来传播有关活动的信息。对一个大型公关活动来说，广告媒介传播往往构成其传播策略的重要部分，是新闻报道的补充和加强。由于广告的费用投入较大，所以，究竟投入多少广告，采取什么形式组合，均应在此谋划和建议。

3）场地布置。公关活动的场地布置，是一项对创意和专业技术均有很高要求的工作，其具体设计方案一般还须另行撰写，并配有专门的设计效果图。但在活动策划文案中，往往也可以列为一个要素，拟出几条原则性的意见和设想，让客户或主管领导审阅文案时有一大体印象。

（5）活动经费预算。编制合格的公关活动的经费预算，标志着公共关系活动走向了成熟管理的轨道，公关活动的经费预算，同地也是一份规范的活动策划文案必须具备的关键要素之一。其作用，一是让主办（出资）机构决策层了解这一活动所需耗费的资金，权衡其投入产出之间的比率（性价比），以决定是否值得实施这一活动。二是一旦活动项目予以批准，则这一经费预算方案就成了财务部门拨款和控制经费使用的重要依据。所以，精心编制某项公共关系专题活动的经费预算，是一份合格的公共关系专题活动策划文案所必备的。

经费预算主要包括以下十方面内容：①场地租借费用。②场地布置费用。③活动用品及有关礼品购置费用。④乐队、礼仪队、演员等特邀人员费用。⑤宣传费用。⑥保安费用。⑦交通运输费用。⑧餐饮招待费用。⑨各种劳务费用。⑩机动费用。另外，如果这一活动系由专业公共公司承办，则还需加上专业服务费用和一定比率的税金。

（6）效果评估。由于方案并未实施，策划案的评估标准制订的依据来自两个方面：一是对活动效果的科学预测，二是行业根据投入产出比率所形成的对这类活动的一般标准和要求。例如：某活动评估标准：①活动实际参加人数不少于2000人。②媒介有关活动报道不少于30篇（次）。③活动信息覆盖率：本地区人口的1/4。④活动现场执行情况不发生任何明显失误。⑤活动经费使用情况严格控制在预算之内。⑥活动后公司知名度提高20%。⑦活动后公司美誉度提升10%。

以下例文的方案在实施后进行了修改，因此与之前的设计方案稍有不同。

[例文]

奥迪 A8 新产品上市活动策划方案

一、活动背景分析

1. 项目简介及实施项目单位的性质

奥迪中国是大众集团奥迪公司在中国的子公司。建立于 1988 年，负责奥迪品牌进口车在中国的整车及零部件的市场营销及售后服务。自建立以来，奥迪中国成功地在中国销售了 10 万辆进口奥迪轿车。目前为止，中国市场已经成为奥迪公司在亚洲最大的市场。奥迪 A8 轿车是奥迪公司计划 2001 年向中国市场推出的三款产品之一，奥迪 A8 轿车是奥迪豪华轿车系列中价格最昂贵，技术最先进的最高档旗舰产品，也是奥迪与奔驰 S 级轿车和宝马 7 系列轿车相抗衡的法宝。针对中国豪华车消费状况，此项目选定三个城市实施：影响华北市场、影响华东市场、影响华南市场。

罗德公共关系有限公司全球性公关公司，总部设于纽约。罗德公关有限公司拥有五十多年历史，是世界第二大独立经营的公关公司。营业额超过五千万美元，在世界各地拥有八百多名员工。在中国业务发展已有十二年时间，在北京、上海和香港设有办事处，代表诸多行业的著名跨国公司开展公关活动，具有在全国各地管理公关项目的丰富经验。目前在汽车行业内主要汽车客户是奥迪中国、一汽大众奥迪。

尽管奥迪公司制订的 A8 轿车的销售指标并不大（第一年为 500 辆），但却有很高宣传效应，因为购买者都是高级官员和社会知名人士等公众人物。因此，奥迪中国所确定的公关目标是利用 A8 轿车在豪华领域的特殊地位来增强奥迪品牌在中国的总体形象。为实现这个目标，奥迪公司特地聘请罗德公关公司实施一项强有力的媒体报道计划。

2. 媒体调研

如何针对中国媒体现状，实施一次别开生面、令人难忘的公关活动；同时，又能准确地把奥迪 A8 的特性传达给媒体？

公关活动实施前，罗德公关有限公司对国内二十家主要的汽车和生活时尚杂志进行了电话采访。调查结果表明，大多数记者希望活动时间为一整天，活动地点应选在各个举办城市附近开车一至两小时就可抵达的地方。

3. 市场调研

活动实施前，罗德公关公司调研发现，在中国豪华轿车市场，奥迪 A8 的主要竞争对手是奔驰 S 级轿车和宝马 7 系列轿车。另据了解，宝马中国区计划在中国市场实施"体验完美"巡回试车活动，但并非针对某一具体车型投放公关活动。因此，罗德公关公司将要实施的此次公关活动，将是中国高端豪华轿车市场第一次车型投放和媒体公关活动，意义非比寻常。

二、活动方案

1. 目标

利用奥迪 A8 轿车的优秀品质增强奥迪轿车在中国的总体品牌形象，使之成为豪华配置和领先技术的代表；创造消费需求，协助奥迪销售人员实现 2011 年的销售指标；充分宣传奥迪 A8 的领先科技所带来的突出卖点，如全铝车身结构、全时四驱系统等领先技术以及这些技术优势为消费者带来的全新感受；在整个项目实施期间，敦促媒体进行广泛而持续的报道；奥迪 A8 主要面向公务用车，因此要加强与政府部门之间的公关联系。

主题：概括为："时·空·安·静"。

时间魅力——奥迪 A8 的强劲发动机为旅途节省了大量时间；该车配备了豪华的车载一体化办公系统，使车主可以充分利用旅途时间。

空间魅力——奥迪 A8 轿车为乘员提供充裕的内部空间。内部除宽敞外，还具有极高的舒适性和最豪华的装备。因此许多国家元首和国宾车队都选用奥迪 A8。

安全魅力——奥迪 A8 的优秀隔音特性营造了车内非常宁静的氛围。

目标公众：政府高级官员、商界领袖、外交官、社会名流等上层社会人士。

2. 具体活动

组织新闻媒体代表参加奥迪 A8 轿车的试驾驶和试乘坐活动，让他们亲身体验拥有 A8 轿车一族所享受到的生活风格；根据奥迪 A8 轿车正式上市活动中所宣扬的主题设计四次演示活动，这些活动的宗旨是诠释 A8 轿车在"时间、空间、安全和创造宁静氛围"诸方面所具有的优势，并采取非常直观和饶有兴趣的互动方式显示 A8 轿车给消费者带来的独特享受；通过高雅的艺术表演烘托出奥迪 A8 豪华至尊的地位；聘请奥迪的技术人员和专业试车员讲授 A8 轿车的各项技术和行驶特征。

三、实施计划

1. 媒体选择

在汽车业界对公众舆论起主导作用的各家报纸、期刊和电子媒体。部分面向大众的文字媒体。宣扬高档生活风格的实力派刊物和电视节目。

与管理局的协调及获得的支持。在公关活动中需要十几辆奥迪 A8 轿车，用来接送记者前往试车活动地点。虽然奥迪 A8 是非常昂贵的豪华轿车，但奥迪中国特地协调其在中国经销商，最后调集十辆奥迪 A8 用于试车活动。

2. 具体活动实施

第一，互动式专家讲解。来自德国的奥迪技术专家以专业的知识背景向记者详细介绍了奥迪A8的各种高科技装备。在介绍奥迪A8的全铝车身结构时，德国专家让记者们手持一个带磁铁的铁质小壁虎玩具，在奥迪A8车身上实验能否黏附上。结果可想而知，奥迪A8采用了先进的全铝车身结构，铁质玩具当然黏附不上。

第二，紧扣主题的艺术表演。怎样让广大媒体记者对奥迪A8的"宁静"特性留下深刻的印象？罗德公司并没有采取生硬的灌输手段，而是特意邀请到中央音乐学院著名古琴演奏大师李祥霆教授为媒体记者们上了一堂别开生面的"宁静课"。以在北京的活动为例，在古色古香的庭院中，微风轻送，李大师即兴演奏，只听古音铮铮，一首清雅的古风《高山流水》，窗外蝉声稀疏，再浮躁的人也能立刻心灵沉静下来。而李大师身后设计独特的奥迪A8画板，则又突出一个鲜明的具象。

第三，大开眼界的试车表演。如何把奥迪A8超凡的操纵特性展现给媒体记者呢？罗德公关公司请来奥迪德国总部的专业试车专家，也曾是欧洲赛车手的克兰特先生为记者们表演了惊险试车。为了体现奥迪A8配备的ESP电子稳定程序在打滑或高速刹车等极端情况下所具有的卓越操控性能，克兰特在车速达到时速120公里的情况下，双手撒开方向盘，伸出车顶天窗，同时急踩刹车。奥迪A8在场地上720度急转弯，稳稳地停在记者面前。只有在电影特技表演中才能看见的一幕发生在眼前，媒体记者热烈鼓掌。

第四，实时互动的网络传播。为了实现广大消费者与爱车者之间的互动交流，奥迪中国开通了一个小型奥迪A8网站：www. audi. com. cn/audia8。喜爱A8的消费者可通过这个专门网站，了解到更多A8的资讯并可直接与奥迪中国进行交流。

第五，记者亲身试驾奥迪A8。活动在记者亲身试驾奥迪A8活动中达到高潮。记者试驾在专业试车员的陪同下进行。试驾形式也别有趣味。记者在驾车加速到时速80公里的速度时，急踩刹车，体验奥迪A8ABS防抱死刹车系统的卓越性能。通过试驾，媒体记者们对奥迪A8的卓越安全性能留下了深刻的印象。而奥迪A8的这一卓越性能并没有经过刻意传播，而是通过记者的亲身体验，自己得出的结论。

3. 活动场地布置

项目实施场地的选择是实施中遇到的最大的困难。以寻找北京的场地为例，罗德公关公司花费了近百个小时，花费了巨大精力，最后寻找到的场地客户表示非常满意。在每座活动举办城市，罗德公司所选定的地点都是以高档和豪华著称的名胜：北京——天下第一城，这是一座仿照紫禁城而设计的酒店娱乐综合性设施，有城墙、瞭望塔、湖泊、庭园和茶馆等景观，离市中心仅 50 公里。上海——西郊宾馆，这是一座五星级宾馆，用来接待访华的国家元首和其他贵宾。广州——海滨度假村，过去是广东省人民政府接待贵宾的宾馆。活动实施分为两站：在北京古老的皇史晟，参加试驾驶活动的记者都受到奥迪主要官员的迎候，并应邀观看一部有关 A8 轿车的录像带，由奥迪官员向他们简要介绍为该款轿车而提出的在中国的行销计划以及奥迪最新的市场销售情况。接着，记者们分别乘坐十辆配备专职司机的崭新奥迪 A8 轿车奔赴天下第一城。在行驶期间，车内播放由罗德公司事先录制的一组原创诗歌，这些诗歌在古典音乐的烘托下描述了A8 轿车的各项主要特征。抵达活动地点后，先让记者们享受一顿精美的午餐。然后引导他们去参观四个互动式演示区。奥迪 A8 的特性被概括为"时、空、安、静"。大幅中文标题说明所要表达的各个主题：由一位来自德国奥迪总部的产品工程师对 A8 轿车的主要特性进行全面而简要的介绍，包括该轿车所采用的全铝质车身结构、外观设计风格、内部配置特征、宽敞的座椅、最佳的人机工程设计等。记者可随意拍照和提问。由一位琴师在古琴上演奏节奏柔美而幽婉的中国古典乐曲。记者们可一边品茗，一边赋诗，并由琴师当场为他们配曲演奏。在这种氛围下，记者由感性的古乐充分体验了"静"的境界；由感性的认识又联想到奥迪 A8 轿车的安静魅力。由一对舞蹈演员在奥迪 A8 轿车和钟楼的背景下表演现代舞，以诠释时间的本质及其稍纵即逝的特性。由来自德国的奥迪驾驶学校的一位教练讲述并表演 A8 轿车的各项安全设施及其操作过程，包括四轮驱动系统、防抱死刹车系统和电子稳定程序（ESP），后者可防止轿车在湿滑路面上行驶时因车轮打滑而失去控制。

四、经费预算（略）

五、效果评估

1. 媒体覆盖率

在北京、上海和广州三地，总计来自 93 个媒体单位的 126 名记者参加了针对 A8 轿车发布会的公关活动。截止到 2011 年 8 月 20 日，本项活动所产生的直接媒体报道文章共有 144 篇。其中作了重点报道的媒体包括：中央电视一台的"清风车影"栏目，在 6 月 1 日对 A8 轿车的上市进行了为时 9 分钟的专题报道，该栏目乃是国内最重要影响最广泛的汽车电视节目。广东有线电视台在 8 月 17日的"车世界"栏目上作了为时五分钟的报道。中国最大汽车爱好者杂志《冠军赛车手》在 7 月 1 日出版的一期杂志中对 A8 轿车进行了详细介绍。8 月 8 日出版的《南方城市新闻》刊登了一篇专题文章，题目为《奥迪在中国推出 A8 型轿车后，再度与奔驰和宝马展开激烈竞争》，文章高度评价了 A8 轿车的优秀性能。有关 A8 轿车的报道中，97%~98% 的文章从正面角度报道了这次活动。至少 92%~24% 的文章在标题中提到 A8 轿车的名称，并有 82%~76% 的文章至少同时刊登一张参加这次活动的 A8 轿车的照片。在媒体报道中，绝大多数都介绍了 A8 轿车的主要特征，例如 quattro 全时四轮驱动系统、ESP 程序和全铝质车身结构等。

2. 媒体评价

《车王》杂志："在所有国内外轿车试驾驶活动中，在北京举行的奥迪 A8 试驾驶活动是我所经历的最富创造性、最新颖的一次活动。"《经济日报·汽车周刊》杂志："从来没有参加过像奥迪 A8 媒体投放这样独特的试车活动。高雅的艺术表现方式，虚实结合地传达出奥迪 A8 的特性，而且给我们留下如此深刻的印象。我认为，奥迪 A8 媒体投放活动是我所参加的汽车活动中最具特色的。"

3. 对销售工作产生的直接影响

自从奥迪中国于 6 月开展营销活动以来，各地经销商已经售出 50 辆 A8 轿车，相当于奥迪一年指标的 10%。

4. 客户评价

奥迪中国区总监麦凯文对该次公关活动评价说："我们对 A8 轿车媒体公关活动对我们的销售业务所产生的效果感到惊喜，这种积极作用不仅表现在 A8 轿车，而且也表现在奥迪的所有产品线上。"奥迪中国区公关经理于丹评价说："我自豪地看到，所有参加完我们奥迪 A8 公关活动的记者，无不认为这是他们所参加过的最别开生面的产品投放公关活动。特别是，奥迪 A8 在国际市场上并不是一款刚推出的新车型。罗德公关公司通过巧妙的策划将它重新包装、重新定位。而且在如此短的时间里，能完成如此一流水平的公关活动，再次证明罗德公司是业界公认的汽车行业内实力最强、影响最大的公关公司。这也是奥迪中国与罗德公关公司保持长期合作的原因。"

☞ 阅读与讨论

不断发展丰富的网络语言，对汉语写作特别是公文写作，是促进还是阻碍，阅读下面案例，你是如何评价这则招聘启事的？

外交部淘宝体招聘启事引热议

"亲，你大学本科毕业不？办公软件使用熟练不？英语交流顺溜不？驾照有木有？快来看，中日韩三国合作秘书处招人啦！"一则微博招聘启事从前天下午发出开始，就引发疯狂转载和热议。发布这则招聘的微博博主是从来不愁引不来

"金凤凰"的外交部。

微博发表后立即被疯狂转发。截至昨天傍晚，转发次数已经达到 6300 余次，评论有 1200 余条。

在微博发表几个小时后，外交部又跟发两条微博，"不得了啦！中日韩三国合作秘书处招聘咨询电话快被打爆了……" "中日韩三国合作秘书处来通知啦——说今天门庭若市好感动，谢谢大家捧场！……小灵通祝各位亲好运！"

记者注意到，其实，几天前，外交部的认证微博"外交小灵通"上就曾发布过一次招聘。但其公告的形式显然没有引起关注，到昨天下午，转发仅有 92 次，评论仅有 49 条。

据了解，此次是外交部亚洲司招聘，由新闻司具体发布。

这则淘宝体微博在被疯狂转发的同时也受到热议，大家的意见分为明显的两派。

支持者认为，以这样的形式发布招聘，拉近了公众与政府的距离。有人评论说，"亲，外交部好调皮哟。" "亲，你也太萌了点吧！一夜就火了！" "外交部又掌握了一门外语。"

同时，也有不少反对的声音。网友"苗苗 1017"评论说，"作为官网与群众沟通，语气只是表象，加强内容上的互动，多为求职者指点迷津才是实事，这种光卖萌而无内涵的调调不太认同"。还有网友认为，淘宝体适合在非正式场合用，而在外交部招聘这样比较重要的事件时使用，还是让人觉得太过调侃。有人还提出，外交部是"邯郸学步"，"现在大学卖萌，外交部也卖萌"。

国家语委副主任、教育部语言文字应用管理司司长王登峰认为，网络语言的特点之一就是及时，可以很快引起共鸣，在某一时段会形成某一群体内的表达方式。所以外交部在微博中使用淘宝体来加强传播效果无可厚非。不过，王登峰提醒说，从对规范语言的影响方面看，这些网络体不能侵入到正式的公文中。我国对信息传递方式的法律约束很明确，政府机关、新闻媒体、学校教育与公共服务领域都要使用规范的语言，因此官方在正式表达时一定要做到语言规范，比如外交部正式发布招聘公告时就不适宜使用网络体。王司长还特别提出，例如"神马"等一些不是所有人都懂的网络热词就不能归入规范语言的范畴内。

（来源：http://www.enorth.com.cn 2011 - 8 - 0314）

第四章 文秘人员网络沟通的艺术

　　网络改变了我们的生活，网络沟通也是文秘人员工作的新方式，掌握网络沟通的艺术对于文秘人员具有重要的意义。本章主要介绍网络沟通给文秘人员带来的机遇与挑战，文秘人员网络沟通的主要任务以及文秘人员网络沟通的主要方式方法。

第一节 文秘人员网络沟通概述

> 　　高秘书在广州某外资企业任职，每天起来第一件事就是打开手提电脑，首先上网查看自己的电子邮箱，并浏览公司公告板上的一天的工作安排，然后根据已经安排好的工作日程和领导的指示在本公司的 BBS 上发布该日重要事项的通知，或者用电子邮件把那些要提醒领导的信息发往领导的邮箱。

　　像高秘书那样利用网络进行文秘工作的近些年已是司空见惯，也是大势所趋。文秘人员是发达网络的最大受益者之一。文秘人员利用网络沟通不仅提高了工作质量和效率，而且拓宽了文秘工作的职能。但文秘人员利用网络沟通，安全意识和技能是至关重要的。

一、网络及网络沟通

　　网络的高速度特点能够让我们最快捷地获知天下时事，并能帮助我们最快地作出反应；网络的大容量特点使我们的信息可以用"取之不尽，用之不竭"来形容；网络的数字化技术贯穿于信息的采集、传送、制作、发布、管理、查询等各个环节，大大提高了我们各行各业的工作效率；网络的多功能等特点为我们提供文字、图形、声音、数据和影像等综合性服务，使我们的生活更为丰富多彩。总之，网络深刻地影响着我们的方方面面。正是这样，我们今天已经离不开网

络。网络正在改变着我们的生活和工作方式。根据中国互联网络信息中心
（CNNIC）发布的《第29次中国互联网络发展状况统计报告》显示，目前我国的
网民规模已突破5亿人。与此同时，网站数在2011年下半年实现止跌并快速回
升。该报告显示，截至2011年12月底，我国网民规模达到5.13亿人，全年新
增网民5580万人；互联网普及率较上年底提升4个百分点，达到38.3%；我国
手机网民规模达到3.56亿人，同比增长17.5%。当然，网络一方面增进了人们
之间的交流和沟通，另一方面，网络也存在一些问题，各种冲突也日益尖锐化，
如网络色情、网络犯罪等网络道德问题日益严重。

　　网络沟通就是通过网络实现人与人之间通的文字、图片、声音、视频的交
流与互动。网络沟通和传统的沟通方式相比，其特点或优势：一是更直接、更快
捷。这一点上过网特别是使用过即时通信的人们一定有体会。二是更开放、更广
泛。网络沟通打破了以往人类多种信息传播形式的局限，既继承了以往传媒点对
面和面对面的传播方式，又实现了点对点的传播方式；使人际关系更加广泛、更
加开放。三是沟通更加立体化、直观化。网络沟通实现了以往传媒无法实现的互
动，它颠覆了传统媒介以传者为中心的线形模式，宣告个体性的互动模式的来
临。网络沟通很容易就能实现文字、音频、视频等沟通，使得沟通双方如同就在
眼前。四是沟通成本大大降低，与传统的沟通方式相比，网络沟通成本低廉。从
我们得到的资源和付出的网络交费看，性价比是很高的。五是自主性增强，网络
中的每一个成员可以最大限度地参与信息的制造和传播，并且没有太多的外在约
束，参与者有权利决定自己干什么、怎么干，自主性大大增强。

　　世界著名的微软公司为我们创造了IT业界公司发展的"神话"故事，他们
公司内部的沟通机制同样为我们在网络时代提高沟通效果提供了典范。如微软公
司的总裁比尔·盖茨坚持利用电子邮件来加强与部属和员工的联系，他每天上班
的第一件事，就是检查电子信箱。同时，公司内部的所有员工通过电子邮件频繁
进行信息交流，一本新书、一篇好文章、一种创意、一丝灵感，都是员工电子邮
件传递的内容。他们还形象地将这种沟通方式称为"东走西瞧"。

　　网络沟通是"双刃剑"，目前网络沟通的突出问题：一是网络沟通的虚拟性
导致人与人之间的情感更加疏远。我们知道，在现实世界中，人们的社会关系基
本上是亲戚、朋友、同事、邻里、师生等"熟人型"关系，并受着较为稳定的
社会价值观念、文化惯性的支撑和规范。而在网络这个虚拟世界中，人们不用见
面就可以通过数字、音像交流，因此，网络交往在某种程度上实际把人们之间的
社会交往活动变成了"人机界面"关系。人们许多时间是与个人终端和多媒体
画面交流，而不是与现实本身进行交流，从而直接造成人们之间交往机会的减
少，同他人的社会交往程度和深度被大大削弱，人与人之间的情感更加疏远。目

前，不少青少年人沉溺于"虚拟时空"不能自拔就是例证。二是网民的自律性不强导致的沟通信任危机。网络界面是不公开的、不透明的，网络沟通可以是匿名的，这就可以突破年龄、性别、相貌、健康状况、社会地位、身份、背景等传统因素的制约，在社会舆论、风俗习惯、社会监督等难以发挥作用的情况下，网民的自律性不够，更容易出现信任危机。因此，网民素质的提高和网络监管的加强势在必行。江泽民同志曾指出："互联网是开放的，信息是庞杂多样，既有大量进步、健康、有益的信息，也有不少反动、迷信、黄色的内容。互联网已成为思想政治工作一个新的重要阵地，国内外敌对势力正竭力利用它同我们党和政府争夺群众，争夺青年。我们要研究其特点，采取有力的措施应对这种挑战"（《江泽民文选》第三卷，第94页）。国家颁布的《公民道德建设实施纲要》中也明确指出"要引导网络机构和广大网民增强网络道德意识，共同建设网络文明"。

二、文秘人员网络沟通的意义

现代网络环境下的文秘工作，正在悄悄地发生革命性的变化。文秘人员网络沟通具有重要的意义。

1. 提高文秘工作的质量和效率

> 济南市铁路局大力推进信息化建设，启动视频会议项目，经过层层测试评估，视维视频会议以其平实的价格、简易的操作、完善的、人性化的设计界面、丰富的数据功能脱颖而出，得到铁路局车辆段的认可。视维视频会议的使用，全面提高了会议质量，实现高质高效的图像，加强了内部沟通、外部协作，提高了工作效率，为铁路部门节省了旅行开支。
>
> （来源：http：//www. echinagov）

我们知道，计算机的发展实现了文秘人员沟通的新跨越，工作效率和质量得到前所未有的提高。如文秘人员利用办公自动化、图像处理技术、动画制作技术、音频技术、视频技术、多媒体扩展设备、Word 文字处理技术、Excel 表格处理技术、Powerpoint 演示文稿制作等技术，大大提高了文秘工作中文本处理、信息沟通的效率和质量。而网络的发展更是给文秘工作带来了革命性的变化。网络特别适合文秘人员上下沟通、承上启下的工作要求，可以说文秘工作在网络高速发展中受益最大。网络资讯服务、搜索引擎、网上银行、网络视频、邮件服务等等为文秘工作提供了丰富的资源和便捷的手段，使得文秘人员能够快捷地与外界交换信息，真正做到了"眼观六路，耳听八方"，这就使得信息处理事务和参谋辅助工作能得以落到实处。通过网络沟通，特别是组织的局域网进行沟通，文秘的有关工作成本节省了，质量和效率提高了。例如，组织的通知、通报、规章制度和上级指示精神等，以往通常都必须印成书面材料，张贴出来或散发下去，不仅消耗大量的人力和物力，而且往往不能及时更新；而利用网络沟通，使得这些纸质材料可以被电子文本取代，并瞬间传递到目的地，需要的话还能及时进行更新。此外，网络还能实现音频、视频的传输与沟通，让文秘人员拥有的资源变得立体化，极大地提高了办公质量和效率。

2. 促进文秘工作方式的变化和职能的扩展

　　周珊从西南交大峨眉分校专科毕业之后成为一家企业的普通职工。直到四年前，周珊遇到一个在北京创业的老朋友。"他要整理的资料太多，一个人又忙不过来。"周珊回忆说，自己出于"仗义"，就开始帮朋友的忙。每天他们通过网络联系，在北京的朋友将方案传给在四川的周珊，周珊便按照要求整理资料、细分类别。"就这样'糊里糊涂'入行了。"虽然这次周珊分文未收，不过她对"网络秘书"这个新兴行业却非常感兴趣。入行之后，周珊在网上发布了自己的信息，没想到Q她的"老板"越来越多。接下来的两个月时间，周珊奔波于各大店铺，与不同的人打交道。"两个月总共赚了8000元。"周珊说，当"网络秘书"收入不固定，少则几百，多则上万。而收入多少主要取决于项目的大小、工作的难易程度以及工作时间的长短。

（来源：http://baike.baidu.com/view/2529781.htm）

上述案例反映的是网络给秘书行业带来的新变化。"网络秘书"是指在自有工作地点（一般是家中），使用自有办公设备，通过网络所提供的电子邮件、为客户提供客户筛选预约、整理档案、制订商业计划以及联系客户等服务。网络秘书主要负责预约、整理档案、制订商业计划以及联系客户。

虽然"网络秘书"还不多见，但我们从中看出了网络对文秘工作方式产生的巨大影响。

首先，网络沟通促进文秘工作方式发生重大的变化。网络沟通使得传统的抄抄写写式的工作方式受到极大的冲击，文秘工作方式就要与之相适应。例如，处理信息方面：文秘人员不必离开工作岗位，即能从计算机中调阅所需的信息资料；阅读投放在电子信箱中的书信和各种文件目录表；接收领导人通过计算机发表的指令并按照需要在计算机上进行必要的文字处理；利用计算机提供的数据，进行有效的科学分析，并利用传真迅速上报。在办会方面：传统的办会往往在一个特定的地方，如会议室、办公室或其他某个特定的会议场所，随着网络的发展，各种通信技术的运用，使会议不局限在某一地方，扩大了会议的场所，如网络会议的产生，使与会人员足不出户，就能参与会议的整个过程，通过电视会议系统，不出差即可召开地区性或更大范围的会议，使用移动通信，可以使文秘人员随时同外出的领导和工作人员保持联系，大大减少出差人员和出差费用，极大地改变了文秘人员的工作方式。

其次，促进文秘工作职能的扩展。随着网络的发展，文秘工作要与网络技术紧密结合在一起，文秘工作的内容显然包括了有关通过网络所要解决的事务。比如一些网络技术性难题，如视频会议中，处理各种技术难题和通信设备的连接情况。又如把本单位的简介和发展概况等放在网站上供公众查询、及时有效地收集本单位的最新信息并在网上公布、定期编制简报和在一定阶段所取得的成果并在网上发布，等等，往往成为文秘人员的重要工作。文秘工作职能的扩展，体现了新时期文秘人员参谋辅助的作用和价值。

3. 促进文秘人员角色意识的提高

文秘人员的角色意识，是主体基于个人的社会活动而形成的对自我的社会地位和由此规定的职责的知觉、理解和体验。它直接源于人的实践活动。随着网络的发展，缩短了大量的体力劳动过程，把全部或部分的体力活动交给计算机去完成，文秘工作内容发生了变化，文秘人员的角色意识也要发生变化更新。文秘角色意识得到提高，主观上会使文秘工作的质量得到提高，从而有利于服务工作的深入展开。具体来讲，随着网络的发展，文秘角色意识应能在以下两方面得到提高：

一是意识到有更多的智力补偿有待自己去实施与挖掘。网络的飞速发展，会伴随着新型办公设备与软件的产生，文秘人员体力劳动大大减少，智力方面的事务会增多，由于领导没有太多的时间精力了解这些设备与软件的用法，这就需要文秘人员去填补这方面的缺陷，文秘人员面对这一现实，为了更好地实现其自身价值，会花大力气去学习并掌握这些设备与软件的用法，以便随时为领导提供智力服务。

二是意识到有更多的服务方式和服务范围有待自己开拓。随着网络的发展，文秘人员可以凭借各种办公设备与软件为领导服务，服务方式就变得多种多样，服务范畴更加广泛。如文秘人员要密切关注当代科学技术的发展状况，更加敏锐地发现办公自动化的新产品新成果，不断地收集资料并进行归纳总结，找出有参考价值的信息，及时提供给有关领导，作为领导决策的参考依据。

三、文秘人员网络沟通的安全意识与技术

文秘人员网络沟通的意义是重大而深远的。当然，前面也提到，网络沟通也

是一把"双刃剑"，它也能给文秘工作带来一定的负面影响。如，网络的出现，使得信息也因此变得空前巨大和芜杂，文秘人员筛选信息的困难加大了。再如，文秘人员过于依赖网络，可也能出现浮躁、腿懒的工作作风、忽视面对面的人际沟通等情况。

最为突出的问题还是网络安全问题。例如，网络沟通对保密工作的影响，现实中，电子文件的保密工作变得越来越困难，信息的保密性大大降低。在美国，每年因为计算机犯罪而造成的经济损失就达几百亿美元。平均每起计算机犯罪案件所造成的经济损失是一般案件的几十到几百倍。网络所面临的攻击来自多方面。或是来自物理传输线路的攻击，或是来自对网络通信协议的攻击，以及对计算机软件、硬件的漏洞实施攻击。例如，文秘人员运用计算机进行文字处理、信息查询和贮存，大量的公司信息和商业机密存贮在计算机里，不法分子会利用电磁波辐射的形式窃取信息而造成泄密；文秘人员在使用电子文件传递和接收一些重要信息的过程中，网络攻击者可以通过监视网上数据来获取他人的保密信息，又可以通过截取别人的账号和口令进入别人的计算机系统，还可以通过一些特殊的方法绕过人们精心设计的"防火墙"，对信息的盗取极为容易，且不易察觉；网络黑客会千方百计运用一些破解手段，来攻克公司网络的保密体系等设防措施，进入公司的内部网，窃取商业秘密或有关组织生死存亡的重大秘密。万一发生泄密，会给组织造成巨大的经济损失。因此，文秘人员要提高安全意识，要在组织的安全策略下做好安全技术防范工作。

最为突出的问题还是网络安全问题。例如，网络沟通对保密工作的影响，现实中，电子文件的保密工作变得越来越困难，信息的保密性大大降低。因此，文秘人员要提高安全意识，要在组织的安全策略下做好安全技术防范工作。

1. 协助领导及有关部门制订和落实安全制度

文秘人员要根据本单位的实际情况和所采用的技术条件，参照有关的法规、条例和其他单位的做法，协助领导及有关部门制订和落实全面而切实可行的各类安全管理制度。如操作安全管理制度、场地与实施安全管理制度、设备安全管理制度、操作系统和数据库安全管理制度、计算机网络安全管理制度、软件安全管理制度、密钥安全管理制度、计算机病毒防治管理制度等。制度的建立切不能流于形式，重要的是落实和监督。另外，要强化文秘人员的安全教育和法制教育，真正认识到计算机网络系统安全的重要性和解决这一问题的长期性、艰巨性及复杂性。只有依靠人的安全意识和主观能动性，才能不断地发现新的问题，不断地找出解决问题的对策。

2. 掌握网络沟通的有关安全防范技术

随着计算机技术和网络技术的不断发展，网络数据的安全问题已成为计算机网络研究中的热点。为了解决网络安全问题，目前国内外已经有一系列新技术应运而生，主要有以下几个方面，文秘人员应该努力掌握。

第一，访问控制技术。访问控制技术是要确定合法用户对计算机系统资源所享有的权限，以防止非法用户的入侵和合法用户使用非权限内资源。实施访问控制是维护计算机安全运行、保护系统信息的重要技术手段。它包括网络的访问控制技术、主机的访问控制技术、微型机的访问控制技术和文件的访问控制技术。具体措施包括：①入网访问控制。它控制哪些用户能够登录到服务器并获取网络资源，控制准许用户的访问时间和准许他们在哪个网站入网。②权限控制。控制用户允许访问的目录、子目录、公文和其他资源，指定用户对指定公文、目录、设备执行指定操作，如只读、改写、创建、删除、查找、存取控制等，而最基本的控制是防止电子公文被拷贝、篡改和打印。③防火墙控制。是用以阻止网络中的黑客访问某个机构网络的屏障，也可称为控制进、出两个方向通信的门槛，既可以阻止对本机构信息资源的非法访问，又可以阻止机要信息、专利信息从该机构的网络上非法输出。目前的防火墙主要有包过滤防火墙、代理防火墙和双穴主机防火墙三种类型，分别用于不同的网络层来执行安全控制功能。

第二，信息加密技术。信息加密的目的是保护网内的数据、公文、口令和控制信息的传输，确保不宜公开的电子公文的非公开性。在多数情况下，信息加密是保证电子公文机密性的唯一方法。信息加密过程是由多种多样的加密算法来实施的，通常将其分为常规密码算法和公钥密码算法两大类。在实际应用中，人们常常将常规密码和公钥密码结合在一起使用。比如，电子公文的加密技术就是将两者结合使用的，即发方使用收方的公开密钥发文，收方只用自己知道的解密密钥解密。由于加密和解密使用不同的密钥，因此第三者很难从中破解原文的内容，从而确保传输中的电子公文的安全。目前，网上电子公文信息可采用异步数据加密机进行加密处理或使用阿帕比（Apabi）系统（包括数据转换软件、安全文档软件平台、阅读软件三个子系统）对用户进行阅读、打印、复制设定控制。

第三，防写措施、数字签名和鉴别技术。防写措施即将电子公文设置为"只读"状态，在这种状态下，用户只能从计算机上读取信息，而不能对其做任何修改、复制、打印，如目前网络上的 PDF 格式文件，就是只能供网络上的合法用户阅读，而不能修改和复制，除非另外再下载一个软件，对这种格式的文件进行解读，才能进行复制、打印等操作。此外，外存储器中的只读式光盘（CD/ROM）和一次写入式光盘（WORM）等不可逆式记录介质也可以有效防止用户更改电子公文内容，确保电子公文的真实性。

数字签名是电子公文的数字签名技术一般包括证书式数字签名和手写式数字签名两种方式。用来确保电子公文的真实性和进行身份验证，以此确认其内容是否被篡改或是否为伪造。

鉴别技术用于证实交换过程的合法性、有效性和交换信息的真实性，可以防止对信息进行有意篡改的主动攻击。常用的方法主要有报文鉴别和身份鉴别。

第四，防病毒技术。包括预防病毒技术、检测病毒技术、消除病毒技术和设置防病毒网关。

预防病毒技术，通过自身常驻系统内存，优先获得系统控制权，监视和判断系统中是否有病毒存在，进而阻止病毒进入计算机系统对系统进行破坏。

检测病毒技术，通过对计算机病毒的特征来进行判断的侦测技术。如自身校验、关键字、文件长度的变化等。

消除病毒技术，通过对计算机病毒的分析，开发出具有杀除病毒程序并恢复原文件的软件。

设置防病毒网关。传统的病毒检测和杀病毒是在客户端完成，但是这种方式存在致命的缺点。如果在某台计算机上发现某种病毒，说明此病毒已经感染了该单位内部几乎所有的计算机，而如果病毒是新的，旧的杀病毒软件一般不能对其进行检测和清除。所以，我们应在单位内部的计算机网络和互联网的连接处放置防病毒网关，如果再出现新病毒，只需要更新防病毒网关，而不用更新每一个终端软件。

☞ 阅读与讨论

阅读下列文章，谈谈你对克服网络沟通负面影响的看法。

谣言止于网民自律

2012 年 3 月以来，一些不法分子在互联网上无端编造、恶意传播所谓"军车进京，北京出事"等谣言，造成恶劣社会影响。北京市公安机关迅速展开调查，依据有关法律法规，对在网上编造谣言的李某、唐某等 6 人依法予以拘留，对在网上传播相关谣言的其他人员进行了教育训诫。

根据《全国人民代表大会常务委员会关于维护互联网安全的决定》、《互联网信息服务管理办法》、《互联网新闻信息服务管理规定》等法律法规，国家互联网信息办公室责成有关地方网络管理部门进行严肃查处，电信管理部门依法对梅州视窗网、兴宁 528 论坛、东阳热线、E 京网等 16 家造谣、传谣、疏于管理造成恶劣社会影响的网站予以关闭。

针对新浪和腾讯微博网站集中出现谣言，违反国家有关法律法规，造成恶劣影响的问题，北京市和广东省互联网信息管理部门分别对两个网站提出严肃批评,新浪微博和腾讯微博于3月31日上午8时至4月3日上午8时暂停微博评论功能,清理后系统再开放。

北京市公安局有关负责人表示,利用互联网编造、传播谣言的行为严重扰乱社会秩序、影响社会稳定、危害社会诚信,公安机关对此将依法查处。希望广大网民自觉遵守法律法规,不信谣、不传谣,发现谣言及时举报,共同维护健康的网络环境和良好的社会秩序。

针对进一步治理网络谣言,社会各界人士纷纷提出意见和建议。其中比较集中的意见,就是要进一步加强网民自律,确保在法律的规则下、道德的范围内运用网络;同时,还应提升对各类信息的鉴别能力,通过自身努力防范谣言传播。

抵制网络谣言,人人有责。各界人士表示,多达数亿的网民,强大的网络传播能量喷薄而出,是一把"双刃剑",既能进行有效舆论监督、反映社情民意,也可能使谣言像超级病毒一样传播。像传染病一样危害社会。网上信息传播行为说到底还是人的行为,治理网络谣言,根源在于人。

在网络虚拟环境下,建立一种秩序感和规则感尤为重要。广西互联网新闻传播研究中心的秦基泰表示,网民自律是防范网络谣言的关键。目前,网络空间具有较大的自主性,但大家不能因此就认为可以在其中为所欲为、肆意妄为,不受法律的约束。在法治社会中,网络领域的违法行为同样会受到法律制裁。新浪网网友"海上风"说,谣言止于公民自律。作为发布信息的网民,发言之前,先应该想一想,自己是否守住了法律和道德底线,切莫为吸引"眼球"而信口开河,切莫因发泄个人情绪而恣意胡言,更不能无中生有,造谣惑众,胡作非为。否则,不仅危害他人和社会,也必然自食其果,受到法律的严惩。

从已经发生的网络造谣、传谣事件中看,不少网民都是在不经意间用一次转帖、转发的行为助长了谣言的蔓延。人民网网友"绪组言"表示,尽管没有蓄意去制造传言,但当我们无心地传播这些流言飞语时,无异于帮助这些谣言制造者。我们不希望自己被别有用心的人利用!中华网网民"平原小吏"认为,大家应该主动行动起来,独立思考,理性对待,不要见风就是雨。

同时,各界人士普遍认为,有必要进一步树立防范意识,提升鉴别谣言的能力。通过理性思考和听取多方信息,完全应该有能力分辨谣言。一汽—大众汽车有限公司职工孙海港说,仔细分析一些谣言,很多有明显漏洞,大家如果冷静对待,用常识来分析,用正确途径来求证,应该可以鉴别出来。如果感觉信息可疑,感觉有待求证,就不应该轻信,更不应该随意转发,要尽量避免让可疑信息扩大影响。人民网网友"东方财富"说,作为一个负责任的网民,不仅应该自己不造谣、不传谣、不信谣,更要做网络健康环境的维护者,发现网络谣言及时举报。

围绕当前互联网的使用，西南大学新闻传媒学院院长董小玉教授提出，提升全社会的整体媒介素养，是遏制网络谣言的一个必要途径。通过让大家了解、熟悉、掌握互联网信息传播的规律，提升判断力、思考力，可以帮助网民更好地从自身做起，防范网络谣言的滋生和蔓延。

（来源：人民网—人民日报 2012 年 4 月 10）

第二节　文秘人员网络沟通的主要任务

文秘人员利用网络可以做的事情实在是不胜枚举。但文秘人员网络沟通的主要任务还是要围绕辅助领导工作这一中心来进行。收集信息、发布信息、监控网络舆论、在线办公显然是文秘人员应该承担的主要任务。

一、搜索信息

网络已成为最大的信息来源，文秘人员必须善于充分利用网络及时搜集与组织有关的各种信息。可以说通过网络获取信息资料的方法已经是目前乃至今后长期运用的日常工作方法了。运用网络进行社会调查和信息传播也成为企业成功策划与竞争制胜的法宝。文秘工作中所需要的很多内容都可以从互联网上找到。那么如何获取这些资源，下载文秘工作中需要的软件和资料，如何快速准确地找到我们需要的信息，为我所用呢？

1. 应用软件及资料的下载方法

软件是信息系统的重要组成部分。日前普遍使用的软件大致可以分为三类：第一类是数据库软件，这主要是为了管理秘书工作等信息资源。第二类是通用的办公自动化软件，这主要包括以 WPS、Word、Acrobat 为代表的文字处理工具，以 Photoshop、CordDraw、Poworpoint、方正奥思、Authorware、超级解霸等为代表的多媒体工具，以 FrontPage、Firework、Flash、FreeHand、Dreamwaver 等为代表的网页制作工具以及操作系统、Web 服务器软件等，这是秘书工作信息系统使用最多的常用软件。第三类是通信软件，这主要是用于在网络节点之间传递信息的软件工具，它的功能一般包括 E-mail 传送管理、远程信息查询、上传与下载等。尽管这些软件随着科技的进步将不断更新换代，但其基本结构和原理短期内不会有根本改变。秘书人员要努力掌握每一类软件中的 1~2 种，并争取能够在工作实践中发挥其最大效能。

下载网络资源常通过两种方法，一是使用浏览器直接下载，二是利用工具软件下载。

（1）使用 HTTP 协议直接下载。所谓直接下载就是指不借助下载工具，使用浏览器直接下载各种图片、网页、电影和音乐等，不需要借助工具软件，操作方便且简单。直接下载是从互联网上获取所需资源的最基本方法，是办公人员必须掌握的方法。HTTP 是超文本传输协议，我们平常上网的浏览器（比如 IE）的"本职工作"就是解读按照这种协议制作的网页。Web 网页上的各种资源都有一个 URL 网页地址。当 IE 看到这些 URL 时，它会将其显示出来（但是碰到如 http：//www. aaa. com/a. exe 这种扩展名为 exe 的文件，就显示出一堆乱码，这时 IE 会弹出一个对话框提供给用户操作）。用户就是通过这种方式下载所需资源的。

（2）使用 FTP 协议下载。FTP 是 TCP/IP 协议组中的协议之一，该协议是 Internet 文件传送的基础。所有的 FTP 服务器都是需要账号和密码才能登录的。不过有相当一部分 FTP 服务器提供了匿名登录。例如：使用 FTP 协议登录到 ftp：//211. 84. 208. 33（河南商业高等专科学校教学资源）服务器，可从"计算机系教学课件"目录下载适合的文件对象到自己的计算机中。

（3）使用工具软件下载。直接下载虽然方便，但在下载过程中一旦网络中断，所有下载信息将丢失，所以人们常常使用工具软件进行下载。现在的下载软件很多，如"迅雷"、FlashGct 和"网络蚂蚁"等，它们具有下载速度快、支持断点续传且易于管理等优点，是比较成熟的下载工具。

下面以使用"迅雷"下载腾讯 QQ 2011 Beta 2 聊天工具为例进行讲解，其具体操作如下：

①将"迅雷"软件安装后，打开腾讯 QQ 2011 Beta 2 下载页面。在其下载链接上单击鼠标右键，在弹出的快捷菜单中选择【使用迅雷下载】命令启动程序。系统自动打开【新建任务面板】对话框。

②在该对话框中可将文件进行分类，选择文件保存名和保存位置后单击"确定"按钮开始下载。

③下载时，"迅雷"的主界面，在此可以查看下载速度、下载量等信息。

现在，很多提供资源下载服务的网站会支持某些下载软件，所以在选择工具软件时应先查看常访问的资源下载网站支持什么下载工具，这对提高下载速度有很大帮助。

2. 运用关键词搜索信息的技巧

关键词可以是一个字、一个词或者一句话。例如，在搜索小说、文章等文本内容时，最简单的方法是用文本的标题搜索，更高效的方法，是用文中的一句话来搜索，可以是搜索效率提高不少。此外，下面一些技巧有助于文秘人员找到所需要的信息。

（1）使用"＋"来限定关键词串一定要出现在结果中。

例如，输入"网络＋信息"表示搜索的结果必须同时含有"网络"与"信息"这两个单词。

（2）使用"－"来限定关键词串一定不要出现在结果中。

例如，输入"网络－信息"表示搜索的结果必须含有"网络"一词，同时必须不包含"信息"一词。

（3）使用通配符"＊"，和 DOS 中的通配符"＊"一样，表示可以任意一个单词替代。

例如，输入"网络与＊"，则结果会显示"网络与信息"、"网络与社会"等相关内容。

（4）利用双引号，查询完全符合引号内关键词串的网站。

（5）使用更特定的词汇。有时候使用特定词汇可能会使查询结果更准确。

例如，不用"服装"，而用"西服"；不用"flower"，而用"rose"。有时还要善于使用同义词，例如，当使用"文秘教学"搜寻信息很少时，试试用"文秘培训"。

（6）文件检索法利于快速查找文件目标。如果搜索目标是一个文件，如一个公司 Logo 的图像文件，或者一个设备驱动程序的压缩包，除了可以用公司的名称或者设备的名称进行搜索外，还可以从文件的名称入手。例如，当在搜索设备驱动程序时，如果选择设备的品牌、型号为关键字时，搜索网站会返回许多无关的信息，这时，如果在这些关键字的后面再加上 ZIP 或 RAR 等常见压缩文件扩展名，会有意外的收获。

（7）直接到信息源查找。有时词组搜索太精确或者一个词组无法准确地表达所需的信息，那么可以直接到信息源查找，这种技术"简单得似乎不值一提"，但却很有效。根本不用搜索，直接到提供某种信息组织的站点去。很多时候可以用公司 www. 公司名 .com 去猜测某一组织的站点。如果猜不中，那么到 Yahoo 去，或用搜索引擎。例如，要找 Dell 公司现有附件的说明书，可直接去该站点 www. dell. com。

二、发布信息

文秘人员也可以利用 BBS 论坛、网站、新闻回帖等来发布信息。如通过 BBS 发布信息。BBS 即电子公告牌系统，它是一种小型的联机服务系统，通常由一台功能较强的计算机来运行公告牌系统程序，为网络提供各种电子信息服务。BBS 是一个信息交流和沟通的平台，世界上任何地方的人们都可以通过此平台进行信息交流和沟通，这里包含大量的有用信息。目前两个有代表性的、影响较大的

BBS：一是北京大学的 BBS。"北大未名 BBS"是国内影响最大的 BBS 之一，它不仅是北大校内信息交流和沟通的平台，也是国内大学信息交流和沟通的平台。如果用户要在 BBS 上发表意见，首先要以真实的身份注册，注册成功后，即可在 BBS 上发表自己的见解，也可与文章的作者进行双向信息交流。二是美国微软公司的 BBS。微软的 BBS 是一个在全球范围内关于计算机软件和硬件、计算机文化以及相关问题的信息交流的平台，这里有数百个讨论的主题。

办好组织网站已成为获取组织信息和相关信息最直接、最集中，也是最便利的途径。文秘人员要做好信息的编辑和及时更新，建立相关的信息链接，拓展信息空间，及时更新网站的信息，注意与公众的沟通和互动。公众信息需求水平的提高，要求传播活动及所传播的信息、采用的媒体等必须具有很强的创新性，更有创意和吸引力；在体现信息的价值和实用性的同时，文秘人员要讲究传播沟通的技巧，注意公众的心理，使信息保持一定的趣味性、娱乐性等附加成分。

三、监控网络舆论

网络舆论是指网民对自己关心的话题（包括公共事务、公众人物、价值观念、意识形态和历史评价等），以网络媒体为载体，通过以网络论坛为主阵地的网络公共空间，公开表达的具有强烈冲击力和影响力的意见。网络舆论有以下一些特征：

第一，隐蔽性与公开性并存。网络舆论具有明显的隐蔽性。传统舆论具有较强的公开性，每个民众都能够清楚地感受到舆论的存在与导向。然而，网络舆论并不能使每个民众都感受到舆论的存在与导向。网络舆论依附于虚拟的网络空间。只有置身于网络空间的人才能感知到网络舆论的存在，从来不上网的人是无法感知到的，也难以感受网络舆论的现实压力。网络舆论的主体是以一种匿名的、虚拟的身份在互联网上出现的。在互联网自由的虚拟空间，任何人都可以随意用 ID 或匿名发表言论，我们无法推断网络舆论主体的真实身份，也难以根据网络舆论去推断现实社会对这些舆论的态度。因此，网络舆论相对于其他舆论形态具有更强的隐蔽性。但网络舆论又具有公开性。网络论坛依靠其公开、平等、自由的特性，成为网络空间的公共领域，吸引众多的公众就某一社会问题开展讨论。另外，许多大型新闻网站和门户网站也开通了回帖功能，公众可以针对具体问题发表言论。

第二，真实性与虚假性并存。不管是网站、网民发布的还是网民转发、评论的网络舆论信息，都必有实际发生的社会事件为背景或根据，因此，网络舆论的内容来源于现实社会的热点问题和备受关注的社会现象，公众对现实问题和新近发布的网络新闻发表意见和观点，从而形成网络舆论。因此，网络舆论的信息内容具有客观实在性，使得网络舆论具有真实性特征。另外，网络舆论的主体虽然在网络环境中是虚拟存在的，但这种虚拟的身份仍是现实社会公众的折射，网络舆论的存在是要以现实、现实舆论和现实存在的公众作为前提和基础的。网民发表舆论信息不像传统媒体那样需要相关部门审核和编审把关，也很少网民会做实际调查，即使是亲身经历的事，也有可能是片面的报道和陈述，还有可能是道听途说，更多的是从网上获知再在网上转帖，有的网民断章取义或有选择地对事件信息进行截取发布。这样就可能偏离了事件真相，表达了发布者的主观意愿，使网络舆论信息带有强烈的主体倾向性，在传播过程中就必然会造成信息失真，甚至会出现谣言。一些网站出于商业利益的考虑，甚至发布虚假信息以增加点击率，或对某一热点问题大加炒作，夸大事实。在论坛里，有些人为了制造舆论影响力，就用多个 ID 注册顶帖，制造公众支持的假象。在这种情况下，本来无法构成网络舆论的意见就立刻具有了舆论的特征。如今，网络推手的出现，更是让虚假信息充斥着网络空间。

第三，离散性与聚合性并存。网络舆论在大多数时候呈现出的是一种离散型特征，主题比较分散，导向不明。当你进入一个网络论坛时，你会发现，人们所讨论的话题异常丰富，但各个话题之间又主题分散，价值观念呈多元化态势。虽然各个话题内部可能正讨论得热火朝天，但话题之间依然井然有序，互不干扰。网站内、网站间原有的各主题论坛间的平衡不会被打破，此时，网络舆论呈现离散状态。但是，一旦有突发事件或重大热点事件的出现，在网络媒体快速的传播下，相关消息很快扩散开来，而平时"各自为政"的分类话题论坛会在瞬时打破原有的平衡，将关注点迅速集聚在该事件上，呈现出明显的聚合性特征，形成强大的有影响力的网络舆论。网络的开放性和"把关人"的弱化为一些信息造假者和谣言传播者提供了条件，使他们能够发表不负责任的言论，或是有意散布虚假信息，制造混乱。与传统媒体相比，许多网站都存在管理缺陷，一些管理者更是为了增加点击率而放任虚假信息的传播。网民在论坛或个人博客中所发布或转载的信息很难辨别其真实性，而大多数网民面对虚假的信息，很少质疑其真实性并辨别真假，而是表现出一种群体的盲从与冲动。因此，网络中虚假信息的发布是相当普遍的。许多未经核实道听途说的信息都现身网络，再加上网络传播的即时性，使得虚假信息迅速传播，给社会带来不稳定因素。

监控网络舆论是文秘人员又一重要任务。现实中，不论是重大的国内外政治、经济热点事件，还是大街小巷里的趣闻怪事，都能形成网络舆论，甚至进而产生巨大的舆论力量。任何部门、机构乃至公众人物都无法忽视这种带有自发性和突发性的舆论可能产生的巨大社会影响和客观效应。作为组织的文秘人员，一旦发现有不利于企事业单位形象的舆论倾向，或有对所发布信息的误解，都要及时向领导汇报，进而做好解释疏导工作，以消除误解，防止事态扩大，维护单位形象和声誉。

四、在线办公

目前，人们也越来越多地了解了利用网络来办公的优越性，更多的行业和领域利用网络处理办公事务。在线办公越来越多地被人们所使用，不仅公司本部的办公用户可以方便地协同办公，而且和远在外地分公司的同仁商议工作也同样方便，为在线办公提供了越来越多的便利条件；也为文秘工作提供了越来越多的资源。网络在线办公系统应用应该是根据各企业实际情况来定制的，不同企业的管理目标和内容不同，因此应用层功能定制也不相同。文秘人员要根据所在单位的不同情况，掌握相关技能，完成在线办公的各项任务。

此外，行政机关的文秘人员还应该了解电子政务的有关知识和技能。当前，电子政务在我国也逐渐铺开，与政府机关相关的许多文秘工作事务必须在网上办理。例如税务系统，许多城市现在都在网上建立了国税系统的增值税、营业税、所得税交叉稽核系统；增值税发票 IC 卡管理系统；地税电子申报等税款征收网络系统；税控收款机系统等，使税务申报、缴纳税款都在网上完成。北京市早在 2002 年底，已初步实现面向企业和市民的审批、管理和服务业务上网进行，政府内部初步实现了电子化和网络化办公。如果文秘人员不利用网络，就无法完成本职工作。

而企业特别是外企文秘人员要了解电子商务方面的知识和技能。电子商务将在全社会中广泛应用，因为电子商务正以其高效、低成本的优势，逐步成为新兴的经营模式，越来越多的企业开始将自己的业务通过 Internet 直接提供给客户，一个基于 Internet 的全球电子商务框架正在形成。因此，在信息化社会中的文秘工作形式正在逐渐地替代传统文秘工作的做法，文秘人员必须适应这种新的变化。

☞ 阅读与讨论

阅读下列文章，比较文秘人员在召开一般会议和网络视频会议工作中所需技能的不同。

在线网络视频会议

随着国内计算机和网络应用的广泛普及和迅速增长，PC 的增长速度越来越快，特别是进入 21 世纪以来，国内各大、中城市纷纷建立宽带城域网，宽带上网单位和个人迅速增长。在这种情况下，许多企业要求能进行远程会议，开展商务交流；同时在满足传统视频会议音/视频通信的基本要求同时，现代企业经营会议更希望能提供更加丰富多样的会议形式和功能。例如，企业远程开展季度/年度预算及工作计划的讨论，需要远程共享 Power Point 等演示文档和 Excel 表格，需要共同就某一网上信息开展讨论，需要彼此间如同身临其境地探讨问题。针对这种情况，文秘人员要掌握网络视频会议的基本知识，这样可以为秘书工作节省办公费用，提高工作效率，缩短与会时间，提高与客户、供应商之间的沟通和协作。

目前比较常用的会议程序是 NetMeeting，它是 Microsoft 公司 Windows 操作系统中的组件之一，通信质量较好、功能较完善的会议程序，利用它可以很轻松实现网络视频会议。作为文秘人员，在准备视频会议过程中应该掌握 NetMeeting 对硬件的要求，以便会议能正常顺利的进行。

（1）声卡，最好使用全双工的声卡。

（2）麦克风，连接在声卡上或内置在计算机中，在语音会议时，应对着麦克风说话。

（3）音箱或耳机，连接在声卡上或内置在计算机中，可以从其中听到对方的声音。

（4）网卡或调制解调器，保证能接入 Internet。

（5）摄像头，让对方看到自己的图像。

除了要了解网络视频会议相关硬件的要求外，还需知道利用 NetMeeting 实现网络视频会议的工作流程。

利用 NetMeeting 实现网络视频会议时，首先需要对会议主持人用的 NetMeeting 服务器和各个与会人员用的 NetMeeting 客户端进行设置；设置完成后，主持人通过 E－mail 方式通知相关与会人员在指定时间登录指定的服务器地址，然后就可以召开网络视频会议。在会议举行期间，与会人员可以进行语音聊天、共享文档、发送信息、观看演示文档以及通过共享的白板用画图形式与别人聊天。整个流程图如图所示：

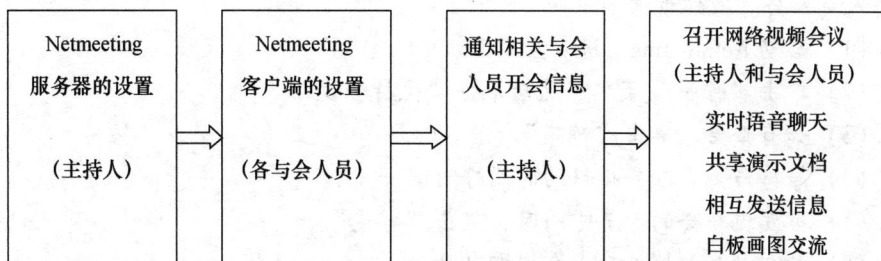

具体的操作过程如下：

1. NetMeeting 服务器的设置

（1）依次选择"开始"/"设置"/"控制面板"/"添加/删除程序"/"添加/删除 Windows 组件"命令。

（2）在"组件"列表中，单击选中"网络服务"项目。

（3）单击"详细信息"，然后在弹出的"网络服务的子组件"列表中，选中"Site Server ILS 服务"复选框。

（4）单击"确定"，按系统要求在光驱中插入 Windows 2000 Server 安装光盘，后单击"确定"，开始配置组建。

（5）配置完成后单击"完成"，即完成。

2. NetMeeting 客户端的设置

（1）选"开始" | "程序" | "附件" | "通讯" | "NetMeeting" 即可运行 NetMeeting。

（2）首次运行，单击"下一步"，进入个人信息设置界面，按照实际内容进行设置。

（3）单击"下一步"，进入服务器设置界面，选中"当 NetMeeting 启动时登录到目录服务器"复选框，并在"服务器名"框中输入 ILS 服务器的 IP 地址。

（4）单击"下一步"，进入网络速度选择窗口，根据实际情况进行选择。

（5）按照提示，依次单击"下一步"，设置完成。

NetMeeting 服务器和客户端的设置完成以后，便可以进行视频会议。例如，某跨国公司将于周日晚上 9：00（北京时间）举行一次网络会议，与会人员分布在不同的国家和地区，各与会人员均能以足够的速率接入因特网，NetMeeting 服务器 IP 地址为：211.84.208.18。假如你作为文秘人员，是会议主持人，如何才能使这次网络会议如期顺利进行？

提前向与会人员发送 E - mail，通知会议时间、会议名称、ILS 服务器 IP 地址以及主持人的 IP 地址，要求统一使用 NetMeeting 客户端登录。

会议举行前要开通指定的 ILS 服务器，提前登录，设置好会议名称，等待各参会人员入会。操作步骤如下：

（1）启动 NetMeeting，进入主界面。

（2）单击"呼叫"菜单，然后单击"主持会议"。

（3）如有必要，单击"确定"。

（4）等待与会者在安排好的时间呼叫。

（5）当发现与会的人员呼叫时，单击"接受"。

（6）与会者全部拨入后，会议即可开始。

3. 结束会议，单击"呼叫"菜单，然后单击"挂断"即可结束会议

说明：有个别与会者未能及时拨入，会议已经进行，该如何拨入呢？

（1）单击工具栏上的"呼叫"按钮。

（2）键入会议主持人的 IP 地址。

（3）单击"呼叫方式"下拉箭头，然后单击想要用来呼叫的连接类型。

（4）选中"即将参加的会议"复选框，然后键入此次会议的名称，单击"呼叫"。

（来源：周贺来，连为民. 办公自动化实用教程. 北京：高等教育出版社，2010. 有增删）

第三节　文秘人员网络沟通的方式方法

文秘人员网络沟通最常见的方法是电子邮件，貌似简单的电子邮件沟通，其实也有很多的技巧。此外，利用微博和即时通信沟通也是大势所趋，文秘人员要充分利用这些手段，以增强互动效果，减少沟通成本，提高沟通效率。

一、电子邮件沟通

电子邮件沟通是基于计算机和通信网的信息传递业务，利用电信号传递和存储信息的方式为用户提供传送电子信函、文件数字传真、图像和数字化语音等各类型信息的一种沟通方式。

电子邮件（electronic mail，简称 E – mail，也被大家昵称为"伊妹儿"）又称电子信箱，它是一种用电子手段提供信息交换的通信方式。是 Internet 应用最广的服务：通过网络的电子邮件系统，用户可以用非常低廉的价格（不管发送到哪里，都只需负担电话费和网费即可），以非常快速的方式（几秒钟之内可以发送到世界上任何你指定的目的地），与世界上任何一个角落的网络用户联系。电子邮件具有单独的网络域名，其电子邮局地址在@后标注。常见国内邮箱有：163、126、QQ、sina、Cmail、Yahoo 等。

比起传统信件，电子邮件的使用简易、投递迅速、收费低廉，易于保存、全球畅通无阻，正因如此，使得电子邮件被广泛地应用，它使人们的交流方式得到了极大的改变。另外，电子邮件还可以进行一对多的邮件传递，同一邮件可以一次发送给许多人。最重要的是，电子邮件是整个网间网以至所有其他网络系统中直接面向人与人之间信息交流的系统，它的数据发送方和接收方都是人，所以极大地满足了大量存在的人与人通信的需求。

目前，越来越多的单位已渐渐将电子邮件作为正式公文来管理，档案的管理已不仅限于各类纸张文档，也包括各类来往的电子邮件。

收发 E－mail，对 E－mail 做及时处理，已然成为文秘人员网络沟通的主要任务之一。文秘人员可利用 Outlook——电子邮件与个人信息管理软件来进行创建、发送、接受和管理电子邮件。当然，Outlook 的功能还包括日历、便笺、活动和会议安排等，文秘人员熟练使用 Outlook 就可以让文秘工作变得更加井然有序和更有效率。

1. 创建电子邮件

启动 Outlook，选择"文件"｜"新建"｜"邮件"命令，弹出"未命名的邮件"窗口。

一封邮件由邮件头和邮件体两部分组成。邮件头类似于人工信件的信封，包括收件人、抄送、邮件主题等信息。其中："收件人"一栏填入收件人的 E－mail 地址，是必须填的；"抄送"一栏根据需要可以填入其他收件人的 E－mail 地址，注意多个抄送人员邮件地址中间用"，"或"；"隔开。"密件抄送"文本框：也是输入接收邮件副本人员的 E－mail 地址，与"抄送"文本框的不同是，该文本框中的 E－mail 地址其他收件人是看不到的。"主题"填入一个简短概括邮件内容的词语。"正文"框：邮件体是一封邮件的正文部分。输入邮件内容，并可根据需要进行适当的格式编排，也可以添加"附件"格式的文件内容。

2. 发送接收邮件

邮件编写完成后，需要发送。操作时，单击编写完成后所显示的窗口中的"发送"按钮，即可完成邮件发送；选择"工具"菜单中的"发送和接收"命令，然后选择接收电子邮件账户的种类。新收到的邮件将放到"邮件箱"里，用户可以随时阅读邮件。

在发送 E－mail 的过程中，经常会遇到上传文件的特殊情况，还需要文秘人员掌握一定的技巧。

一是上传照片的情况。我们用数码相机等数码设备在高像素下拍摄的图片的大小都非常的大，这样直接把图片传到网上就很不方便，另外，有时对方对所传照片有大小尺寸的要求，这就需要对图片大小进行压缩。例如，要求照片：宽 $480 \times$ 高 640；大小 $\geqslant 30$KB 且 $\leqslant 60$KB；文件格式"jpg"（jpg 格式体积最小巧）。

方法一：利用 Windows 自带"画图"工具。用鼠标选中需要处理的照片，单击鼠标右键弹出菜单，并点击选择"编辑"（E），即用"画图"工具打开该照片。点击"图像→拉伸和扭曲"，弹出"拉伸和扭曲"对话框。在"拉伸"单元中，可按"水平"和"垂直"的要求将照片进行调整。如值设置为"30％"。然后，点击"文件→另存为"，出现"保存为"对话框，只须选择要保存的图片"jpg"格式。

方法二：采用最广泛的 ACDSee。这种方法速度更快，操作也更为简便。一般装系统里都会自带 ACDSee 软件。

（1）改变图片格式为 jpg 格式：首先用 ACDSee 打开要修改的图片，单击"工具→转换格式"，在"格式"框选中"jpg"格式，再点"选项"设置好转换后文件的输出路径，点击"确定"完成转换。

（2）缩小图片分辨率（减小图片体积）：首先用 ACDSee 打开要修改的图片，单击"工具→调整大小"。在"像素"处将"宽度"和"高度"设定好，这个数字看你想缩到多小，数字越小，输出的图片就越小，再点"选项"设置好转换后文件的输出路径，点击"确定"完成转换。

方法三：使用光影魔术手、美图秀秀（美图大师）等电脑软件。这些软件往往具有图片特效、美容、饰品、边框、场景、拼图等功能，可以做出影楼级照片，还能做非主流图片、闪图、QQ 表情、QQ 头像等。以光影魔术手为例：

打开光影魔术手软件→打开所需要编辑的图片→点击工具栏上的"缩放"→输入新的图片像素→点击开始缩放→缩放完成后点击保存→点击估算大小，可得知图片现在的大小（如果不满意可重新编辑）。

二是网上填报有关内容并上传的情况。文秘人员尤其是科研教学秘书，经常遇到为领导网上填报有关内容并上传的情况。以教育部科研项目的申报为例：

个人填报申请书流程

1. 点击页面左侧"申请书下载"，下载申请书软件；

2. 双击下载的文件安装到指定文件夹；

3. 双击该文件夹中的"2012 年项目申请书 .doc"文档，按提示填写内容；

4. 完成"检查填报内容并保护文档"后，保存文档，打印申请书并签字，将打印稿交学校科研处；如果您使用非默认安装模式安装的 Word 2003，可能在打印时会出现"隐含模块编译错误"的提示信息，遇此情况，请用典型安装模式重新安装 Word 2003，再进行打印即可；

5. 网上上传申请书电子版（只上传该文件夹中的 word 申请书文件）或者将该电子文档上交学校科研处。

个人上传申请书文件流程

1. 点击左侧"登录系统"栏中的"注册"按钮进行注册（注：本系统采用 E‑mail 作为账号，红色星号栏必须填写），必须实名注册，并保证姓名与项目申请书中的项目负责人完全一致；

2. 注册成功后回到系统首页登录；

3. 在项目申报页面中点击"上传申请书"按钮选择已填写好的申请书 word 文件，并点击"打开"（请务必保证上传的电子文档与纸质申请书一致）；

4. 上传成功后会显示申请书的状态提示和基本信息内容（初始状态为："未审核"，随着学校科研处和省市管理部门的审核操作，状态会相应变化，学校审核通过后，申请人将不能修改申请书）。

（来源：教育部社会科学司网.http：//www.moe.edu.cn/publicfiles）

此时要注意设置和启用宏。宏的设置在上传文件时，是一种文件病毒的防护，同时宏程序如果不启用对方将无法打开文件，宏在设置时规定了文件的格式和内容编辑，这时必须启用宏，因为宏会控制文件的相应格式，如果不启用宏，文件的格式将无法上传，对方接到的文件将不是你所设置的格式，将会对文件的内容有很大的影响，因此上传文件时必须启用宏。首先要进行宏安全性设置。可以在"安全性"对话框（"工具"菜单，"选项"命令，"安全性"选项卡，"宏安全性"按钮）中控制这些级别。安全级别有四个："非常高"、"高"、"中"和"低"。一般的报表、文档要求宏安全级是"中"。使用此级别时，无论何时打开包含宏的工作簿，Excel 都会显示一个对话框，询问您是否要启用宏。单击"启用宏"则打开文档或工作簿，并允许在文档或工作簿中运行宏。要上报的材料，对方往往会作提示：

> 如果您是 Word2000，Word XP，Word 2003 用户 a）请把 Word 宏的安全性设为"中"方法是 Word 菜单 - > 工具 - > 宏 - > 安全性 - > 安全级，设置为"中"，b）关闭本文档，重新打开，点击"启用宏"按钮，即可开始填写本文档或打印了。如果您是 Word2007，Word2010 用户，点击 Word 左上角"安全警告"处"选项"中的"启用此内容"，即可开始填写本文档或打印了。
>
> （来源：教育部社会科学司网.http：//www.moe.edu.cn/publicfiles）

3. 管理电子邮件

收件箱的邮件一定会越来越多，文秘人员可以对"收件箱"中的邮件按一定的方式进行排序或按一定的条件进行筛选，以方便浏览和管理。具体可按照 Outlook 的操作说明进行。

4. 电子邮件使用注意事项

利用 E - mail 和领导、同事沟通已是平常的事，特别是在外企中，主要使用电子邮件作为沟通的手段。E - mail 沟通本质上仍然属于书面文字语言的沟通，措辞要得体。特别要注意自己的地位与角色。事实上，这种手段也是有风险的，也要注意沟通的艺术。"史上最牛女秘书"的案例（参见第三章），就是例证。

E-mail 也可能成为有意或无意泄露机密的主要渠道。据调查，美国大约四分之三的大型企业，利用特殊软件，检查员工的电子邮件，防止泄露公司机密。为此，文秘人员在管理电子邮件时首先要预防电子邮件病毒。计算机病毒可以通过网络尤其是电子邮件迅速传播，危害很大。对付邮件病毒，第一是防，例如，拒收陌生人的邮件，不从陌生的站点下载文件；第二是杀，如果不慎下载了邮件病毒，可以利用最新杀毒软件查杀邮件病毒；第三是杀防结合。

下面简单介绍电子邮件的使用技巧。

（1）尽量使用专门的邮件管理程序。现在某些网站提供的免费邮箱服务主要供个人使用，用于办公业务则不太安全，并且不太方便。而专用的电子邮件管理程序可以在离线的状态下撰写邮件，可一次写上若干封，全部完成后再单击"发送"按钮自动接通网络集中发出。收信时自动将所有信件一次取回，然后可离线阅读。收发工作完成后自动断线。所以在线时间全部都是在传输信件，效率将大大提高。

（2）正确设置 E-mail 软件。正确设置 E-mail 软件，如使用 Outlook Outlook Express 等软件提供的"收发邮件后自动挂断链接"、"挂断线前提示是否要挂断"等功能，可使收发结束后自动断线。

（3）多申请几个不同站点的免费 E-mail 邮箱，用于不同用途。例如，用一个邮箱专门收取私人信息，一个邮箱处理公务信函，一个邮箱收订电子刊物等。

（4）及时取消订阅的邮件列表和电子刊物。如果确信不再需要所订阅的邮件列表和电子刊物，则转至相关网址取消订阅，不然电子邮箱会塞满各种无关信息。

（5）公共场合尽量少填写个人信息。在聊天室和一些需要登记个人信息的场合，要尽可能少地填写个人信息，以免遭到垃圾邮件的侵袭。

（6）及时整理邮箱。检查邮箱并及时删除已经下载的邮件，删除尚未阅读但确信不要的邮件，以节省时间和邮箱空间。

（7）注意清除浏览器的历史记录和缓存。当在公用的计算机上进行电子邮件操作后，应该清除浏览器的历史记录和缓存，以防别有用心的人查看这些信息。

二、即时通信沟通

即时通信（Instant Messaging，IM）是透过即时通信功能，可以知道你的亲友是否正在线上，及与他们即时通信。即时通信比传送电子邮件所需时间更短，而且比拨电话更方便，无疑是网络年代最方便的通信方式。即时通信是一个终端服务，允许两人或多人使用网路即时的传递文字讯息、档案、语音与视频交流。

目前中国最流行的有 QQ、MSN、POPO、UC、LAVA－LAVA 等，而国外主要使用 ICQ、MSN 等。文秘人员要学会运用即时通信工具，使工作更方便、更快捷、更有效。即时通信不仅能即时找到要沟通的对象，而且能使声、文、图、视等多种媒体所表达的信息是同步和一致的，避免由于协同工作中沟通不顺畅而出现重大失误，这也是普通的电话无法比拟的。即时通信软件不仅仅用于娱乐和聊天，它还有卓越的商务通信功能，运用这些即时通信工具，可以大大提高沟通效率，增加竞争优势。作为文秘人员，要及时联络各部门协调各项事务，即时通信的运用就显得尤为重要。

下面介绍几种常用的即时通信沟通方式，文秘人员可以根据自己工作的需要选择适合的方式。

1. 利用 QQ 沟通

腾讯 QQ 是由深圳市腾讯计算机系统有限公司开发的一款基于 Internet 的即时通信软件，我们可以使用 QQ 和好友进行交流，信息和自定义图片或相片即时发送和接收，语音视频面对面聊天，功能非常全面。此外 QQ 还具有与手机聊天、BP 机网上寻呼、聊天室、点对点断点续传传输文件、共享文件、QQ 邮箱、楚游、网络收藏夹、发送贺卡等功能。QQ 不仅仅是简单的即时通信软件，它与全国多家寻呼台、移动通信公司合作，实现传统的无线寻呼网、GSM 移动电话的短消息互联，是国内使用人数最多、最为流行、功能最强的即时通信软件。腾讯 QQ 支持在线聊天、即时传送视频、语音和文件等多种多样的功能。同时，QQ 还可以与移动通信终端、IP 电话网、无线寻呼等多种通信方式相连，使 QQ 不仅仅是单纯意义的网络虚拟呼机，而是一种方便、实用、超高效的即时通信工具。QQ 可能是现在在中国被使用次数最多的通信工具。随着时间的推移，根据 QQ 所开发的附加产品越来越多，如：QQ 宠物、QQ 音乐、QQ 空间等，受到 QQ 用户的青睐。为使 QQ 更加深入生活，腾讯公司开发了移动 QQ 和 QQ 等级制度。只要申请移动 QQ，用户即可在自己的手机上享受 QQ 聊天。移动 QQ2007 还实现了手机的单向视频聊天。不过对手机的要求很高。

文秘人员可充分利用腾讯 QQ 带来的沟通便利，方便、实用、高效地和其他工作人员以及客户联系。如果要申请 QQ 号，可从腾讯 QQ 官网：http：//im. qq. com 的网页申请，方法是：打开 http：//freeqqm. qq. com/进行网页中请账号，填写必要的资料即可获取。文秘人员还可以申请 QQ 群（QQ 达到不同的级别，创建的群数不同），以方便在一定范围的团体内沟通。方法是：进入 QQ 客户端上选择"创建一个群"，系统会为您链接到群空间网站创建。然后选择需要创建的群类型，根据页面提示操作即可。

2. 利用 MSN 沟通

MSN 全称 Microsoft Service Network（微软网络服务），是微软公司推出的即时消息软件，可以与亲人、朋友、工作伙伴进行文字聊天，语音对话、视频会议等即时交流，还可以通过此软件来查看联系人是否联机。微软 NSN 移动互联网服务提供包括手机 MSN（即时通信 Messenger）、必应移动搜索、手机 SNS（全球最大 Windows Live 在线社区）、中文资讯、手机娱乐和手机折扣等创新移动服务，满足了用户在移动互联网时代的沟通、社交、出行、娱乐等诸多需求，在国内拥有大量的用户群。

与 QQ 相比，MSN 无法添加陌生人，必须知道对方的 E－mail 地址才能添加对方为好友。因此 MSN 相对隐秘性更强，信息更安全，MSN 成为企业高管和文秘人员必要的聊天软件。国外人员更多的是使用 MSN 作为通信工具。我国一些大公司特别是一些涉外公司，为确保工作的严谨和保密，甚至指允许用 MSN，而不允许员工用 QQ 进行业务沟通。

MSN 的官网：http：//www. msnshell. cn。如果您已经拥有 llotmail 或 MSN 的电子邮件账户就可以直接打开 MSN，点击"登录"按钮，输入您的电子邮件地址和密码进行登录了。如果没有这类账户，可到 http：//www. hotmail. com/申请一个 Hotmail 电子邮件账户。

3. 利用飞信沟通

飞信是中国移动的综合通信服务，即融合语音（IVR）、GPRS、短信等多种通信方式，覆盖三种不同形态（完全实时的语音服务、准实时的文字和小数据量通信服务、非实时的通信服务）的客户通信需求，实现互联网和移动网间的无缝通信服务。

飞信除具备聊天软件的基本功能外，飞信可以通过 PC、手机、WAP 等多种终端登录，实现 PC 和手机间的无缝即时互通，保证用户能够实现永不离线的状态；同时，飞信所提供的好友手机短信免费发、语音群聊超低资费、手机电脑文件互传等更多强大功能，令用户在使用过程中产生更加完美的产品体验；飞信能够满足用户以匿名形式进行文字和语音的沟通需求，在真正意义上为使用者创造了一个不受约束、不受限制、安全沟通和交流的通信平台。飞信不但可以免费从 PC 给手机发短信，而且不受任何限制，能够随时随地与好友开始语聊，并享受超低语聊资费。飞信实现无缝链接的多端信息接收，MP3、图片和普通 OFFICE 文件都能随时随地任意传输，让您随时随地都可与好友保持畅快有效的沟通，工作效率高，快乐齐分享！飞信还具备防骚扰功能，只有对方被您授权为好友时，才能与您进行通话和短信，安全又方便。中国移动致力于通过飞信为用户重新诠释多彩动感的移动生活，也将继续以雄厚的技术力量和资金实力打造飞信产品，不断研发新特性、增强新功能，最终为广大用户提供更完善更人性化的服务。

4. 利用百度 Hi 沟通

百度 Hi 是百度公司推出的一款集文字消息、音视频通话、文件传输等功能的即时通信软件，您可以通过它方便找到志同道合的朋友，并随时与好友联络感情。主要有百度好友、兴趣搜人、兴趣群组、百度空间、密友排行、邮箱登录、皮肤换色等功能模块。

百度 Hi 将是打通和整合百度社区产品的通行证。用户能从百度空间页面上添加好友到百度 Hi；在贴吧、空间、知道等页面上向百度好友发起的即时通话；贴吧的吧主可建立属于该贴吧的百度 IM 群；用户可在群里向贴吧"图片库"上传图片；与百度音乐掌门人结合，可在好友列表里实时显示出好友发布的专辑；建立基于 IM 的社区聊天室。百度对 IM 产品的定位也正是为满足其社区用户需求。百度官方网站上已经登载招聘即时通信相关人才的信息，包括即时通信客户端软件研发工程师、即时通信软件产品经理，随后所招聘的职位又悄悄增加。据称，百度推出 IM 主要是希望把百度贴吧、百度空间、百度知道和百度百科等产品通过即时通信整合起来。此外，百度在未来即将推出的 C2C 业务，也需要 IM 软件供买家和卖家沟通和交易使用。

5. 利用阿里旺旺沟通

如果是商务文秘人员，可以考虑利用它来进行沟通。可在官方网站 http：//www. taobao. com/wangwang/indcx. php 直接申请账号。

阿里旺旺是将原先的淘宝旺旺与阿里巴巴贸易通整合在一起的新品牌。是淘宝网和阿里巴巴为商人度身定做的免费网上商务沟通软件。它能帮助我们轻松找客户，发布、管理商业信息；及时把握商机，随时洽谈做生意。如果公司有在网上进行的商业业务，其办公人员要学会使用阿里旺旺来发布本公司消息和与相关合作商家取得联系。目前在中国的使用人数已超过 MSN。阿里旺旺具有以下几大特色功能：①随时联系客户，每一条信息都标记着您的在线状态，让商人、客户随时与您联系；②海量商机搜索，不登录网站，快速搜索阿里巴巴大市场 600 万商机；③巧发商机，一次性批量发布、重发信息；④分类管理信息，商机，一触即发；⑤多方商务洽谈，最多同时在线 30 人的商务洽谈室；⑥免费商务服务，可以订阅商机快递、行业资讯；⑦随时把握天气、证券；⑧提供在线翻译、商旅助理。

三、博客/微博沟通

全国首个拥有百万"粉丝"的省部级官员蔡奇，堪称"微博达人"，创造了微博"蔡氏风格"，自开通微博以来，内容几乎每天更新，且日均广播数近 12 条，大半年来已发布广播 2500 多条。蔡奇以谦和、真诚的姿态走进网民中间，不仅对日常组织工作的相关问题进行答疑解惑，更推出

"周末夜话"等栏目与网民进行深度沟通。与此同时，作为官员微博探路人，不是总结官员微博"秘籍"，坦露微博心路。在他的带领下浙江省委组织系统的干部，90%拥有个人微博，全省有3000多个干部拥有微博，形成了微博上的"浙江军团"。在"7·23"动车事故中，浙江政务微博集体发力，以及时、坦诚、公开的发声，在网上弥漫的一片质疑不满之中，赢得难能可贵的理解与好评。

博客，又译为网络日志。许多博客专注在特定的课题上提供评论或新闻，其他则被作为比较个人的日记。一个典型的博客能够让读者以互动的方式留下意见。博客已经成为政府、企业的重要沟通平台或网络营销工具。

继博客之后，微博成为社会化媒体推进过程中的一股新浪潮。微博，即微博客的简称，是一个基于用户关系的信息分享、传播以及获取平台，用户可以通过WEB、WAP以及各种客户端组件个人社区，以140字左右的文字更新信息，并实现即时分享。最早的也是最著名的微博是美国的 twitter，根据相关公开数据，截至2010年1月，该产品在全球已拥有7500万注册用户。在我国，微博主要有三大门户：新浪微博、搜狐微博和腾讯微博。2009年8月中国最大的门户网站新浪网推出"新浪微博"内测版，成为门户网站中第一家提供微博服务的网站，微博正式进入中文上网主流人群视野。微博的内容既可以是一句话，也可以是一幅图片，它不要求具有高度的文学规范，也不要求具有长篇大论的篇幅规范。

企业界用微博进行营销；明星用微博宣传作品、澄清传闻；一般老百姓也能用微博实现与外界的沟通，特别是汶川地震、"7·23"动车事故等其他通信工具不能发挥作用的情况下，微博发挥了重要的作用，第一时间传递了重要的消息。如今，微博风暴已经席卷中国。甚至有人说这年头不戴个"围脖"，都不好意思跟人打招呼。微博是信息传播的迅捷平台，它能产生"核裂变"效应，使信息高速而广泛地传播，每个人都能发挥过去只有媒体才能发挥的作用。微博是个人自由表达的媒介，一个人表达出来，很多人都有共鸣就会关注、评论、转发，所以微博是大众舆论的集中表达，这种大众舆论在社会中会起到越来越重要的作用。微博使网络民意走进现实生活。发表和转发微博，是言论，也是一种行动。微博还是公民新闻的聚集地，有了微博，任何地方的新闻都变成全国的新闻；是公共话语的策源地，有了微博，中国破天荒地形成跨越地域和阶层的全国性的公共领域；是公民行动的产生地，有了微博，公民得以团结起来，共同工作，或是发起某种公共行动。

目前，政府机构和官员也逐渐开始利用微博的平台，与民沟通、发布信息、倾听民声、了解民情。目前公安机关在新浪网、腾讯网开设的政务微博有四千多个，经过认证的民警个人工作微博大概有五千多个，拥有粉丝数千万，据了解，全国公安微博现在已经形成了这三种不同的模式。比如以地市级公安政务微博为主，并整合微博群的广东模式，还有像省级公安政务微博建设为主的北京模式以及以基层派出所和公安民警个人工作为主的厦门模式，各具特色。据新浪网的统计，粉丝数排在前20位的政府部门的微博当中，公安政务微博，公安微博就有15个，可以说公安微博受到了广大群众的关注，粉丝数也在不断提高。目前公安部开通了打四黑除四害（微博）、中国维和警察（微博）和全国打黑办（微博），这些官方微博粉丝数也在不断攀升，这样的现状可以说让人十分的欣喜。政府机构和官员开通微博，是民主政治信息化表达的一种创新，它拉近了政府机构和官员与群众之间的距离，也多样化了官民沟通的方式，有了微博这个平等而迅捷的平台，社会大众可以更加通畅、方便地反映问题，更大程度地参政议政。

文秘人员创建、管理微博可以更好地与同事和外界沟通，快速地了解社会中发生的大事，收集到更多的资料，提供更多的信息给领导参考。文秘人员应掌握创建微博的方法。

在中国开通微博的步骤大抵相似，以注册腾讯微博为例（其他门户的微博创建方法相似，都要根据其网站上的提示一步步填写相关资料等），其步骤为：

· 点击新QQ主面板上方的微博图标进入腾讯微博 http：//t. qq. com/。

· 单击窗口右方的"快速开通"按钮。

· 在信息栏中填写微博账号在文本框中输入账号。账号要以字母开头；6～20个字母、数字、下画线或减号；不与其他用户重复，开通后不能修改。

· 按要求输入姓名。使用真实姓名能方便你的朋友找到你；1～12个中文、字母、数字、下画线或减号。

· 单击"立即开通"按钮。

· 选中你的QQ好友，加入微博。

· 单击"完成"按钮。

· 单击QQ窗口上方的"腾讯微博"按钮，即可打开微博编辑窗口。在腾讯微博上方的文本框架中输入需要编辑的文字，输好后单击"广播"按钮即可发送微博。

· 单击窗口上方的"设置"按钮，即可对你的个人信息进行设置和修改。

· 单击"换肤"按钮，选择一种皮肤效果，单击"保存"按钮，即可更换微博主页界面。

· 单击窗口右上角"上传头像"即可切换到更换头像窗口。单击"修改头像"按钮，即可添加、修改或更换头像图片。

当然，文秘人员更重要的是要对微博进行管理。管理微博也要学会及时处理负面的、不实的微博消息。例如，网络曾传"歼10B战机坠毁""军车进京、北京出事"等，竟然却是编造出来的。文秘人员要主动及时地与有关部门沟通，尤其要注意官方微博的动态，做到不轻信谣言，不传播不实消息。文秘人员只有管理好微博，才能真正享受微博带来的便利。

☞ 阅读与讨论

阅读下列文章，结合实践谈谈操作网络传真机与操作传统传真机所需技能的异同。

网络传真机

网络传真机指的就是网络传真，也称电子传真，网上传真机，英文称作efax。

网络传真是基于PSTN（电话交换网）和互联网络的传真存储转发，也称电子传真。它整合了电话网、智能网和互联网技术。原理是通过互联网将文件传送到传真服务器上，由服务器转换成传真机接收的通用图形格式后，再通过PSTN发送到全球各地的普通传真机上。

网络传真是指通过互联网发送和接收传真，不需要传统传真机的一种新型传真方式。通过网络传真，用户可以像收发电子邮件一样接收和发送传真，具有方便、绿色环保、易管理等优点。

1. 网络传真机的类型

（1）传统传真机：需有电信的PSTN线路，并需采购传真机或者moden（必须有电脑），通过电信的PSTN线路来收发传真；

（2）网上传真软件：是微软自带的一种传真软件，可通过电脑自带的程序把电话线接在电脑后的RJ15接口即可使用；

（3）网络传真：无须采购硬件及软件，无须纸张耗材浪费，只需在有互联网的地方登录网址，即可收发传真；

（4）纯硬件传真机：有别于软件传真机，只要有电话线就可以发传真，所有客户端不用上网一样可以发传真，也不用电脑做传真服务器，设备独立运行，目前市场上只有myfax与cofax实现了上述功能；

（5）软件+硬件的网络传真：由软件+硬件（Fax Modea或传真卡）组成的传真服务器，使用企业原有的电话线路，不需要上网，实现所有员工在自己电脑上共享传真服务器收发传真。接收到的传真将通过传真服务器根据预设定的方式或流程自动分发到指定员工的电脑上，所有可打印的文件提交到传真服务器上自动排队发送。传真全面备份，可方便地分类管理、查询统计，还可进行传真内部审批流程、严谨的电子签章管理、异地远程传真收发、集团分支机构间的免费传真等，实现了传真的全程无纸化处理。国内典型产品代表：East Fax。

2. 网络传真机的优点

(1) 方便：突破空间限制，只要能上网，随时随地收发传真，无须传真机就可收发传真不再为浪费纸张而烦恼，无论何时何地，只要能上网，或能使用 E-mail 即可发传真到全世界各地；

(2) 省钱：无需传真机，节省纸张、墨粉等耗材；降低设备维护费用；资费一般也比传统传真便宜；

(3) 易管理：轻松实现传真群发、定时发送等功；防止垃圾邮件；传真由于是电子文档，容易查询管理保存；

(4) 传真日志和传真计费可有效控制传真费用；

(5) 私密性：传真发送简便快捷、地址不可隐藏、内容不可篡改，传输过程中不被截取；

(6) 设备简单：只需要一台可上网的计算机，就能实现文件传真、文件加密存储、远程商务谈判、网上协同办公等业务；

(7) 操作简单：目前最新产品为纯硬件网络传真机，具备以上所有功能，而且不需要上网每台电脑也可以收发传真，局域网内独立运行，产品本身就是一个传真服务器，能存储 4000～8000 份传真，属于一次投入，终身使用，不用电脑做服务器。

3. 网络传真机功能

(1) 发送传真：网络传真采用三种常用方式发送传真，Client、WEB Client、Email (POP3/SMTP)，同时通过与企业不同业务系统 (OA、ERP、CRM 等) 的集成，实现通过企业业务系统发送传真。发送传真具有以下功能：定时发送传真、传真群发、传真失败自动重发、自动生成传真页眉页脚并发送、智能排队调度、个性化语音提示、 [TTS] (文本转语音) 语音提示、支持多种文档格式：Office、PDF、图形、文本、IITML、电子签章。

(2) 接收传真：网络传真可将接收到的传真自动分发到收件箱和 E-mail 信箱。传真接收人可以通过网络传真 Client，WEBClient，E-mail 接收和查看传真；浏览传真文件、查看及转发传真、打印接收到的传真，接收传真短信提醒。

(3) 拓展功能：来电显示、多线支持、智能提示、格式转换、传真队列、定时发送、失败重发、内部转发、到达提醒、用户管理、状态监控、传真日志、电话簿管理、自动 IP 拨号、页眉与封顶、三重防雷。

4. 网络传真机支持协议

支持基于 T.30 传真标准的 G3 传真，包括纠错（ECM）和压缩标准（MH；MR；MMR），确保快速、可靠的传真传输，速度可达 33,600 bps（V,34）。如：V.8、V.17、V.21、V.27、V.29、V.34 调制、T.30、T.37、T.38 协议、ECM（Error Correction Mode）错误纠正模式、G3（Group 3）G4,Super G3 模式、MII、MR、MMR 传真压缩、标准、精细、超精细与完全精细分辨率、页面格式为 ISO A4、B5。

5. 传真的发展史

传真通信是利用扫描和光电变换技术，从发端将文字、图像、照片等静态图像通过有线或无线信道传送到收端，并在收端以记录的形式重显原静止的图像的通信方式。

1843 年，美国物理学家亚历山大·贝恩根据钟摆原理发明了传真。1850 年美国的弗·贝克韦尔开始采用"滚筒和丝杆"装置代替了亚历山大·贝恩的钟摆方式，使传真技术前进了一步。1865 年，伊朗人阿巴卡捷里根据贝恩和贝克韦尔提出的原理，制造出实用的传真机，并在法国的巴黎、里昂和马赛等城市之间进行了传真通信实验。可见从发明至今，传真已经有超过 150 年的历史，但它被推广、普及则是近几十年的事。在这之前，它的发展非常缓慢，这主要是受到使用条件及其本身技术落后等原因的限制。自 20 世纪 70 年代开始，世界各国相继在公用电话交换网上开放传真业务，传真才得到广泛的发展。特别是进入 80 年代，随着传真机标准化的进程和技术的成熟，它成了发展最快的一种非话业务。概括起来传真从产生到发展经历了以下三个阶段：

（1）基础阶段（1843—1972 年）。这一阶段的传真机基本上采用机械式扫描方式，并大部分使用滚筒式扫描。传真机的电路部分是采用模拟技术，分立元件。在传输方面则是采用调幅、调频等低效率的调制技术，且基本上利用专用的有线电路进行低速传输。这时传真的应用范围也很窄，主要用于新闻、气象广播等。

（2）发展普及阶段（1972—1980 年）。自 1969 年，特别是 1972 年以后，由于世界各国相继允许在公用电话交换网上开放传真业务，比 ITT 关于传真标准化工作的进展以及传真技术本身的发展，使传真进入了一个新的历史发展时期。这一时期的传真技术从模拟发展到了数字，机械式扫描出固体化电子扫描取代，低速传输向高速传输发展。以文件传真三类机为代表，它的出现和推广应用改变了人们对传真机的传统看法，加快了传真通信的发展。此外，传真的应用范围也得到了扩大，除用于传送文件、新闻照片、气象图以外，在医疗、印刷、图书管理、情报咨询、金融数据、电子邮政等方面也开始得到应用。

（3）多功能化阶段（1980 年以后）。这一阶段的传真机不仅作为通信设备获得了广泛应用，还在办公室自动化系统和电子邮政等方面担任了重要角色，它将向着综合处理的终端过渡。现在，已开始和微型计算机相结合，利用计算机技术来增加传真在信息收集、存储、处理、交换等方面的功能，逐步纳入到综合业务数字网（ISDN）中去。

（来源：http：//baike. baidu. com）

第五章　文秘人员体态语言沟通艺术

体态语言不仅富有表现力，而且能更为真实地反映一个人的内心世界。文秘人员不仅要掌握有声口头语言的艺术和书面语言的艺术，还要掌握体态语言的沟通艺术。本章主要介绍文秘人员首语、表情语、手势语、姿势语、界域语、服饰语的特点及运用艺术。

第一节　文秘人员体态语言沟通概述

体态语言在沟通中具有重要的意义。文秘人员要充分利用体态语言来传情达意，要学会识读沟通对象的体态语言，以更好地提高沟通效果，同时，还要利用优雅的体态语言来展示自身和组织的形象。

一、体态语言的含义和特征

英国社会心理学家艾伯特·梅拉比认为，信息的全部表达 = 55% 体语 + 38% 声音 + 7% 言语，这说明了体态语在沟通中的作用。

1. 体态语言的含义

体态语言，顾名思义，它是指人的动作、表情等所传递信息的一种无声语言。体态语即简称体语，有时也称态势语，体姿语，身势语，动作语，等等。说法不一，但都指相对自然语言的口头语言书面文字语言而言的第三种语言。长期以来，我们对体态语言重视不够，其实，人类社会一半以上的信息是通过体态语而传递的。

2. 体态语言的特征

体态语言的特征有：

第一，习惯性。人类的体态语言是怎么形成的呢？一小部分是先天的、遗传的。孩子一生下来就会哭、会笑、会扬起眉毛。人在高兴的时候，嘴角上翘，不满时，嘴角下耷、前额皱起等，这是人类本能的共同的体态语言，并不是通过学习和模仿才学会的。而且，有些体态的样式和含义，世界各民族的人是一致的，如吃、喝、笑、哭、抽烟等，某些指示性或象征性的动作，可能在不同的民族和地区有所不同，但其表达的意思大体一致。可见，有很多的体态语言是先天的，不约而同的。但也有很多体态语是在人的成长和交际过程中形成的习惯。特别是一个人在生活和工作中容易形成某种习惯，而有的是不良的姿态，需要我们克服、如探脖、斜肩、挺腹、松髋、撅臀及站立行走时一些不美的习惯，这些不美的动作会影响我们的健康和形象。既然体态语言具有习惯性，我们平时在生活、工作中要一点一滴培养美的姿态，养成良好的习惯。

第二，富有表现力。体态语言学大师伯德惠·斯戴尔的研究成果也表明，在两个人之间的沟通中，大部分的信息是通过体态语言来表达的，体态的信息附带量远大于有声语言，且常常比有声语言更真实。不仅如此，体态语言还富有表现力，这种表现力是有声语言难以企及的。例如哑剧表演、模特表演，就有"此时无声胜有声"的效果。人们在许多场合，常常"不知说什么好"，便会借助体态发出动作。如手舞足蹈，坐立不安，手足无措，张目扬眉，拂袖而去，等等。当一个人说"我太高兴了"，倒不如手舞足蹈，笑得合不拢嘴表现得更真切，一个人说"我太悲伤了"，不如"眼泪像断了线的珍珠往下流"更可信。许多文学作品正是借助体态语来刻画人物的内心世界和典型形象的。朱自清的《荷塘月色》写道："路上只有我一个人，背着手踱着"，简单的几个字写出了作者在美丽的月色下那副悠然自得的神态；徐志摩的《沙扬娜拉》中：那一低头的温柔/像一朵水莲花不胜凉风的娇羞/道一声珍重道一声珍重/那一声珍重里有甜蜜的忧愁。写出日本女子送别客人时双手搭膝、低头弯腰说再见时的那种温柔、文雅的神态和风韵，平添了无限的魅力，使人久久难以忘怀。

第三，真实性。达·芬奇说："从仪态知觉人的内心世界，把握人的本来面目，往往具有相当的准确性和可靠性。"著名心理学家弗洛伊德也认为，要了解说话人的深刻心理，即无意识领域，光凭语言是不可靠的，因为语言传达的意识大多属于理性的层面，加工后的语言不能率直地表露一个人的真正意向，而动作比理性更能表现人的情感和欲望。他说，凡人皆无法隐瞒私情，尽管他的嘴可以保持缄默，但他的手脚却会多嘴多舌。正是体态语言不容易像有声语言那样"随心所欲"，因而也能更好地表达内心世界。影片《列宁在一九一八》中，克里姆林宫的卫队长马特维耶夫打入敌人营垒，由于伪装巧妙，没有露出破绽，但有一次，当他突然听到敌人要刺杀列宁时，他却在敌人面前不由自主地站了起来，引起敌人的怀疑和追杀。

第四，含糊性和多意性。体态语言表明达意往往不够明确，需要把具体的体态信息放到整个行为模式中考察，即同一个体态有不同的含义，同一意义可以由不同的体态来表述。如一个人做出双肩一耸，双手摊开的姿态，这是什么意思呢？可能是漠不关心，也可能是无可奈何或无所谓，也可能他表示对某个问题疑惑不解……总之有点"含糊其辞"具有多意性。在体态语言中任何一种姿态和动作，不论其在身体的什么部位，都能传示某种信息，表露某种意味，大都没有一个准确而固定的含义，这一点与有声语言不同，也是它无法取代有声语言的原因之一。

二、文秘人员体态语言沟通的意义

在一般的人际沟通中，体态语言的意义不可小觑。而文秘人员就更要利用好体态语言，不仅要准确地利用体态语言传情达意、塑造形象，而且要准确识读沟通对象的体态语，以提高沟通效果。

1. 更好地传情达意

体态语是一个人内在思维与情志在外部身体的显现，它通过眼神、面部肌肉运动、手势、身姿等将有声语言形象化、情感化、生动化、达到"先"声夺人，耐人寻味的效果，并且它往往比一个人的档案、名片、介绍信、文凭等的作用更直接、更有效。

> 亚运会拳击赛上，当各路拳击选手在台上大战时，他们的教练也在台下表演出许多有趣的姿态。日本教练坐立不安，双拳挥舞的比台上的队员还要快，恨不得自己也跳上台上去决战。韩国教练总是双手抱胸而坐，偶尔摆摆手，向队员提示一下拳法和站位，颇有大将风度。老挝教练在队员获胜时，竟然张开双臂像飞一样跳上台去与队员拥抱，退场时，他也把毛巾在头上抢得像风车一样转，显得童心十足。

几位教练"坐立不安""抱胸而坐""跳上台去"的姿势，不用口说，就把那焦急、自信、兴奋等情感表露的一清二楚。

文秘工作中，文秘人员恰当地运用体态语言，能更好地传情达意，充分弥补有声语言的乏力和不足，起到有声语言达不到的效果。体态语还是交流思想感情的补充手段，是增加说话的跃动感，活跃气氛的有效方法。事实上，有声语言多数情况下只有体态语言的配合，才能准确地传递信息。有个成语"绘声绘色"，指的就是口头语言加上表情语言、体态语言，能起到更好的传情达意的效果。

> 1942 年毛泽东在延安鲁艺作报告，教育知识分子不要对工农摆架子，"洋包子"不要瞧不起"土包子"，举了柳宗元《黔之驴》的例子。他一

边讲，一边装作老虎观察和侦察驴驹子的样子，走向旁边正在做记录的人，引得全场听众笑起来，他讲的道理也深刻地印在听众的脑海中。

（来源：中国高教秘书学会．北京智汇文化交流中心．全国学校办公室主任、秘书干部继续教育培训班资料汇编，2000.6）

2. 识读对方体态语言，提高沟通的效果

人的经历越复杂、经验越丰富，对体态语言了解越多，其体态语言也就越含蓄微妙，有时可能善于掩饰、伪装。诚然，与人相处，要判读对方的体态语言。体态上的掩饰伪装往往很难，更不可能不露痕迹、天衣无缝，因为当人的内心有某种打算思想时，其思维活动会支配身体的各个部位发出细微的信号，这是人们不能完全控制，也是难以充分意识到的，或者有意识控制的部分体态与难以控制的部分体态之间，会出现矛盾、差别或不协调、不自然。正因为此，我们不仅要看手势，还可以通过观察脸色的变化、肌肉的紧张与否、眼神是否自然、动作是否协调来整体把握对方真实的内心。

克林顿的一次公开表态几乎可以当作识读说谎者的完美教材。他神情不安地左顾右盼，逃避镜头，然后说："听着，我可能只说一次。"（这对我来说实在太痛苦，我不愿意多说。）"我与这个女人（莱温斯基），没有性关系。"在眼神游离的同时，克林顿的手非常不安，他用一根手指对自己的话语进行强调，指向前方和上方，这是一个典型的撒谎者常用手势，虽然出现该手势未必一定证明此人在撒谎。一只手指点着强调自己的观点，往往就是说明该人试图进行与起誓类似的活动，也就是说，掩盖自己在撒谎。

（来源：搜狐网）

文秘人员正确识读对方的体态语言十分必要。只有正确读懂对方的体态语言，才能真正明白对方的意图，防止工作偏差，提高沟通效果能力。例如，从领导口中说出来的话并不一定是他希望传递的全部信息。多观察领导的体态语言，对掌握其内心的真实想法会大有帮助。下列情形，你是否能正确识读？汇报工作或提建议的你；仍在说话，但领导看了一下手表或随手翻动桌上文件，或干脆背对着你了；领导一边跟你说话，一边快步向前走。第一种情形表示你汇报的事情太冗长或对你的汇报不感兴趣，此时的你应该暂时停止谈话；第二种情形表示领导着急有事，并相信你能将这件事做好。再如，文秘人员在与同事相处时要注意同事的体态语言。当你和同事交谈时，同事对你的谈话紧锁眉头或东张西望，表示他可能对你的谈话不感兴趣或有事要离开；在交代同事任务时，要看同事的表情变化，如果同事眼睛有神、表情柔和、点头肯定，表示接受任务；相反同事对交代的工作没有表现出积极的面部表情或动作，表示他对工作的不满意或完成有困难。

3. 体现美感，塑造形象

> 2010 年 11 月 12 日晚，在万众瞩目的亚运会开幕式上，礼仪志愿者吴怡用甜美动人的微笑征服了亿万观众。网民给她取了个好听的名字"微笑姐"。世界各地的人们记住了这张生动的笑脸，有人甚至用"东方美的代表"这样的溢美之词来称赞她。
>
> 来源：http://www.nlpeg.com

俄罗斯伟大的作家契诃夫有过一句名言："人的一切都应该是美的，美的仪表、美的服装、美的心灵"。用这句话要求文秘人员是最恰当不过的。当今社会急需大批训练有素的职业文秘人员，文秘人员毫无疑问是职业规范的表率，其言行举止不仅代表着企业形象，同时也对工作环境的人事产生重要的影响。体态语能体现文秘人员自身的优雅、自尊和修养，代表所在组织的整体素养，还能体现对他人的尊重。有调查显示，注重姿势和仪态的文秘人员，可能更忠于职守、严谨效职，也更聪敏、更守信。经常有人说从某单位办公室人员的表现就能感觉得出其所在单位及其领导的品质特征。因此文秘人员要通过体态语言传递美的信号，给人美感，在公众面前树立的美的印象，塑造展示自身的礼仪美的同时，塑造组织形象。例如，文秘人员跟随领导出去谈判时，穿着大方得体、行为规范、谈吐优雅，拥有良好的气质风度、礼仪素养，则对方通过你良好形象也会觉得你所在企业也是一个管理科学、有实力、值得信赖的企业，从而在无形中塑造了企业良好的形象。平时文秘人员也不可避免地要同公司内外各种人接触，其服饰、打扮、行为举止直接关系到公司的形象，因为每个人看到文秘人员的形象就会联想到这个公司的形象。

相反，体态扭捏、举止粗俗、面容呆滞、神态无光、体距错乱就会有损个人形象、组织形象甚至有损国家形象。20 世纪 60 年代，苏联首脑赫鲁晓夫在十五届联合国大会上发言时，各国代表对他的演讲不屑一顾，主要因为赫鲁晓夫随手脱下所穿皮鞋，猛敲讲台，要大家安静听他发言。赫鲁晓夫举止粗鲁，使他个人形象迅速扫地，也长久损害苏联的国际形象。下面列举的不雅体态语言，文秘人员应当引起重视：坐下时东倒西歪，把裤脚卷起；谈话时不停地搓手，打响指；

走路时，屁股扭来扭去，弓腰驼背；过分对着镜子梳头，照来照去，用手拔胡子，挠头皮，用手挖鼻子、剔牙；沾着唾沫数钱，翻书；笑时用手捂嘴，一坐下就把两腿叉开，经常脱掉鞋袜等。

☞ **阅读与讨论**

准确识读身体语言是很困难的，尤其是眼神，丰富而复杂，下文对眨眼的探讨你是否认同？

关于眨眼的学问

一个小小的眨眼的动作，这里面其实包含着很多细微的学问。通常情况下，人们的眼睛每分钟会眨 6~8 次，每次眨眼时眼睛闭合的时间只有 1/10 秒。但是，如果在非正常的情况下，比如，压力较大或是撒谎时，眨眼的频率就很可能有显著的提升。

有的人眨眼的时候，眨眼间隔会不自觉地有所延长。也就是说，每次眨眼时，眼睛闭上的时间远远长于正常情况的 1/10 秒。这种动作属于下意识的行为，是人们的大脑企图阻止眼前的物进入自己的视线，因为他对眼前的一切已经感到了厌倦、无趣或认为自己高人一等。

因此，当你跟他人谈话的时候，对方若流露出这样的神情，很显然是在说：你的话太无趣了，我太不爱听了，你赶紧说完就走人吧！他已经完全没法忍受与你无趣的谈话了，你的话在他听来，没有一点吸引力和用处。所以他每次眨眼时都会闭上两到三秒钟甚至更长的时间，那意思是让你从他的视线中消失。如果他的眼睛一直闭着，那就表示他的头脑中已经完全没有你的存在了。这时你就应该考虑，自己是不是有什么话说错了，或者是不是应该换一种说话方式等。

有时候，一些自命不凡的家伙，也喜欢用延长眨眼的间隔来显示自己高人一等的姿态，有时候还会脑袋后仰给你一个长时间的凝视。这样的人都是些自视甚高的人，他们很傲慢，通常用这种姿势来表达自己藐视别人的态度。但是，当人们认为自己没有受到应有的重视时，也会做出这个动作。

延长眨眼的间隔还是西方文化的肢体语言，特别是英语国家里自认为是上流社会的人们，经常做出这个动作。当你遇到这样的人时，最好首先想想是不是因为自己的言语不够精彩，不够恰如其分，引起了对方的厌烦，如果真是这样，你就需要采取新的策略来激发对方的兴趣。

如果你认为对方这样做仅仅是出于高傲，那么你不妨给予这样的回敬：当对方第三次或者第四次长时间闭着眼睛时，快速地向左边或者右边移动一步。这样，当他再度睁开眼睛时就会产生错觉以为你消失不见了，继而又在旁边突然看到你，这一定会把他吓一激灵。如果跟你谈话的人一边不紧不慢地眨眼，一边渐渐打起了呼噜，那只能说明你们之间的沟通失败了。

如果你是一个女性的话，那么你一定在生活中遇到过这样的情况：你的男同事在走廊里与你擦肩而过的时候，可能会微笑着向你眨眨眼。这样的人一般都是比较自信的人，他们相信自身有魅力，并且愿意向别人展示自己的魅力。

喜欢向别人眨眼的男人，一般都对自己的外在形象比较自信——他们在潜意识中早已把自己当成了帅哥，相信自己的一举一动能打动别人。因此，他们也敢于在他人面前展现自己。即便他们没有姣好的面貌，但由于他们的自信，令他们的举动具有一股强烈的感染力，所以他们的举手投足在别人眼里没有一丝矫揉造作之感，反而看上去十分亲切、可爱。他们还会经常培养自己的魅力，通常很在乎自己的形象，在别人面前总是希望表露出自己最有风度的一面，愿意给人一个绅士形象。一旦别人对他的形象给予肯定或认可时，他通常会喜形于色，更加显得神采飞扬。

喜欢向别人眨眼的人，一般都是性格开朗、前卫的人，他们自信大方、追逐时尚，喜欢自己受到别人的追捧，愿意成为一群人中的焦点。他们还很喜欢模仿，对于电视电影中主人公的一些比较花哨比较前卫的动作和语言，他们都会悄悄地记在心里，在可以用到的时候便会拿出来表演一番。在他们看来，这是增强自身魅力的一条很好的途径。

当然，喜欢向别人眨眼的人最大的缺点，便是他们有些过于注重外表的魅力，认为一个人的魅力大多来自于外表。在这样的思想状况下，他们会很容易忽视内在的修养。实际上，一个人真正的魅力正是由内在散发出来的，而不是单凭外表塑造的，外表体现出的魅力是经不住考验的。

当你的同事从你身边经过时没有向你问好，而是以眨眼代替，你便可推知此人十有八九是个比较注重外在形象、相信自身魅力的人。在与这样的人交往时，你可以以热情洋溢的笑脸去回报他的举动，他会因你的热情回应而变得更加自信。

第二节　文秘人员体态语言的沟通艺术

体态语言是丰富多彩的。文秘人员要掌握首语的运用艺术、表情语言的运用艺术、手势语和姿势语的运用艺术。此外界域语和服饰语也是非常能在沟通中其重要作用的无声语言。

一、首语的运用

冯昭作为总经理秘书并没有外在的优势，但是令人奇怪的是，当她来到亿达物业公司时间不长，就受到领导的青睐。几个先来的秘书心生嫉妒，猜想她是不是和领导之间有什么"猫腻"。但是经过大家仔细调研，终于发现她有个优点是别人都比不上的，那就是说话的方式。每次当领导找她的时候，她总是仔细倾听，大部分时间注意看领导眼睛之下、嘴角之上三角区的位置，尤其在老板给做指示的时候，不知道她是否真正听明白了，在老板说话每次停顿的时候，都点头，说个"是"，甚至在最后把领导的意图重复一遍，谢谢老板对于自己的帮助。就是这个小技巧，让她获得领导的青睐。

首语是通过头部活动所传递的信息。它包括点头、摇头、侧头、昂头、低头等。

点头可以表明这样一些意思：致意、同意、肯定、承认、赞同、感谢、应允、满意、认可、理解、表示顺从。

摇头可以表达这样一些意思：不满、怀疑、反对、否定、拒绝、不同意、不理解、无可奈何等。

歪头（侧头）也有多种义项：思考、天真。如小孩子在听大人谈话或思考一个问题时喜欢歪着头，并配合托着面腮、咬着手指等动作。

昂头表示的义项有：充满信心：胜利在握、踌躇满志、目中无人、骄傲自满。头一直往后仰，还表示陶醉。如鲁迅笔下三味书屋的那位老先生，一边念"铁如意，指挥倜傥"一边"将头仰起，摇着向后面拗过去，拗过去。"

低头表示的义项有：顺从、听话、委屈、无可奈何、另有想法等。

我国有很多成语，既是用法的总结，也是读解的说明。如：点头哈腰、昂首阔步、搔首弄姿、俯首低眉、俯首贴耳、摇头晃脑、探头探脑、缩头缩脑等。

运用首语时要注意：

一是动作要明显，尤其是当它发挥替代功能时，如到底是点头还是摇头，动作要稍大些，让对方看清，正确领会，正确解读；不能似是而非，造成误解。

二是注意配合其他交际语言使用。如点头时配合一个"嗯"，就不至于让人误会。也可以配合其他体态语使用。有些成语就体现了这一特点，如"点头哈腰"、"昂首阔步"，这就是配合了其他体态语。

三是注意民族习惯。首语因不同民族文化和环境的差异而具有不同的形式。

如塞孟人表示同意是将头向前伸，土耳其人表示否定是把头抬起，特别是保加利亚和印度的某些地方，他们用点头表示否定，用摇头表示肯定，与我们恰好相反。同这些民族的人交际时，先要弄清他们的首语用法，以免闹笑话。例如，表示首肯的：巴基斯坦旁遮普和信德人是把头向后一扬，然后再靠近左肩；斯里兰卡人是将下巴低垂，随之将它朝下往左移动等。表示否定的：土耳其人和阿拉伯人一般将头抬起。特别是在保加利亚和印度的某些地方，他们的首语是"点头不算摇头算"，形式恰好同常规相反。一次，前上海作家协会主席吴强同志赴保加利亚访问，在餐馆里，服务员指着菜单上"汤类"的三道菜，吴强同志摇了三次头，结果服务员端来三碗汤，就此闹出笑话来。

二、表情语的运用

> 1952 年，尼克松被美国共和党推选为副总统的候选人。就在投票临近期间，报纸揭发他曾接受若干大商人的贿赂。这个新闻如晴天霹雳，不仅可能葬送尼克松本人的政治前途，而且有损于共和党的形象。为了挽回影响，尼克松发表了电视演说。他十分诚恳地说："我一生中只接受过一次馈赠，就是别人送给我女儿的一只花格子狗。除此之外，我没有接受过任何不义之财。"演讲时，他对观众表现出一片坦诚，眼里还闪着泪花。他的演说感动了千百万选民，同情他的电报便雪片般飞来。
>
> （来源：龙源期刊网，企业文化与管理，2004.）

表情语是指通过人的面部不同的肌肉活动和面部眼睛活动所传递的信息。法国著名语言文学家罗曼·罗兰说："面部表情是多少世纪培养成功的语言，比嘴里讲的更复杂到千百倍的语言。"

> 美国心理学家埃克曼在 1973 年做了一个实验，他在美国、巴西、智利、阿根廷、日本五个国家选择被试者，他拿一些分别表现喜悦、厌恶、惊异、悲惨、愤怒、惧怕六种情绪的照片让这五国的被试者辨认。结果，绝大多数被试者"认同"趋于一致，在这方面，各民族大同小异。
>
> （来源：中国校媒网）

为此，面部表情被人们视为一种"世界语"，尤见其重要了。交际中面部表情主要是通过目光语和微笑语来传递信息的。

1. 目光语

目光语是运用眼神、目光来传递信息、表达情感的语言。一般说来，明澈、坦荡、执著的目光，是为人正直、心胸宽阔、奋发向上的表现；目光麻木呆滞，眼睛暗淡无神，是不求上进、无能为力、自毁自堕的表现；目光漂浮游移，眼神狡黠诡诈，是为人轻浮浅薄或不诚实的表现。"暗送秋波"、"眉开眼笑"、"怒目而视"、"瞠目结舌"等成语都是通过目光语来反映人的喜、怒、哀、乐等情感的。

目光从表面上看，是一个人的注视方向，其实，目光是"心灵的窗口"。目光接触也就是灵魂的接触。美国鲁道夫·阿恩海姆说："许多古代的思想家就已经把视觉过程中的物理活动描述为一种积极的活动了。举例说，柏拉图在《蒂迈欧》一文中就说过，当那种使人的身体保持温暖的柔和的火焰变为一种均匀而又细密的光流从眼睛里流出来的时候，就在观看者和被观看的事物之间形成了一座可触知的桥梁，从外部物体发出的光线刺激便顺着这条桥梁到达人的眼睛，最后又从眼睛到达心灵"。所以，目光语是人深层心理情感的一种自然表现，如喜、怒、哀、乐等都会从目光的微妙变化中反映出来。在日常生活中，我们时常看到：敢于与别人注目相视而目光不畏缩的人，往往是自信心强的人。反之，不敢与别人目光接触，眼睛只是紧张地转来转去，这种人常常缺乏自信。

目光语主要由视线接触的长度、视线接触的向度以及瞳孔的变化三个方面组成。视线接触的长度，也即说话时视线接触的停留时间。一般认为，与人交谈时，视线接触对方脸部的时间应占全部谈话时间的30%～60%；超过这一平均值者，可认为对谈话者本人比谈话内容更感兴趣；低于此平均值者，则表示对谈话内容和谈话者本人都不怎么感兴趣。视线接触的长度，除关系十分亲近的人以外，一般连续注视对方的时间是在1～2秒钟，以免引起对方的反感。而美国人习惯在交往中视线接触只用1秒钟。除中东一些地区以相互凝视为正常的交往方式外，在许多文化背景中，长时间的凝视、直视或上下打量，都是失礼行为，被认为是"对私人占有空间或势力圈的侵犯"，往往使对方把目光转移，以示退让，造成心理上不舒坦，从而影响交际效果。视线接触的向度，即说话时视线接触的方向。说话人的视线往下接触的（即"俯视"），一般表示"爱护、宽容"的语义；视线平行接触的（即"正视"），一般多为"理性、平等"的语义；视线朝上接触的（即"仰视"），一般体现"尊敬、期待"的语义。瞳孔的变化，即视觉接触时瞳孔的放大或缩小。瞳孔的变化是非意志所能控制的。表示"高兴、喜欢、肯定"时，瞳孔必然放大，眼睛很有神，传达的是正面信息为主；表示"痛苦、厌恶、否定"时，瞳孔就会缩小，眼睛必然无光，传达的多为负面信息。所谓"脉脉含情"、"怒目而视"等都与瞳孔的变化有关。

文秘人员沟通中，"相互尊重"常常是由这样的目光语表达：正视，让人感到你是自信、坦率的。视线停留在对方的双眼与嘴部之间的区域，以示态度的真诚。另外，要根据不同的语境，灵活使用目光语。如演讲时，不时地用眼光与不同角度的听众进行沟通；与公众交谈时，对等候交谈的人多看几眼，让他们感到自己并未被忽视；在来宾众多的招待会上，既顾此亦顾彼，用眼神向那些没来得及亲自打招呼的客人示意，消除他们的冷落感，力求造成一种和谐的集体氛围；在空间较大的社交场合中，相互对视，可以弥补交往距离过远的不足，使气氛更加融洽和亲切。在多数场合，目光语所传达的整体信息应是："友好，理解"。那种眼神闪烁不定或故意回避对方的视线接触，都会形成一种交际障碍，应该摒弃。

同时，文秘人员还要克服一些不雅的目光语：不要盯住对方的某一部位"用力"地看，这是愤怒的最直接表示，有时也暗含挑衅之意；不要浑身上下反复地打量别人，尤其是对陌生人，或者是对异性，这种眼神很容易被理解为有意寻衅闹事；不要窥视别人，这是心中有鬼的表现；不要用眼角瞥人，这是一种公认的鄙视他人的目光；不要频繁地眨眼看人，这样显得心神不定，挤眉弄眼，失之于稳重，显得轻浮；不要左顾右盼，东张西望，目光游离不定，否则会让对方觉得用心不专。

2. 微笑语

微笑语是通过不出声的笑所传递的信息。微笑是由躯体神经系统支配的面部肌肉运动实现的。所以，微笑语是作为基本的表情语言，在人类各种文化中是基本相同的，它是少数能超越文化的传播媒介之一。在世界各民族大家庭中，中国是一个礼仪之邦，也是一个重感情的民族。微笑是一种富蕴真、善、美的语言，在微笑中，心灵得到了沟通，人格得到了升华，人情得到了融和。微笑，表明了理解，体现了宽容，传递了友谊，代表了赞美、祝愿……在文秘工作中，最大的缺憾，莫过于缺少微笑。成功的沟通，即在于以微笑体现对他人的真诚、信任和关怀，然而，不少人却不苟言笑，笑口难开。

在文秘工作中，为了表示对交往对象的友好与尊重，最佳表情应是面带微笑。微笑是一种人人皆知的世界语。微笑传达的信息常能促进双方沟通，融和双方感情，比如当谈话取得一定效果，谈判达成一定协议时，双方能会心地微微一笑，常常能弱化或消除存在于心中的戒忌和隔阂，增进理解和友谊。日本航空公司的空中小姐，仅微笑一项，就要训练半年之久，这足以说明微笑对人际交往的突出效用。要掌握好它，要紧的诀窍只有一个：发自真心，有诚意。微笑既不是奴颜婢膝地曲意奉承，强作笑颜，也不是例行公事似的皮笑肉不笑，或是笑的夸张放肆。

　　白雪是大道某酒店人事部门的秘书。上班短短半年，她就获得了领导的认可，并且成为了公司有名的"微笑天使"。不仅如此，她所接待的客人或者员工投诉处理满意程度也是酒店最高的。在为员工培训微笑一项的时候，她还专门被培训部经理借调到培训部做"微笑模特"，因为她的微笑真诚可爱，大方有礼。培训课程完毕之后，所有的学员围拢在她的身边向她取经，为什么半年来她能够在面对上司、同事和客户的时候都能够一直保持微笑？难道她没有不开心的时候吗？她笑着回答大家说："因为我有一个'过滤器'。当我上班的时候，我把在家所有的不快乐都过滤到家里；当我下班的时候，我把单位所有的不快乐都留在了单位。所以我永远都是阳光明媚的。而作为酒店，微笑是最好的语言。"

　　微笑的基本做法是：不发声，不露齿，肌肉放松，嘴角两端向上略为提起，面含笑意，亲切自然，使人如沐春风。其中亲切自然最重要，它要求微笑出自内心、发自肺腑，而无任何做作之态。也只有这种发自真心和诚意的微笑，才能使一切与你接触的人都感到轻松和愉快。

　　微笑与形象，确实有着一种微妙的、奇特的关系。中国古代对微笑的传播功能称为："一笑能倾城，再笑能倾国"，这当然是一种艺术的夸张，然而也并非虚妄之言。举世闻名的"旅馆大王"希尔顿曾在一次新旅馆开张的员工大会上说："如果旅馆只有第一流的设备，而没有第一流服务员的微笑，顾客会认为我们提供了他们最喜欢的全部东西吗？如果缺少服务员美好的微笑，好比花园失去了春天的太阳与春风。……无论旅馆的困难如何大，我们的微笑永远是属于顾客的阳光。"半个多世纪以来，微笑给希尔顿带来了信誉和成功，赢得了八方来客，创造了滚滚财源。显然，微笑引发了人们之间的心灵沟通，给人一种如沐春风阳光的亲切感，这种亲切感远远胜过一间舒适的客房和一餐美味的佳肴。唯因如此，国外许多城市在塑造自己的形象时，十分注重市民的微笑。如美国爱达荷州的波卡特洛市不久前重申，要求全体市民遵守该市40年前通过的一项法令，即市内所有人均不得愁眉苦脸和拉长面孔，违者要到"欢容检查站"学习微笑，并即席展露数次微笑方可离开。该市现在自豪地被称为美国的"微笑之都"，并决定今后每年举办一次"微笑节"。因此，微笑作为一种表情，它不仅是形象的外在表现，而且也往往反映着人的内在精神状态。一个奋发进取、乐观向上的人，一个对本职工作充满热情的人，总是微笑着走向生活，走向社会的。会微笑是一种基本的职业修养。2008年北京奥运会、2010年上海世博会、2011年西安世园会我们礼仪小姐的"向世界微笑"的服务，赢得了世人的高度赞扬。

三、手势语的运用

手势语是通过手和手指活动所传递的信息。它包括握手、招手、摇手和手指动作等。手势作为信息传递方式，在发生学上是先于有声语言的。因为手是人的重要劳动器官，动作最为灵活，抓、捏、掐、拿、捻、弹、敲、拍等许多细微动作都能精确完成。手与腕、胳臂配合，还可作出许多动作，表意功能特强。丧失有声语言能力的聋哑人，借助手势，他们之间竟能实现全方位的成功交际，在许多公众场合，如交通指挥、体育裁判、音乐指挥、舞蹈与哑剧表演等都把手势的表情达意功能发挥到淋漓尽致的程度。所以，手势语在日常交际中使用频率很高，范围也较广泛，被语言学家称为"体语"的核心。人们常常以拍桌捶腿表示"高兴"、频频捶胸以示"悲痛"、不停地搓手是"为难"的表现、拍拍脑门为"悔恨"的意思，等等。这些手势语主要是为表情达意增强情感色彩，使语言更富有感染力。

握手，作为沟通中使用得最多的一种见面致意或道别的礼节，是人类在长期交往中逐渐形成的。据说，它源于"刀耕火种"的年代。当时，原始人经常拿着石块或棍棒去狩猎和打仗。后来他们发现，如果在路上碰到陌生人，只要扔掉手中的东西，伸开手掌让对方抚摸手掌心，表示手里没有藏着武器，这种摸手方式可以成为表示友好的语言。这种方式逐渐演变成了现在的握手语。俗话说：见面三分情，握手那一种接触的温暖，决定人们之间的交情。握手的次序，往往让女方、长辈、领导先伸出手，以示"尊重"。握手的方式：一般是立着，用右手掌稍稍用力握住对方的手掌，身体可微微前倾，握力适度，面露笑容，注视对方，以示"热情"，一般时间1~3秒。握手的习俗：大部分民族握手时要脱去手套，蕴涵着这样一层意思——"我的手本来很脏，现在用清洁而又温暖的手与您握手"。不过，根据欧美的传统，穿大礼服，戴白羊皮手套者，因不易脱下，在对方能谅解的前提下，可不脱手套。另外，有的民族地位高的人或妇女也可免脱手套。中国人在表示对对方更加亲切、更加尊重时，一般用双手握，但男性对女宾则一般不用。有些民族，用其他形式来替代握手语。如美国人现在习惯于见面时说一声"嗨"（Hi）或"哈罗"（Hello），并不正正经经地握手为礼。在日本，却以鞠躬这一形式来作为迎宾送客的礼节。握手语的一般语义是：见面致意或离别欢送。但在一定的场合中，如对方取得成绩时，对方赠送礼品时，发放奖品、奖状时，握手语还表示"祝贺"、"感谢"、"相互鼓励"等附加意义。

手势动作是极富表现力的，手势动作是文秘人员沟通交往中使用范围最广的一种体态语言。但同一动作在不同的国家和地区可以表示不同的含义。因此必须对它有所了解，尤其在对外交往中不能随意乱用。

握紧拳头，向上跷起大拇指。在中国，这一手势表示赞赏、夸奖；在日本，这一手势表示"男人"、"您的父亲"；在英国、墨西哥、荷兰、斯里兰卡等国家，这一手势表示祈祷幸运；在美国、印度、法国，则是在拦路搭车时横向伸出大拇指表示要搭车；在澳大利亚，则是侮辱人的信号。但随着全球化、国际化的趋势，竖大拇指表示赞赏、肯定的基本含义，正在被越来越多的地区所接受。例如在希腊，竖大拇指本表示骂人，可当今在其首都雅典，用此手势夸赞别人亦比比皆是。在交谈时，将大拇指指向自己，是自夸的意思，而跷向别人，通常是看不起人的表示。一般来说，在社交场合，不宜将拇指跷向自己或别人。这样做，往往给人一种很粗鲁的感觉。

OK 手势。在欧美通常表示 OK，有"好"、"同意"的意思，表示赞成或欣赏对方。在日本则表示"懂了"；在缅甸、韩国表示"金钱"；在印度表示"正确"；在泰国表示"没问题"；在巴西，常以之指责别人作风不正确；在突尼斯表示"无用"；在印尼表示"不成功"；在地中海国家，常用它来影射同性恋。

V 字形手势。这一手势通常表示胜利，暗示对工作或某项活动充满信心。例如：第二次世界大战期间，英国首相丘吉尔在结束讲演时，举起握拳的右手，然后伸出食指和中指构成"V"字形，以象征英文"胜利"（victory）一词的开头字母，结果引起了人民的欢呼！因为这个手势十分形象地表达了英国人民战胜法西斯的必胜决心和信心。这种手势要求手掌向外。若是手掌向内，就变成侮辱人的信号了。

右手握拳伸出食指的手势在我国，它表示"一次"或"一"，或是"提醒对方注意"的意思；在日本、韩国等国表示"只有一次"；在法国是"请求，提出问题"的意思；在缅甸表示"拜托"；在新加坡表示"最重要"；而在澳大利亚则表示"请再来一杯啤酒"。

在中国伸出食指往下弯曲表示"九"这个数字；日本人却用这种手势表示"偷窃"。

文秘人员部门是"窗口部门"，当你与人交往、执行公务，或打电话、就餐时，都会使对方先看见你的手，所以在考虑整体修饰时，不应忽视手、手指和指甲之美。手的清洁与否能反映出一个人的修养与卫生习惯，要随时清洗自己的手，注意修剪与洗刷指甲，不得留长指甲。对文秘人员来说，蓄长指甲，既不利于健康，缺乏时代美，也与文秘人员身份及工作环境不相适应。女性文秘人员还应注意不可把指甲涂得大红大紫，那样会使人觉得俗不可耐。

文秘人员在接待等活动中表示"请进"、"请随我来"、"再见"之意时，都有规范的手势。例如，表示"这边请"的意思时，应右手五指并拢、伸直，掌心向上，腕关节伸直，手掌与前臂成一直线，以右手掌尖微指被请的对象，然后以之指明方向。在这里，掌心向上，是为表示虚心和待人的敬意，若是掌心向下，则有傲慢无礼之嫌。试想为别人引导方向时，掌心向下地挥手一指，给人的感觉会如何呢？五指要并拢、伸直，手掌与前臂要成一条直线，主要是为了视觉上的美观。否则不仅不美观，还会使人感到是敷衍了事和缺乏热情。

四、姿势语的运用

"在美的方面，相貌美高于色泽美，而文雅得体的行为美又高于相貌美，这才是美的精华"。培根的话很有道理。在日常生活中，人们的一举手、一投足、一抬头、一扬眉虽然都是一些微不足道、不足挂齿的小事情，但却可以反映出一个人的教养程度，体现出特别的美感。所谓"行为无小节，细微见精神"，在大是大非问题上不拘小节，是心胸坦荡、豁然大度的表现；而在体态举止上不拘小节则是缺乏教养、没有风度的表现。中国一向就有"见微知著"的说法，从商纣王使用象牙筷子起，他的大臣箕子就预言商朝要灭亡；从电梯里的一处痰迹，卫生间的一个烟头，外国人就断定这家公司的员工素质很差，文明程度不高，从而取消合作意向。这样的例子太多了，都说明一个道理：一件小事可能成全你，也可能毁掉你。人的行为举止就像无形的语言，随时随地都在传递你的信息，说明你是一个什么样的人。

我国自古就有"坐如钟，站如松，行如风"的说法，这是对行为举止的最形象的概括。坐姿要像钟一样稳重沉静，上身保持正直，可轻靠在椅背上，以自然、舒适、端正为原则，切不可缩着头，弯着腰、半躺半坐、懒懒散散，也不可过于呆板僵直，双手可以放在腿上，或沙发扶手上，切不可抓耳挠腮，或不停地玩弄钥匙、烟等，双腿要含蓄收敛，女性可双腿并拢或小腿交叉倒向一边，给人以温和儒雅之美，男性双腿之间可空出一个拳头的距离，以显得自信、气宇不凡。无论男女，双腿都不可太放肆，比如，叉开双腿，抖动双腿、高跷二郎腿或伸向前方，这些都是不够雅观的。

> 赵阳是个性格开朗、不拘小节的人，今天她接到一家公司的面试通知。一大早她就化好妆，穿上自己认为最美丽的衣服来到公司外面等候。来面试的人很多，所以她等了较长时间。在听到秘书小姐叫自己的名字时，她急不可待的把椅子往后一推，抓起背包就匆匆往里走，细细的高跟鞋发出"吧嗒吧嗒"的声音。到了办公室门前，她用力地敲了几下后，一把推开门，直冲冲地走到面试官的桌前才站住："我是赵阳，我……"，"先坐下来吧"面试官微笑着说。赵阳一边大步退后一边回头说，好的。

退到椅子旁边，她直接坐了下去，看看没坐稳当，就用双手把椅子往前拖了一下，身体往后靠着椅背，双脚不自觉的跷起二郎腿。可能是因为走得太急，加上心情又紧张，她的脸上开始渗出汗滴，于是她先用一只手抹去脸上的汗水，然后用另一只手不停地扯着衣服领口扇风。面试官看了她几眼，什么话也没说就让她出来了。

站姿要像松树一样正直挺拔。我们常用"玉树临风"来形容一个男人的伟岸气质，用"亭亭玉立"来形容一个女子的美妙风姿，也就是说，站在哪里都应该给人一种"挺直高"的感觉，才会使人产生美感。如果你站在那里，低着头，含着胸，弓着腰，人们保证不会想到"杨柳依依，婀娜多姿"这些美妙的词汇，而是自然地把你和"歪脖子树"或"歪瓜裂枣"联想起来。

正确的站姿应该是：抬头、挺胸、直背、舒肩、收腹，使人清楚地看到你的正面脸孔，两臂自然下垂，两腿绷直，身体重心放在两腿前部。做到这些，人体的曲线美就充分显示出来，就可形成一种优雅挺拔的体态。

行姿要像风行水上一样轻盈矫健。走是个性的展示，风度的亮相，是最能体现个人风采的行为举止。

走路时步态美不美，是由步度和步位决定的，所谓"步度"是指行走时第一步和第二步之间的距离。一般而言，标准距离是自己的脚长（穿鞋的长度而非赤脚），这与人的身高有关，高个子则脚长，步幅要大一点，矮个子则脚短，步幅要小一点。

所谓步位，指脚落地时应放置的位置，女士最好的步位是两只脚落在同一条直线上，而不是两条平行线，特别是穿裙装的女性，裤装除外。走路的优雅姿态有几句口诀"以胸领动肩轴摆，提臀提膝小腿迈，跟落掌接趾推进，双腿平直背放松"。

走路的美感在于上身的稳定和下身的运动之间的平衡协调，上身要肩不摇、身不晃，才能产生一种威仪，你看皇帝走路都是踱方步，不摇不晃，老虎走路也是稳稳当当，有一种威严感。走路时摇摇晃晃给人一种轻飘、散漫，没有分量的感觉。

文秘人员作为单位窗口部门的工作人员，要注意姿势语的美感。例如文秘人员在办公室捡掉在地上的东西时，要注意蹲姿。正确的蹲姿是：交叉式蹲姿，即下蹲时，右脚在前、右小腿垂直于地面，全脚着地；左脚在后、左腿与右腿交叉重叠，左膝由后面伸向右侧，左腿跟抬起，脚掌着地，两腿前后靠紧，全力支撑身体；臀部向下，上身稍向前倾。高低式蹲姿，即下蹲时，左脚在前，右脚稍后，两腿靠紧不重叠向下蹲，左脚踏实，左小腿基本垂直于地面，右脚跟抬起，前脚掌着地，右膝低于左膝，右膝内侧靠在左小腿内侧上，臀部向下。以上两种蹲姿，男士可选用第二种，两腿间可有适当距离；女士无论采用哪种蹲姿，都要将腿靠紧，臀部向下，切记不要弯腿撅臀。

又如文秘人员携带文件时，要求以一手抓持，以另一只手托扶，使文件置于胸前，并于身体保持非接触状态，这样能显示对文件的爱惜与尊重，显示出良好的职业素养。应特别注意不要双臂交叉将文件合抱在胸前，更不要将文件挟在腋下，也不要将文件卷成纸筒或折叠携带。又如，文秘人员与人告辞或退出领导办公室时，不宜立即扭头便走，给人以后背。为了表示对在场的其他人的敬意，在离去时，应采用后退法。其标准的做法是：目视他人，双腿轻擦地面，向后小步幅地退三四步，然后先转身，后扭头，轻轻地离去。再如，在楼道、走廊等道路狭窄之处需要为他人让行时，应采用侧行步。即面向对方，双肩一前一后，侧身慢行。这样做，是为了对人表示"礼让三分"，也是意在避免与人争抢道路，发生身体碰撞或将自己的背部对着对方。

文秘人员还要要检点自己的体态语言。如忌讳以下几种情况：站起来自我介绍，摇头晃脑，全身乱动；斜靠椅背打哈欠、伸懒腰；跷着二郎腿，并将跷起的脚尖冲着他人；用手指敲叩桌面，如入无人之境；踮起脚尖，颤动小腿肚；当众用手挖耳孔、鼻孔、剪指甲、照镜子、梳头、搽口红；将两手搂在头后，在沙发上大仰八叉；讲话时，嘴中吃着零食或边讲边抽烟；双臂交叉，乜斜着眼睛看人；与人交谈时，抬臂反复看手表等等；打个哈欠，伸伸懒腰，不停地看手表，漫不经心地吐烟雾圈等。

五、界域语的运用

丘吉尔在《第二次世界大战回忆录》一书中叙述了这样一件事：德国入侵苏联后不久，苏联外长莫洛托夫秘密访问伦敦，与丘吉尔商谈反法西斯的大计。丘吉尔一贯对莫洛托夫素无好感，说他是个"灰色、冷酷的人"。在一次长谈后的深夜，丘吉尔送别莫洛托夫，握手告别后，莫洛托夫突然靠近丘吉尔，紧紧握住他的右手臂，双目久久地注视着他，一言不发。这一举动使丘吉尔大为感动。在英、苏两国合作的问题上，莫洛托夫一反常态地突然改变习惯的人际界域距离，给丘吉尔留下十分强烈的印象，终生难忘。

（改编自：丘吉尔．第二次世界大战回忆录南方出版社，2005，7．）

界域语是交际者之间以空间距离所传递的信息。界域语也称个人空间、人际距离、势力圈范围等，是传播沟通领域中一个很重要的语言符号。美国心理学家罗伯特·索然，经过观察和实验研究，认为人都具有一个把自己圈住的、心理上的个体空间，它就像一个无形而可变的"气泡"。这"气泡"不仅包括了个人占有物（如写字时的桌、椅等），还包括了身体周围的空间，这是一种极为真实的感觉。一旦有人靠得太近，突破了自卫"气泡"，就会感到不舒服或不安全，甚至试图马上离开。如顾客在餐厅中总是尽可能错开就座；游人在公园中不会夹坐在两个陌生人中间。界域语的媒介作用体现在以下两方面：位置界域和界域距离。

位置界域是指交际者之间的位置关系。座位位置的不同所产生的媒介效果是不一样的。在办公桌前，甲与乙交谈，乙可以采取四种不同的位置。社交位置；友好位置；竞争位置；公共位置。社交位置体现了一种"诚挚、友好"的交谈氛围，坐在这个位置上，无紧张情绪感觉，行动方便，有利于观察对方的体态变化，从而随时调整话题，易于把握住谈话的主动权，当其中一个人感觉有威胁时，桌角可以起到屏障作用。一般与客户谈生意、找领导汇报工作等的位置要算是最策略、最巧妙的选择了。友好位置体现了一种"亲切、信赖"的交谈氛围，这种位置最有益于合作，显示出双方的意气相投、亲密、平等的关系。一般与员工谈心、征求消费者的意见等，友好位置较有利于沟通。竞争位置是同对方隔桌相望就座，会造成一种防范性的竞争氛围，一般是用于谈判。公共位置是双方之间无沟通的需要的座位。这种座位，一般在公共场合如饭店、图书馆、公园等处，人们往往采取这种互不搭界的位置就座。

界域距离是指交际者之间的空间长度。空间方位意义学的创始人，美国学者德华霍尔认为，空间占有和使用与人的某种本领有直接关系即把自己的存在告诉他人以及感到他人有存在的事项。每个人都有他自己的独有的空间需求。他说："个人的空间，我们所占有的称作自己的宇宙的那一部分，包含在我们周围那看不见的界域中——并且由我们来决定谁可以和为什么踏入这一界域。当我们的空间未经允许而被侵犯的时候，我们便以各种各样的方式做出反应。退让着回避，或停立在那儿而双手却由于紧张而出汗变得潮湿了，或者有时以一种激烈的方式反映出来。"美国西北大学人类学教授 A.T. 赫尔博士在《无声的语言》中研究了人类对自己所独有空间的需求，同时发现了四个界域区，大部分人就在这四个界域区里行动。这四个界域区就是公共关系活动中界域语的四种形式，即亲热界域语、个人界域语、社交界域语和大众界域语。亲热界域语指接触性界域语言，这是人际交往中的最小间隔或几无间隔，即所谓"亲密无间"。亲热界域语的距离一般在 15 厘米之内，语义为"热烈、亲密"，在公关领域中主要指某些外交场合上的礼节，如拥抱、亲吻等。而在其他场合，与人持这么近的距离是不会受欢迎的。文秘人一样尤其要在生活工作中对"亲热界域语"的分寸掌握好。个人界域语指接近性界域语言，这是与熟人（同事、同学、邻里、师生等）交往的空间。个人界域语的距离一般在75厘米之内，语义为"亲切、友好"，在公关领域中，主要是促膝攀谈、握手等。社交界域语指交际性界域语言，体现一种较为正式的非私人交往关系，双方很少情感渗透。社交距离为210厘米之内，语义为"严肃、庄重"，在公关领域中，主要是与用户谈生意、接见来访者、企业之间的谈判等。大众界域语指无特殊心理联系的界域语言，空间距离较大，所以在这个界域中，减少了说者和听者用有声语言进行沟通的可能性和现实性，而且，在这界域内的人们完全可以"视而不见"，不予交往，相互之间未必发生一定联系。

文秘人员要认识并恰到好处地运用界域语。如果秘书对体距语缺乏正确认识，交谈时与群众保持过远距离就会给人一种高高在上的感觉，与领导保持过近的距离则容易产生闲言碎语，工作场合中贴近耳朵窃窃私语是界域语失误的一种典型例子。当然，在现代交际中，界域语并非如此机械、刻板的，它所表示的语义，往往要受到本民族文化的影响。文秘人员在涉外沟通时要了解双方的界域语的情况。比如，两个关系一般的西班牙人或阿拉伯人的谈话，他们之间的界域距离就非常小（大约在15厘米，属亲热界域语），这在英、美人看来，简直是不可思议的，会被认为是一种侵犯的干扰（他们主张，这种关系应该使用"个人界域语"媒介，如果处在这一界域之中，他们会顿时感到厌恶和不安）。

六、服饰语的运用

> 某商务代表团到外地开会，当地政府机构的一位女秘书负责接待他们，当代表团成员见到这位30多岁的女士时不禁面面相觑，暗想"她怎么穿了一身童装啊！"原来该秘书为了使自己显得年轻些，穿了一件绒布带图案的上衣和一条花哨的七分裤，特别是上衣的领子和花边酷像童装的样式，弄得个适得其反。

我国有句俗话，"人靠衣装马靠鞍"，"人要衣装，佛要金装"。西方人也认为，服装不能造出完人，但是第一印象的80%来自于着装。作为人体的第二肌肤，服装是最能体现自我的活广告，人们可以利用服装造型对人体的改变、色彩对人感官上的错觉影响和服装质地的独特感受，扬长避短，以巧掩拙，充分展示自己的风采和魅力。一身得体的服装可以使漂亮的女人变得优雅，优雅的女人变得漂亮，使高个的男人变得魁伟，肥胖的男人变得气派。最重要的是，得体的着装可以增强自信，一个人外表不仅影响他人对你的看法，同时也影响你自己的思想。如果你穿得很漂亮，你就会觉得自己很漂亮；如果你穿得像一个重要人物，就会表现得像一个重要人物。美国男装会社有一句口号"穿着得体，受益无穷"，得体自然、恰到好处的打扮是对自我的牢牢把握，也是对社交场合的巧妙驾驭，不论男女都应该善用服装语言，因为衣着是一个人的最好的名片。

国际上公认的着装原则是 TPO，即 Time、Place、Object。

第一，服饰与时代变化适应。服装的变化一向都是同时代进步相一致的，不同时代，服装的总体风格有所不同。我国秦汉时期的官服是峨冠博带，清朝时的官服是长袍马褂与顶戴花翎，尽管它们都是那一时期国家官员的官服，但随着时代的发展，它们都已成为历史文物。人们应顺应不同时代的潮流，选择与之相适应、相协调的服装。

第二，服饰与四季变化相适应。着装的最重要功能之一，就是为了消暑御寒，因此着装应随着一年四季的变化而更替变换，使之与四季的气候特点相适宜。假如在飞雪的冬季，穿一件质地非常薄的连衣裙，这显然很不合适。

第三，服饰与早中晚时间变化同步。早晨进行锻炼可着活动方便的运动服；中午在家里或宿舍里用餐，可以脱去正装，穿上轻松自由的休闲服；晚上欣赏电视节目或准备休息时，则可换上舒适惬意的睡衣。文秘人员上班时着装必须与工作场合相适应，以体现出敬业精神。

第四，与地点相适应。这是指着装要考虑该国家、该地区所处的地理位置、自然条件乃至国家的开放程度，也就是与所处的环境相适应，使服饰打扮具有一种"现场感"。绝不能我行我素，自以为是，使自己的着装同自己所处的环境格格不入，反差过大。比如，穿网球裙去办公室上班，就是违反这一原则的。

第五，与目的相适应。这是要求文秘人员的服饰打扮要根据自己所办事务的目的而有所变化。如，着装时要考虑是为了工作还是为了休闲，是为出席喜庆场合还是参加悼念活动等。

第六，要与肤色相和谐。着装时切勿忽视自己的肤色。中国人大多属黄种人，黄皮肤，黑头发，黑眼睛。但具体到个人来说又有所不同，大致可分为白净、偏黑、略黄和苍白等几种。不同肤色对服装色彩有不同的要求。肤色白净者，白中透粉，适合穿各色服装。肤色偏黑者，忌穿深色服装，以免肤色显得更加深暗。肤色略黄或苍白者，则宜穿浅色服装。

服饰整体美的构成因素是多方面的，要通过服装的色彩、款式以及质料的选择搭配和装束的匹配塑造个体形象。着装的整体协调，首先，服装本身在色彩、图案、款式、质料和风格上要统一和谐；其次，服装的饰品，如帽子、围巾、手套、鞋袜、皮包等装束都应力求在色彩、风格、款式、图案和质料、质感等方面和服装相匹配，构成一种整体美。美在和谐，将单个美的东西杂乱无章地组合起来，会毫无美感。但若将各种相互协调的服饰在一个"主题思想"之下相互搭配，形成一种合乎规律的秩序，就能使它们大放异彩，相得益彰。

服装的整洁与整齐也十分重要。整洁是最美的修饰，代表着振奋、积极向上的精神状态。只要服装保持清洁，并熨烫平整，看起来就会显得衣冠楚楚。日本早稻田大学商学系高濑体文教授在给学生上"气质"课时就曾说："以前学生所穿的衣服，领上有硬塑胶垫，而且又脏又皱，还戴着破帽子。每当我看见学生服装不整或胡子长了，总是盼着他们下回要弄干净。因为不注重外表，不但惹人讨厌，而且一定生活混乱，精神不振。"可见，服装整洁与整齐能给人留下多么深刻的印象。

一般来说，选择服装要看职位要求，比如说，银行、政府部门的文秘，穿着偏向传统正规；公关、时尚杂志等相关机构的文秘，则可以适当地在服装上加些流行元素，显示出自己对时尚信息的捕捉能力。仪表修饰最重要的是干净整洁，不要太标榜个性，除了娱乐影视广告这类行业外，最好不要选择太过突兀的穿着。对于女秘书，一套深色套装是最稳妥的。现在社会已能接受一些较鲜艳的颜色，比如，谋求公关、秘书职位的女性穿黄色服装就容易被面试官接受，因为黄色通常表现出丰富的幻想力和追求自我满足的心理。红色能显示人的个性好动而外向，主观意识较为强烈而且有较强的表现欲望，这种颜色感染力强。不过，女性应该避开粉红色，这种颜色往往给人以轻浮、圆滑、虚荣的印象。此外，不同季节和不同的区域可以适当变通，秋冬季节宜选深色，春夏颜色可稍浅，南方可穿浅色，北方深色更适宜。

饰品是人身上佩戴的各种装饰品。饰品本身并无意义，它只是一种象征、一种媒介。因此，饰品语是向别人表明一种思想，有时也旨在寻觅沟通者。如臂戴黑纱，是对死者寄托哀思；胸戴十字架，是一种宗教信仰的表示；戒指的戴法更是一种信号或标志。一般地说，戴在食指上，语义是"求婚"；戴在中指上，语义是"在恋爱中"；戴在无名指上，语义是"已婚"；戴在小指上，语义是"独身"。因此，为避免沟通者中的误解，文秘人员一定要理解饰品语的含义。

女文秘人员如何穿鞋也有学问，总的原则是应和整体相协调，在颜色和款式上与服装相配。不要穿长而尖的高跟鞋，中跟鞋是最佳选择，既结实又能体现职业女性的尊严。设计新颖的靴子也会显得自信而得体。

☞ 阅读与讨论

阅读下面文章，其观点你是否赞成？留意生活工作中沟通对象的身体语言，学会尽量准确解读其真实含义。

你会"阅读"身体语言吗？

英国身体语言专家罗伯特·菲斯给大家一些提示：

眼神接触是最容易反映内心的身体语言。与人有眼神接触，表示想与对方沟通。所以，与同事说话时，对方经常不望着你，可能反映他感到烦闷，或纯粹因为对方是个害羞的人。

双手交叉胸前，反映负面或自我保护的心情。所以，如果对方口头上同意你，但说话时双手交叉胸前，表示他或许"口不对心"。

说谎的人，双手动作很少，并会不自觉地经常耸肩，及用手触摸面孔；特别是用手掩着嘴巴，显示脑袋的潜意识指示双手抑制谎言说出来。

听你说话的人，把头向侧倾斜，表示对内容感兴趣；把头垂下，表示有不满意见；用手托着头，则表示已感到厌倦。

留意对方的眼睛：当他听你说话时，眼珠向上和向左移，表示他会通过视觉来思考所接收的资讯；如果只向左移，表示他通过语音来思考；如果眼珠向右或向下移，则表示他靠感觉来学习。

（来源：中国公关网）

第六章　文秘人员沟通举要

文秘人员的沟通对象主要是领导、同事、外界客户和群众等。特别是和领导的沟通好坏直接影响文秘工作的质量与效率。同时，文秘人员越来越多地涉及跨文化沟通的问题，如何更好地与不同文化的对象进行有效沟通也是文秘人员应该高度关注的。本章重点介绍与领导沟通的原则，汇报工作、谏言献策、批评领导等和领导沟通的艺术；与同事沟通的注意事项；跨文化沟通的礼仪知识、方法艺术等。

第一节　文秘人员和领导的沟通

文秘人员和领导的沟通，实际上是一种不对等的沟通：领导支配文秘人员，文秘人员要执行领导的指令。实践中，文秘人员要懂得恰到好处地处理好与领导的关系，要尊重领导，维护领导权威，不要越权越位。同时，在具体的沟通工作如汇报、谏言献策等工作中注意艺术性。

一、文秘人员与领导的沟通原则

领导是文秘人员最主要的沟通对象。一个组织共同的工作目标，把领导者与文秘人员统一在一对矛盾中，确立了他们之间的关系是领导与被领导的关系。文秘部门是同领导需要而存在的部门，领导者是上级，处于主体的地位，文秘人员是下级，处于辅助地位，主辅配合，才能促进组织工作的有序开展。文秘人员与领导沟通有以下原则：

1. 尊重领导，维护领导权威

某公司召开年终总结大会，主任讲话时出了个错，他说："今年本公司的合作单位进一步扩充，到现在已发展到47个。"话音未落，他的秘书站起来，冲着台上正讲得眉飞色舞的主任高声纠正道："讲错了！讲错了！那是年初的数字，现在已达到63个。"结果全场哗然，主任羞得面红耳赤，情绪顿时低落下来。

　　人都需要尊重，都很爱"面子"，领导尤其是这样。领导一般会很在乎下属对自己的态度，常会以此来衡量下属是否尊重自己。文秘人员要清楚自己的角色地位，尊重领导，服从领导的调遣，围绕领导工作的需要，来展开办文、办公、办事等工作，文秘人员的职责就是热情地为领导提供高效、优质的服务，并在这一服务过程中扮演领导决策的坚定执行者和坚决维护者的角色。懂得尊重领导的文秘人员不仅懂得保护领导的面子，而且最好是在关键的时候给领导增光，取得领导的赏识。领导在工作中出现错误时，不可持幸灾乐祸的态度，而是应伸出援助之手，加以劝慰，帮助总结教训。上述案例中秘书当众指出领导的错误，是很不明智的。

　　虽然在工作上文秘人员与领导之间是上下级的关系，但文秘人员也要明确，在人格上和领导应该是一种平等的关系。领导、文秘人员都是国家的公民，都享有宪法规定的平等权利和承担同等的义务。文秘人员与领导之间的关系，要建立在人格平等的基础之上。领导支配文秘人员或文秘人员服从领导，都不能违背公民的基本权利和义务。不能将这种工作的上下级关系搞成人身依附关系，领导视文秘人员为仆人，不尊重其人格和人身自由，文秘人员视领导为主人，将向人民负责、向组织负责、向领导负责的一致性，变为对领导个人负责，不论是否违纪违法都唯命是从。

　　2. 关系处理要适度

　　　　孙小丽是某局局长的秘书，她是资深的老秘书了，深得局长的信任。因为工作的关系，她跟领导最近，经常向领导们请示汇报工作，所以局里领导们的事她最清楚。她最近有些心烦，因为她发现局里两位副局长（王副局长和刘副局长）之间的矛盾越来越深了。有时王副局长还在她面前抱怨几句刘副局长，孙秘书不敢有所表示，每次都借故避开话题。她心里明白王副局长这样说，是希望能得到她这位局长秘书的支持。本来也是，局长年纪大了，还有两年就要退休了，很有可能就从两位副局长中选一个扶正。两人本来在工作上就时常有不同的意见，再加上涉及个人前途，他们之间的争斗就更复杂了。孙秘书身在其中，有时觉得很难做，处理起来都是小心翼翼。有一天，孙秘书送文件去王副局长办公室，敲门进去以后，发现刘副局长也在。孙秘书定睛一看，看到刘副局长面色铁青，好像刚才正在与王副局长激烈地争论着某个问题。孙秘书见状马上说："对不起，我过一会儿再来。"但刘副局长叫住她说："孙秘书，你等会儿再走，过来听听，我们俩的意见谁有道理。"孙秘书马上说："对不起，刘副局长，我没时间，局长让我送完文件后马上就去他办公室，他还有急事让我办。还有王副局长，局长说这份文件很重要，请您看完后抓紧时间落实。"说完，就退了出去。

　　上述案例反映的是文秘人员和多位领导相处的难处。现实中这种情况还不少。文秘人员对上级领导都不能得罪。除了自身心术要正，不搞小集团以外，注意艺术也很重要。其实上述孙秘书是撒了个谎，局长没有急事让她办，可要不这么说，刘副局长就不会让她走，两位副局长意见有分歧，让她一个做秘书的作评判，她又能说什么呢？

　　当然，文秘人员最重要的还是要和主管领导搞好关系。文秘人员在处理与领导的关系时，既不要"不及"，也不要"过分"，而要使自己与领导的关系保持在一个有利于工作、事业以及二者正常关系的适当限度内。良好的上下级关系是有其度量界限的。如果存在着"缺度"或"过度"，表现得消极或过分积极，都不利于与上级建立和发展良好关系。

　　首先是交往心理要适度。有的人由于种种心理原因（如自卑心理、蔑视权势心理等），存在着心理上的"缺度"或"过度"。"缺度"表现为从不积极主动地与领导接触。虽然与领导朝夕相处，却仍是陌生若路人，心灵不能沟通。这样，自己就很难被领导感知和理解，很难使领导与自己共享欢乐，共分忧愁，自己与领导的关系也就不会亲密。"过度"表现为过多地、盲目地向领导倾泻交往热情。过度也是不利于建立正常的上下级关系的。

　　其次是交往频率要适度。在单位时间内与领导交往的次数要适度。如果交往次数过多或过少，间隔时间过长或过短，都不利于与上级建立和发展良好关系。交往频率低，间隔时间长，作用前后衔接不起来，与领导建立良好关系也只能是一句空话。交往频率过高往往会导致干扰领导工作。领导担负领导责任，除面对更高层的领导外，还要面对许多下级，一般来说工作都比较忙。如果文秘人员与领导交往频率过高，占用领导时间过多，必然要影响到领导的工作。同时还可能使领导觉得你有过分的要求。

　　3. 不要越权或越位

　　年轻的小王大学毕业以后，应聘到一家规模很大的贸易公司的杭州分公司工作。凭着他的聪明和能力，经过一段时间的努力，他被分公司的李经理看中，调到经理办公室当秘书，王秘书干得倒也有声有色。这些天王秘书很兴奋，因为几天后总公司的张副总经理要来他们分公司视察工作。由于他工作出色，人又机灵，李经理点名让他陪同一起向张副总经理汇报工作。王秘书心想机会来了，他要精心准备一番，一定要在副总经理面前好好表现一把，不光让李经理脸上有光，说不定从此以后还可以调到总公司工作。所以，在张副总经理视察其间，王秘书总是抢着介绍公司某些具体情况，侃侃而谈，娓娓道来，从现状到未来发展趋势、从具体工作到宏观评价无一遗漏。对自己了解得不太准确的情况，也能灵机一动，迅速作出汇报。对张副总经理给公司布置的任务，王秘书也毫不犹豫地承诺下来。视察结束后，王秘书还给张副总经理留了名片，表示今后张副总要办什么事，无论公私，都可以直接找自己。送走张副总经理以后，王秘书对自己的表现有些沾沾自喜，可是，他发现李经理的脸色有些不对头，并没有表扬他，只说了一句："辛苦了。"过了几天，王秘书被调到销售科当业务员去了。他怎么也没有想到会是这个结果，郁闷极了。

（资料来源：方晓蓉等．秘书学．北京：高等教育出版社，2008.）

　　王秘书的接待工作越位了，抢了领导的风头，喧宾夺主。作为领导的秘书在工作中应该有积极主动的精神，辅佐自己的领导做好接待的准备工作，并在接待的过程中做好服务和补充工作。但是，秘书永远不是主角，是领导背后的影子，对自己的工作和职权都必须有清醒和明确的界定。王秘书由于忽视对自己工作和职权的界定，"积极主动"过头，出现"越位"现象。在接待上级领导过程中，一是汇报工作越位，本来应由领导来汇报的情况，他抢先汇报；二是表态越位，超越自己的身份，胡乱表态。在工作中，秘书热情过高造成工作越位，只要不是"武大郎"式的领导，一般还不会过于计较，但秘书必须严格把握好自己，因为热情过高，表现欲过强而造成工作越位，往往会在不知不觉中干预领导的职权范围，这对于领导来说，是绝对不能容忍的。

　　文秘工作的根本性质决定了其在领导的决策过程中，只能发挥参谋、智囊的助手作用。作为参谋助手，文秘人员必须始终将自己置于辅助的地位，特别是领导审定、决断时，更要做到一切从"谋"的地位出发，"谋断分开，只谋不断"。这里的"谋"就是参谋服务，"断"指决策活动中最佳方案的最后选择。作为文秘人员，要十分清醒地认识到决策的主体是领导者，只有领导者才有权对方案作最后的选择。文秘人员要做到既不失职又不越权越位，在领导者的决策过程中，始终摆正自己的位置，切不可反辅为主，左右领导决策。越权或越位表现为：一是决策越位。决策作为领导活动的基本内容，处于不同层面上的领导其权限是不一样的。有的决策可以由文秘人员作出，有些则必须由领导作出。如果该领导作出的决策却由文秘人员作了，这就是超越权限的行为。二是表态越位。表态，是指表明人们对某件事情的基本态度，一般与一定的身份相联系，超越身份胡乱表态，是不负责的表现，也是无效的。一般来说，对单位之间交涉的问题和带有实质性问题的表态，应由领导或领导授权才能进行。而有的人身为文秘人员，领导没表态也没授权，他却抢先表明态度，造成喧宾夺主之势，这就是表态越位。三是工作越位。哪些工作应该由谁干，这里面有时也有几分奥妙。哪些职权范围的事应该由哪些有关负责方来干都是有分工的。有的文秘人员不明白这一点，有些工作本来由领导出面做更合适，他却抢先去做，从而造成工作越位。四是答复越位。有些问题，往往要有相当的权威人士才能答复。而有的文秘人员明明缺乏这种权威，却擅自答复，这也是越位。五是场合越位。有些场合，如同客人应酬，参加宴会，也应适当突出领导。有的文秘人员，张罗过欢，突出自己过多，也会造成场合越位。文秘人员在处理与领导关系时，很有必要注意在一些大场合少突出自己，才能避免场合越位现象。

4. 方法艺术因人而异

　　斯大林在晚年逐渐变得独裁，"唯我独尊"的个性使他不能允许世界上有人比他高明，更难以接受下属的不同意见。在"二战"期间，斯大林的这种过分的"自我尊严"曾使红军大吃苦头，遭到本可避免的巨大损失和重创。一度提出正确建议的朱可夫曾被斯大林一怒之下赶出了大本营。但有一人例外，他就是华西里也夫斯基，他往往能使斯大林在不知不觉中采纳他的正确的作战计划，从而发挥了杰出的作用。华西里也夫斯基的进言妙招之一，便是潜移默化地在休息中施加影响。在斯大林的办公室里，华西里也夫斯基喜欢趁斯大林休息并且心情不错的时候和斯大林谈天说地地"闲聊"，并且往往不经意地"顺便"说说军事问题，既非郑重其事地大谈特谈，讲的内容也不是头头是道。但奇妙的是，等华西里也夫斯基走后，斯大林往往会想到一个好计划。过不多久斯大林就会在军事会议上宣布这一计划。于是大家都纷纷称赞斯大林的深谋远虑，但只有斯大林和华西里也夫斯基心里最清楚，谁是真正的发起者，谁是真正的思想来源。

（资料来源：http://www.cgclu.com）

　　文秘人员和领导的沟通，很重要的一点就是要了解领导的特点，沟通方法或艺术要因领导的不同而不同。例如，上述案例反映的，在劝谏领导时，还应该了解领导的个性。如在面对办事比较稳重的领导、性格比较内向的领导应该怎么说；在面对办事比较浮躁或雷厉风行、性格偏外向的领导又该采取哪种劝谏方式较好等。文秘人员要做到和领导沟通的方法艺术因人而异，就要了解领导，其中最重要的就是领导的性格特点。一般来讲，现实中几乎不存在性格完美无缺的人，领导也不例外。领导的性格大体上有下面一些类型。

　　第一，安全保守型。这是较为常见的领导类型。他们通常不会冒风险作出决定，愿意先看准一件事情，作好各种计划之后再开始实施。安全保守型领导做事情往往强调实干，也比较细腻，愿意一步一个脚印，稳扎稳打，对上级领导的话往往是不折不扣地执行，绝不作过度冒险的决定。这时文秘人员要脚踏实地地去做各项工作，更多强调实干而不是出谋划策。这种领导不会轻易表态，不是将什么都挂在嘴边，所以平时要仔细观察，听他说什么，看他看什么，关注什么，从而领会其真实的意图，实现良好的沟通。

第二，优柔寡断型。这种领导决策、做事情比较瞻前顾后，常常因为思虑过度而错过了作决策的时机，或作出的决定总是不断地更改。但这种领导有个优点，就是凡事愿意听听下属的意见，工作作风相对比较民主。面对这样的领导，文秘人员要尽量提供更多可供他决策参考的东西，帮助其尽快下定决心，克服优柔寡断方面的不足。也可以适当地献计献策，表现出自己的能力。但也要注意分寸，不要因为领导作风比较民主，就随便地和他开玩笑，甚至践踏他的权威。

第三，强求自信型。这种领导，充满自信，无论是对自己的能力还是对自己的事业，凡事都想尝试，即使勉强也不打退堂鼓。但是，这种领导有个不足之处就是，做事太过强求，虽然有冲劲，有胆量，令人钦佩，但由于过于自信，会显得风头很旺，不太容易听进别人的建议和意见，工作作风往往比较专断。面对这种领导，文秘人员要特别注意维护其权威，多数情况下应该高效率地贯彻执行领导的意图，工作要跟上领导的步伐，多执行，少劝谏。

第四，粗犷豪放型。性格粗犷豪放的领导对事情不会斤斤计较，给人胸怀宽广之感。但凡事显得大大咧咧，有的时候还不拘小节，可能还会健忘。这种领导委婉希望他们的文秘人员也豪爽直白。这种情况下，文秘人员比较容易领会领导的意图，但文秘人员应该细腻一些，以弥补领导对细节考虑不够的不足。

二、几种常见文秘人员和领导沟通的艺术

文秘人员和领导沟通是多方面的，除了在前面章节谈及的沟通方式外，文秘工作中的如汇报工作、建言献策，甚至批评领导，都要讲究方式方法。

1. 汇报工作的艺术

向领导汇报对每个文秘人员来说是常事，是让领导了解你的工作态度、工作进度的好时机。一些做过汇报的人员，往往都有这样的感受：有时汇报工作，准备得十分认真，叙述情况又很仔细，可领导听后似乎无动于衷，整个汇报没有取得所期待的效应。向直接上级汇报工作，心理上好像没什么压力，而越级汇报工作，心中总有一种难以言明的忐忑不安的感觉。然而，有些文秘人员却非如此，他们不论向哪一级领导汇报工作，都镇定自若、恰到好处，每每博得领导的好评。这些事实说明，汇报工作绝不是简单的叙述事情，它是一门语言艺术，要求文秘人员既清楚、简练，又分寸得当、逻辑性强，说出的道理令人信服，领导一听就明白，且容易引起心理上的共鸣。否则，汇报时长篇大论，漫无中心，或缺

乏时空概念，逻辑混乱，讲了半天，听话的领导还不知所云，不仅浪费时间，而且影响工作。因此作为一名合格的文秘人员，懂得恰当地汇报工作的艺术就显得尤为重要。

在汇报工作时要做到客观、准确，尽量不带有个人、自我评价的色彩，以避免引起领导的反感。在汇报过程中，积极寻求反馈，对于领导所关注的重点，应重点或详细进行汇报。

对于领导作出的评价，有不明白之处应当场反馈加以确认。汇报工作需注意以下几个方面：

第一，心态要正。一方面要调整好心理状态，营造融洽氛围。向领导汇报工作首先要营造有利于汇报的氛围。在汇报之前，可先就一些轻松的话题进行简单的交谈。这不但是必要的礼节，而且文秘人员可借此机会稳定情绪，理清汇报的大致思路，打好腹稿。这些看似寻常，但对汇报的顺利进行却很有用处。另一方面要从工作出发，不要有私心。古人云"政在去私，私不去公道亡"。领导在听取汇报时希望听到真实的，不掺任何水分和"杂质"的情况，讨厌那种掺杂个人恩怨的汇报。同时，汇报时不要揽功推过。所谓揽功，即是把工作成绩不适当的、不符合事实的往自己的功劳簿上记。所谓推过，就是把工作中因自己的主观原因造成的过错和应负的责任，故意向别人身上推，以开脱自己。它给人的印象是文过饰非，不诚实。不揽功，不推过，是喜说喜，是忧报忧，是一种高尚的人品和良好的职业道德的体现。采取这种态度和做法的人，可能会在眼前利益上遭受某些损失，但是从长远看，必定能够站稳脚跟，并获得发展的机会。

第二，汇报的内容要与领导原定计划和原有期望相对应，并尽量符合领导的期望。要以线带面，从抽象到具体。汇报工作要讲究一定的逻辑顺序，不可"眉毛胡子一把抓"，说到哪儿算哪儿。一般来说，汇报应抓住一条线，即工作的整体思路和中心环节；由此展开，分别叙述相关的工作措施、环节以及遇到的问题，处置结果，收到的成效等内容。这正所谓"若网在纲，有条而不紊"。要突出中心。泛泛而谈，毫无重点的汇报往往显得很空洞。因此，文秘人员可把自己较为熟悉的情况、掌握详细的某一方面作为突破口，加以分析和总结。文秘人员在向领导汇报工作时，经常会出现一些失误，例如对一些情况掌握得不够全面或漏掉部分内容、归纳总结不够客观准确等。对于失误，可采取给领导提供一些相关背景资料、利用其他接触机会与领导交流等方法进行补充和修正，使其更加周密和完满。对新情况、新问题、新趋势或难以把握的问题要及时汇报、全面反映、不得延误，不得报喜不报忧；对有章可循的例行事务，可主动按规定办理，不必事事请示汇报；对常规工作，可定期向领导汇报，对突发事件和重大问题，要及时汇报、请示。

第三，要把握好分寸，掌握时机。如果经常找领导聊聊，固然可以使其了解自己的工作情况和能力。但是，找多了，有时也会惹领导烦心，甚至于讨厌自己。而且，也容易给同事留下一个爱拍领导马屁的坏印象。因此，分寸时机很重要。一般在完成工作时，应立即向领导汇报；工作进行到一定程度时，必须向领导汇报；预计工作会拖延时，应及时向领导汇报。当领导在集中精力处理或思考某一重要问题时，一般不要打扰，若有急事请示汇报，可作简要而准确的陈述，若领导需要了解详情时，再作全面具体的汇报；当领导稍有空闲主动了解某一方面情况时，秘书应作真实详细的汇报，并可提出自己的建议或看法；当领导由于情况了解不全面不充分，而可能作出或已经作出错误的决定时，秘书应及时提供全面、准确、真实的情况，提出参谋建议。此外，在会场或其他公共场合，若无要事宜用简短沟通，让领导集中精力面对公众；在与领导单独相处时，可对有关问题作详细沟通；对重要的政策性问题和必须经领导批办的事项，可用书面请示、汇报；等等。

第四，在对象上，文秘人员要按领导班子的分工，将有关情况或问题，对口向分工负责的领导人汇报或请示，并按其指示和要求去办理；对涉及全局的综合性问题，应向主持全面工作的领导人请示、汇报，并按其指示精神办事。要以事业为重，从工作出发。在与多位领导相处时，一定要以事业为重，从工作出发。如果某项工作，正职决定由某一副职去负责，文秘人员在配合进行这项工作时就应该以这位负责的副职领导为轴心进行运转。有关这项工作的内容，就直接向这位副职请示、汇报，而不要超越他再向正职或者其他领导请示、汇报了。关于向正职请示、汇报，或向其他领导沟通情况，那是负责这项工作的副职的责任。文秘人员如搞多头请示、汇报，就容易把事情弄乱。

2. 向领导谏言献策的艺术

首先，要出以公心，换位思考。

劝谏具有很明确的目的性和针对性，所谓出以公心，就是劝说建议的出发点要正确。也就是说，文秘人员的建议一定要从组织利益乃至整个国家的利益出发，而不是贪图个人利益或想达到其他目的而献"奸言"。

诸葛亮之所以为世人所称道，不仅因其智谋过人，也是因为他那种鞠躬尽瘁、死而后已的精神。张鲁手下的张松为了一己私利，出卖刘璋，结果自取灭亡。鲁肃可以说是《三国演义》中遵守这一原则比较突出的谋臣之一。在赤壁之战前，孙权帐下谋臣皆言降曹，而鲁肃却力排众议建议曰："恰才众人所言深误将军。众人皆可降操，惟将军不可降操"，"鲁肃等降操，当以肃还乡党，累官故不失州郡也；将军降操，欲安所归乎？位不过封侯，车不过一乘，骑不过一匹，从不过数人，岂得面南称孤哉！众人之意，各自为己，不可听也"。鲁子敬能从大局出发，站在领导的角度考虑问题，以公利为己任，而不计个人得失，令人钦佩。无怪乎孙权对之倍加信任，拜其为大都督。

（资料来源：连阔如．译书三国演义．北京：中华书店，2006，9．）

同时，要换位思考，设身处地地为领导着想。心理学家户川行男说："说服就是站在傻瓜的立场上去劝导傻瓜。""欲改变愚蠢者，须先做愚蠢者。"也就是说，必须先了解对方，才能摸清问题的症结，也才能想出对策去说服对方，让对方认识到这样做对他有什么益处，不这样做又会产生什么后果。只有捕捉了对方的心态情况，包括其欲望、期待、认识及原因等，才能真正产生双方感情上的共鸣，劝谏也才不至于是瞎子点灯。古人李斯用了不到 1000 字，就说服了秦王嬴政这个封建专制国君改变错误决定，立即收回正在执行的逐客令，正是因为李斯在《谏逐客书》中处处站在秦王的立场上，紧紧抓住其"跨海内，制诸侯"，"成帝业"的远大政治目标从正反两方面反复论证逐客之非，而获得成功。因此，文秘人员要想说服领导，就要善于设身处地地为领导着想，时时站在领导的立场上考虑问题。

其次，要把握好劝谏的时机。

兵法曰："势因机而立，兵因机而动，战顺机而胜。"在战争中，如果说军事实力是决定胜负的杠杆，那么战机就是这一杠杆的支点。支点选得越科学合理，就越省力，就越有胜利的把握。反之，就会影响战争的过程，乃至导致战争的失败。而谚语"出门看天色，进门看脸色"说的也正是这个道理。文秘人员在劝谏时要学会察言观色，体察领导心态，切不可心急火燎，不分时间、地点、场合、环境就提意见，而要选择合适的时间与地点，以求收到最佳的效果。一般来说，在劝谏时间的选择上，既要注意及时性，防止贻误，又要考虑领导的时间、精力、情绪等多种因素。在领导有时间、精力旺、情绪好的时候去参谋，就会收到立竿见影的好效果；反之在领导时间仓促、精力疲惫的时候谈问题，效果往往不理想，甚至还可能引发领导的"无名之火"。有调查表明：在领导心情不佳的时候，在领导处理紧急公文、处理突发事件的时候，在领导正在主持召开重要会议的时候，在领导接待重要客人或正在与客人交谈的时候，在领导家属在场或一些不相宜的人在场的时候，等等，去找领导提意见和建议最容易引起领导的厌烦情绪。而对于劝谏地点的选择，则要视情而定，当文秘人员进言所涉及的话题比较严肃，在时间方面要求较紧迫时，劝谏的地点应以办公室为宜，办公室作为一个特定办公的场所，其工作气氛较浓，人的思维也比较集中，比较适宜于谈公事；而对于一些领导常犯的一些工作方法上的小失误、小细节，则可视时机环境灵活处置。比如说可以是和领导闲聊、吃饭、散步时不期然地引入话题，从而在一种非常和谐、轻松的气氛下巧妙地说出自己的意见或建议，既不显得突兀，又能引起领导的注意，效果往往比较好。当然，无论是在办公室还是在非正式场合，最好都是无旁人在场为宜，以免造成领导的难堪。

> 曹操"统雄兵百万，上将千员"，"奉辞伐罪"，孙权聚文武商议对策。以张昭为首的众谋士皆欲归降，"孙权沉吟不语，""须臾，权起更衣，鲁肃随于权后"而建议。
>
> （资料来源：连阔如. 译书三国演义. 北京：中华书店，2006，9.）

鲁肃的建议时机掌握得恰到好处。如果鲁肃在大殿之上备言不可降曹，势必会遭到张昭等人的攻击，形成一种孤掌难鸣的局面，从而影响孙权抗曹的决心。另外，在大殿之上，孙权是君，鲁子敬是臣，当着众谋臣的面，一些话是不好讲出来的，殿上建议的效果必不如私下里来得亲切、自然，且能尽其意。所以鲁肃抓住更衣这个机会私下建议，将心比心，从而坚定了孙权的抗曹决心，最终赢得了赤壁之战的胜利。

最后，要运用语言艺术。

第一，言辞恳切，感情真挚。正所谓"感人心者，莫先乎诚"。在与他人交流时，尤其是劝谏时，用言语充分表达出你的真诚，从而让对方真正从心灵深处接纳你，那么别人才会乐意听并认真听你的话，否则交流将无法继续。古往今来，以情动人而获得劝谏成功的例子不胜枚举，最典型的例子莫过于诸葛亮的《出师表》，其中"诚宜"，"不宜"，"愿陛下"，等等，字字无不出于肺腑，句句无不袒露心扉，其赤胆忠心，天地可表，怎不激起人感情的共鸣。由此可知，劝谏时只有善于以诚相对，以心换心，做到"精诚所至"，才能够收到"金石为开"的效果。

第二，善于运用条件句与选择句。在向领导提意见和建议时，宜多选用条件句和选择句，也就是说在与领导谈话时，宜多使用征询的口吻，把自己放在一个请教的位置，或以问句开头，或以问句结尾。我们可以比较一下以下同一种意思的几种不同表达方式。陈述句："您这样不行，您这样做不可以。"反问句："您这样怎么行呢？您怎么可以这样做呢？"选择句："您看这样行不行，那样做会不会更好一点？"条件句："如果是您，您觉得怎么办比较好？"很显然，第一种和第二种表达方式态度过于生硬，过于武断，相反，第三种和第四种则显得语气较为委婉，易于让人接受。过于直露的指责与批评只会造成受指责一方情绪上的逆反心理。因此，文秘人员在向领导进言时必须特别注意表达句式的选择，一般来说，选择条件句和选择句的优势就在于它能完全将主动权留给领导，充分顾全领导的颜面，使领导有台阶下，同时使劝谏以一种请教的方式出现，给领导以优越感，从而易于接受文秘人员的建议。

第三，采取"先肯定，后否定"的方法。美国的罗宾森教授在《下决心的过程》一书中说过这样一段话："人，有时会很自然地改变自己的看法。但是，有人说他错了，他会恼火，会更加固执己见。人有时会毫无根据地形成自己的想法，但是如果有人不同意他的想法，那反而会使他全心全意地去维护自己的想法。不是那种想法本身有多么珍贵，而是他的自尊心受到了威胁。"从这段话里可以看出，一个人作出某种决定，不仅包含了他本身的才智，也包含了他的尊严、他的自尊心。当我们直接否定他作出的决定时，也就直接刺伤了他的自尊心。因此文秘人员在进谏忠言的时候，千万要注意尊重对方，保护对方的自尊心。"先肯定，后否定"的方法就维护了领导自尊，往往能变"逆耳"为"顺耳"。汉朝开国皇帝刘邦在攻破秦朝京都咸阳后，进取心减退，整天只想着吃喝玩乐。他的手下樊哙气冲冲地责问刘邦：你是想得天下还是想当秦王？刘邦听了大为反感，还是只顾在宫里寻欢作乐。后来，刘邦被张良说服，终于移兵城外，揭开了楚汉相争的序幕。张良就比樊哙会使用"先肯定，后否定"的艺术。他先是肯定了刘邦打败秦朝的功绩，然后分析了当时的形势，告诉刘邦贪图享乐只会毁了眼前的一切，最后刘邦听了张良的劝告。

3. 批评领导的艺术

长期以来文秘人员的角色都是一个服从命令的角色，他对领导言听计从，一切在领导的指挥下工作，因此很少有文秘人员想到要批评领导。他们往往这样想：领导毕竟是领导，我怎么能够批评领导，万一领导生气了，领导的错误得不到改正不说，自己的饭碗说不定也丢了，即使饭碗不丢，领导从此对自己有了看法，自己的大好前途，不就毁于一旦了？况且，做惯了领导的人，非常在意威信，上级批评自己还行，下级批评自己多少有些接受不了，毕竟非常民主、能够礼贤下士的领导还是不多的。但实际上，领导也是人，也会犯错误，作为辅助领导的文秘人员，向领导指出他们的错误，恐怕也是文秘工作的一个重要方面。试想，如果领导有错误，你不提出，导致工作上更大的失误，作为领导的服务、参谋人员，你就失职了，这个错误同样会影响到你的前途。所以，领导如果有错误，就应该批评领导，不过应该讲究一下批评的艺术或策略问题。否则，还真就会工作不保。在古代，甚至会是丢了性命。

> 三国时期，田丰为袁绍的幕僚，才识过人，但过于自负。袁绍伐曹，田丰有不同意见，但却越过了一个做臣子的职权范围，咄咄逼人地对袁绍说："汝不听臣良言，出师不利。"袁绍听此话犹如诅咒一般，下令将田丰关进大牢。后来袁绍果然败兵，颇感后悔。田丰在大牢中听此消息，击掌大笑。袁绍得知后，认为是对他的一种蔑视，于是下令处死了田丰。
>
> （资料来源：连阔如．译书三国演义．北京：中华书局，2006，9．）

所以批评领导是一件慎重的事情。首先要分析领导错误是怎么造成的，该不该批评。如果是因为领导的能力有限所致，那你作为文秘人员最好不要批评了，因为这是领导的上级用人的问题，批评也没有用。如果是因为领导考虑不周到或者玩忽职守造成，这类错误最为常见。这个时候你要在力所能及的情况下替领导补救，实在不行再批评。

其次，批评要讲艺术。一般地，批评一要旁敲侧击，以提醒代替批评。在古代，谋士们要批评主子的时候，往往都不会直说，而是说，历史上在做这件事情的时候是怎么做的。聪明的领导人一听，自然会自己比较，得出自己应该怎么做的结论。

> 春秋时，晋灵公造九层之台，花费无数钱财，浪费大量人力。有人劝他不要再修了，他不但不听，还说："谁要再劝我停工，一律处死。"有个叫荀息的大夫求见晋灵公。晋灵公弯弓搭箭召见，只要荀息有半句规劝的话，就一箭射死他。荀息说："臣将12颗棋子堆起来，然后在上面放9个鸡蛋。"灵公一听不是劝他停工的，就让荀息进行下去。荀息谨慎地将棋子堆积起来，然后一个一个地在棋子上面放鸡蛋，周围的人很是紧张，灵公也惊呆了，忙叫道："这样太危险啦。"荀息回答道："这还不是最危险的，还有比这更危险的，大王可否知道。"灵公说："愿意听一听。"荀息说："九层之台，造了三年，尚未完工，致使男丁耽误耕种，女的耽误织布，国库也快空了，邻国正计划乘机侵略，这样下去，国家迟早要灭亡，那时大王有什么办法呢？"灵公听了立即下令停止建九层之台。
>
> （资料来源：中国秘书网）

文秘人员批评领导也不妨这么做，一是你可以说别的某某领导是怎么做的，剩下的话让领导自己去揣摩，这个时候，你说话的语气，是提醒，是在向领导提供参谋的信息，而不能像是批评。尤其对于健忘误事的领导，提醒是很有用的办法，既顾全了领导的自尊，又不至于再出现失误。如经常提醒他有份文件还没阅签，什么时候有个约会，等等。

二要批评先以表扬铺路。英国著名学者帕舍森和鲁斯特莫吉在他们合著的《事业成功之路》中曾写到，批评之前，你最好先以表扬铺路。切记，再好的人也不愿意被指责做错了事，为此，你应先找出批评对象的某些优点予以表扬。人们往往容易接受能看到他的优点的人的批评，如果你在批评之前没有先予以表扬，很容易激怒被批评者。帕舍森和鲁斯特莫吉的话，从人的心理机制上揭示了批评要辅以表扬的重要性，对文秘人员批评领导的艺术具有指导的意义。

三是最好私下批评。在进谏时提到要注意时机和场合，批评更是如此。批评的话最好私下说，这样既顾全了领导的面子，领导也更容易接受。

☞ 阅读与讨论

目前社会上对文秘人员职业有哪些误读？原因是什么？结合下列案例谈谈当领导提出不正当要求时，文秘人员应该怎么做？

要么上床，要么下岗

秋秋是个漂亮的品学兼优的女孩，毕业于某著名外语大学，在大学时，女同学们都忙着找包养，找门路去夜总会赚钱或者去超市促销，只有秋秋恪守父母的教诲，好好读书，踏实做人。毕业后秋秋靠自己的能力去找工作，工作对于秋秋这个高才生来说还是很容易的，只是在她毕业不到一年的时间里，她已经换了三次工作，每次换工作的理由几乎惊人的相似，都是因为她不配合领导，比如这次。这是一个跨国大公司，秋秋应聘的职位是总裁助理，经过几关的考试秋秋轻松地过关了，最后一关是总裁亲自面试，总裁是个四十岁左右的男人，稳重有气质，用我们这个年龄的审美标准来说那是一个不折不扣的帅哥。坐在总裁面前，秋秋自然大方、不修饰、不造作，总裁注视了秋秋良久后，简单地问了问秋秋对这个公司的印象和对未来工作的规划后，便打电话给人事部，让人事部给秋秋办理入职手续。这在秋秋意料之中也是意料之外，但却没什么惊奇的，秋秋顺利地办好了入职手续，并被安排到总裁的隔壁，因为都是玻璃的隔墙，当然只有总裁跟她的办公室是玻璃隔墙，也只有他们两个人的一举一动会被对方看得一清二楚。秋秋很快进入工作状态，因为她有良好的基础和踏实的态度，在这个公司很快就赢得了同事的信任，总裁对她的工作也很满意，还在周例会上表扬过她。并在秋秋入职一个月的时候破例给秋秋加薪一次，这让秋秋很感动，这也是秋秋更加努力工作的原因。对于秋秋来说对未来一切的设想，都在那天公司高层的庆功宴后破灭了。那天总裁谈成了一大单的生意，回到公司非常的高兴，让人事部通知公司高层晚上聚餐庆祝一下，本来秋秋算不上高层，可是总裁却特别交代人事部通知秋秋一起去。秋秋内心是充满感激的，更多的是那份对未来工作的美好憧憬，让这个刚涉足社会不久的女孩对生活充满了希望和动力，庆功宴上大家都高兴地推杯换盏，秋秋也破例地喝了酒，但是总裁却对大家说不要让小女孩喝酒，总裁的这句话对秋秋来说，是太温暖和感动了，因为这句话，秋秋竟然在内心里对总裁甚至萌生一种似爱非爱的感觉。就是因为这个该死的感觉指使着秋秋的意识，她开始不再推让大家的敬酒，她觉得不该扫大家的兴，于是她喝醉了。人真的是很奇怪，比如，如果总裁劝说秋秋喝酒，秋秋也会喝，但是喝得却是一种敷衍，而总裁劝说大家不要让秋秋喝酒时，秋秋却因为感动而兴高采烈地去喝，这就是人的矛盾心理，逆反心理。而这一切的心理，其实无非都源于一个情字，情字何解？任何一种的心灵感动都归于情，所以，情为何物？一直都没人能真的答出来。那晚秋秋喝多了但没醉，人事部的人把秋秋安排到公司酒店住下，一切都那么的合情合理和让秋秋感动。第二天秋秋早早上班，总裁来得也很早，满面春风地跟秋秋说，来我办公室一下我有事情跟你谈。秋秋跟着总裁到了他的办公室，总裁从抽屉里拿出一个首饰盒给秋秋，并神秘地说打开看看喜欢不喜欢，秋秋诧异地看着总裁慢慢地打开盒子，是一条漂亮的项链，秋秋还没说话，总裁就说，这个是送给你的。秋秋盖上盒子放回桌子上说，这太贵重了我不能收。总裁更加开心起来，从抽屉里又拿出一个盒子说，你是我遇到的第一个不贪财的女孩，既然这样这个也给你，这些都是钻石的，应该算得上是名贵的首饰了，都送给你。秋秋说，为什么要送给我这些？总裁突然严肃起来说，因为我喜欢你，你很漂亮，你年轻，不矫揉造作，很自然，这些都是我寻觅很久未寻到的，上帝终于把你送给了我。我可以给你想要的一切物质上的东西，只要你做我的情人。秋秋是绝不会做情人的，因此秋秋直接拒绝总裁说，你有妻子，我不会做你的情人。总裁说，哪个成功的男人没有几个情人？而我却一个都没有，这说明什么？说明我是好男人，不会随便找情人，只是因为你太优秀，优秀得让我动情，我才会跟你说做我的情人。秋秋说，我不做任何人的情人，这是我的原则。总裁在晓之以理、动之以情后秋秋依旧还是那句不做情人。总裁最后跟秋秋说：要么做我的情人，要么离开公司，你自己选择。秋秋没有思考便回答说：我离开，现在就走。秋秋在这个公司的故事结束了，她还会开始另一个故事，结局会怎样，谁都无法预知。

（资料来源：搜狐网）

第二节　文秘人员与同事的沟通艺术

与同事的沟通是任何组织成员不可回避的。文秘人员与同事的沟通同样是最直接、最广泛的一种沟通。和同事沟通要尽量做到相互尊重、相互关心、相互帮助。文秘人员除了和办公室同事的沟通外，与其他职能部门的群众、外来办事的群众或客户等沟通，同样要注意原则和方法，要热情服务，避免"门难进，脸难看，事难办"的情况出现。

一、文秘人员与同事的沟通原则与方法

> 2010年10月10日上午10时左右，湖南省衡阳市司法局会议室。局长万春生、副局长廖曜中等8人开党委办公会议，讨论进干部的问题。接下来的一幕让所有干部们都目瞪口呆。因为一个女士的调动问题，万春生和廖曜中意见不合。局长万春生挥拳砸向副局长廖曜中，廖鼻青眼肿。廖事后说，他不同意该女士调至其分管的市法律援助中心，是因为这件事程序不对，作为分管领导，事先他对此事不知情。
>
> （资料来源：中国政府网）

上述案例的情况虽然罕见，但折射出一种现象，同事之间特别是领导与领导、文秘人员与文秘人员之间的矛盾是必然的，之间的沟通很是重要。

同事，指在同一部门一起合作共事的人员。文秘人员与同事朝夕相处，频繁接触，彼此关系的好坏直接影响文秘工作的开展。因此，在实际工作中，文秘人员要遵循以下原则：

第一，尊重同事。文秘人员与同事之间应增强信任感和亲密感，营造一种相互尊重、支持、关心的工作环境氛围。对同事的尊重，就是尊重同事的工作、好恶、习惯、爱好和隐私。因此，不要干扰同事的工作，不要翻动同事的东西，不要打听同事的事务。当同事工作取得成绩时，你不妨表示祝贺，与同事分享喜悦。

尊重同事，就要重视同事的感受。重视同事的感受其实换句中国老话就是"将心比心"，你虽然和同事在一个办公室工作，你们之间的关系是相互合作的关系，但是由于你们之间存在着分工不同的问题，所以很有可能你不了解同事工

作的具体情况，而且任何人都有一个特点，就是容易比较重视自己的感觉。这样当有什么事情发生，你可能会倾向于责备同事本身，而不考虑同事的工作难度等问题，这样既不利于工作的完成，而且由于你的不理解还会使同事关系受到伤害。

第二，以诚相待。真诚是良好人际关系建立的基本原则。文秘人员与同事的交往，没有高低贵贱之分，没有学历职务之别，没有生疏熟悉之差，没有男女性别之异。因此，文秘人员在与同事交往时，应以诚相待，互助互利，光明磊落，不能厚此薄彼，不能倚老卖老，切忌势利眼，切忌背后论人长短，对所有人均应一视同仁。

第三，求同存异。由于人生阅历、个性气质、兴趣爱好、观点看法、处世态度、学识修养等方面的差别，文秘人员与同事之间难免会有矛盾和摩擦甚至纠纷。因此，文秘人员对待同事要宽容，要允许保留意见，要求大同而存小异，应大事讲原则，小事讲风格，有时不妨装糊涂，无须事事争输赢，不必斤斤去计较，注意避免许多纷争，不要让矛盾扩大化。

第四，团结批评。团结就是力量，文秘人员要和同事和睦相处，就要主动搞好团结，当然也不是无缘无故地搅浑水、和稀泥，团结要通过批评和自我批评来实现。因此，文秘人员要以正确的态度对待同事的称赞、批评乃至忌妒。文秘人员角色不好当，引起同事的议论和关注很正常。面对同事的称赞不要喜形于色，面对同事的批评和忌妒不要介意或灰心，要多作自我批评，剖析自己，避免人际关系陷入困境。

第五，关心同事。关心同事，不仅是关心同事本人，而且要关心同事亲属。当同事个人或家庭发生困难时，文秘人员要给予必要的关心，还要向领导汇报，给予组织的关怀。遇到同事亲属来访时，文秘人员不妨打打招呼，道道家常，见到小孩亲一亲，看到长辈叫一叫，这样一来会缩短与同事的距离，获得同事的好感，赢得同事的支持。

人际交往的4A法则也是指导文秘人员和同事沟通的有效方法。4A法则是指：适应对方、接受对方、欣赏对方、赞美对方。

第一，适应对方（adapt）。在日常交往中当我们和别人合作、沟通的时候，要适应环境，适应交往对象。适应别人的能力就是适应环境的能力，而适应环境的能力是现代人最重要的能力，是文秘人员的基本功。所以我们要记住一句名言："你不能改变天气，你必须调整心情；你不能改变环境，你必须面对现实；你不能够改变别人，重要的是你要提升自己适应交往对象的能力。"

第二，接受对方（accept）。适应对方进而言之就要求我们接受对方，在和别人交往时要宽以待人、接受别人，要尊重别人存在的价值和行为方式的特点。在日常交往和工作中能不能容忍别人、接受别人、适应别人不仅决定了个人或者组织的人际关系的好坏，而且也影响到你生存和发展的空间及机会。但是接受对方并不意味着我们要和对方趋同、要模仿对方。我们不是在和逻辑人相处，我们是和有感情的人相处，是与受了偏见影响会怨怨的人相处，是与受自尊和虚荣驱使的人相处，任何一点点尖刻的批评，就会使对方记恨终生。正所谓"己所不欲，勿施于人"，最好的办法就是接受、宽容，接受其独立的人格、乖僻的思想、奇异的相貌，甚至出格的言行、愚蠢的错误，就是说要接受别人原来的样子，让人们觉得和你在一起最安全、最轻松自在，只有这样，人们才会主动接近你，对你表示友好。相反，批评指责往往都是无益而且危险的，你指出对方的缺点和错误，他并不会感激你，更不会接受你的批评而改变自己；相反，因为你直接打击了他的智慧、判断、骄傲和自尊，这只会使他产生想回击的欲望，正如林肯所说的"批评像家鸽，它随时会回来的"，那些受过你的批评指责的人，随时都准备着加倍地奉还给你。

第三，欣赏对方（appreciate）。是指在与人交往中，懂得求同存异，发现交往对象的长处，用我们的言行举止表现出对对方的欣赏，说明我们接受了对方，也体现了对对方重视和肯定。欣赏对方就要让对方知道，他是重要的、有价值的，一个你所看中的优秀人物。大多数人都忘记了"每个人都自觉重要"的象牙塔理论，常常对一些人存有"你没有什么了不起，算不了什么，我根本不在乎你"的态度，因为"他不能帮我什么，所以不重要"。这是一般人常有的错误观念，其实不论对方的身份、地位如何，站在现实的立场来看，对你都是非常重要的。只要你重视他，他一定会为你多做事。事实告诉我们：让微不足道的人感觉重要，必会得到回报。比如你让顾客感觉重要，他一定会多买产品；让员工感觉重要，他一定加倍努力工作；让同事感觉重要，他一定愿意与你合作；让老板感觉重要，他一定重用提拔你。

第四，赞美对方（admire）。欣赏和赞美有因果关系。赞美别人是一种教养，同时赞美别人就是赞美自己，赞美对方不仅表示我们对对方的欣赏和肯定，而且说明我们自己宽以待人虚心好学，能够虚心向别人学习取长补短以促进自己的提升。

二、文秘人员与单位其他职能部门和群众的沟通

某天，小王正坐在电脑前紧张地工作，忽然有个小伙子推开办公室的玻璃门，拿着个相机对着她噼里啪啦地一通乱照。她顿时慌了，有点生硬地问他："你是谁，为什么要拍我？"边说还边打算夺下他手里的照相机。小伙子着急了，赶忙解释，他是公司××网络部门的，小王的电脑一般是他们维护的，他不是拍小王，而是拍小王身后的电脑接口。

在单位内部，文秘人员常因工作与其他职能部门人员进行沟通。这种沟通既是平等的同志关系，又是组织内部的工作关系。因此，与单位其他职能部门的关系对于文秘人员来说也非常重要。文秘人员与其他职能部门和群众的沟通应注意：

第一，热情服务。为同级各职能部门服务是文秘工作的指导思想，因此文秘人员要具有自觉为单位其他职能部门服务的意识，在工作中为各部门人员提供热情周到的服务。

第二，协作支持。文秘人员的工作能否顺利进行，在很大程度上取决于能否得到单位其他职能部门的合作和支持。作为文秘人员，应首先支持其他各职能部门的工作，这样才能得到对方的协作和配合。

文秘人员还要搞好与群众的沟通问题。在实际工作中，文秘人员还要与单位下属的各部门人员乃至其他单位的人民群众如来访者、客户等发生关系。这种关系，或者是上下级之间的关系，或者是平行级别的关系，但总的来说，是一种服务与被服务的关系。因此，要处理好这种关系，文秘人员要注意：

正确认识自我。文秘人员经常接触领导，但自己并不是领导，可下级和群众却常常把文秘人员当做领导。不管怎样，文秘人员对自己的角色定位要清清楚楚，只有为人民服务的义务，没有居高临下的特权，尤其是当文秘人员外出对下属部门和群众传达工作政策的时候更要有这种清醒的意识。

平等对待他人。文秘人员与下属部门和群众接触时，不能摆架子，颐指气使，指手画脚，而应甘当群众的小学生，全心全意为人民服务。

不人为设置关卡。下属部门和群众来上级部门办事，文秘人员要热情接待，想方设法为他们提供方便，千方百计帮他们解决问题，不要人为地设置障碍，从而取得下属部门和群众的信赖与支持。

☞ 阅读与讨论

1. 文秘人员要善于化解与同事的冲突，阅读下面文章，谈谈你在工作实践中行之有效的方法。

2. "害人之心不可有，防人之心不可无"，阅读下面文章，谈谈文秘人员"防人"的问题。

有效化解办公室里同事冲突的方法

1. 退却回避法

这种策略需要人们对冲突置之不理，以期不了了之。奉行这一策略的人会不惜一切保持中立态度。他们认为，冲突不过是一种毫无价值的惩罚行为。他们竭力置身事外，不闻不问，对卷入冲突的人员和相关工作漠不关心，一心只想别卷入漩涡就行。

也许你会认为这种策略不会奏效，但发生以下情况时却是上上之策：冲突起因是琐碎事；冲突各方缺乏双赢协商技巧；在冲突带来的潜在利害中得不偿失；没有足够的时间解决冲突。

为什么采用退却回避法能有效化解矛盾？我们前面提到过，冲突就是矛盾，哲学上讲矛盾有很多种，有主要矛盾、次要矛盾，对具体一个矛盾来说，有矛盾的主要方面，也有矛盾的次要方面。矛盾的主要方面决定了事物的性质，主要矛盾对事物的发展有着主导性的作用，但是次要矛盾却可以转化成主要矛盾。正是因为这一哲学原理，所以对待有些矛盾可以采取暂时回避的态度，主要是指对前面提到的那些不重要的、非主要的矛盾。

比如说，你在办公室和同事之间因为一些个人兴趣、性格不同，造成了一些小的矛盾，这种矛盾并没有影响你们之间的大的工作上的合作，那么对于这样的矛盾，你不妨采取退却回避的方法，以期把工作的重点放在别的更重要的问题上。当然，我们也提到了，次要矛盾可能转化为主要矛盾，所以该策略的不足之处，是只能暂缓人们直接的面对面冲突，也可能带来某些隐患，这是你需要注意的。

2. 安抚迁就法

在办公室可能有这样的情况，你的同事之间存在着矛盾，你自己本身并没有卷入矛盾当中，但是作为同事，有很多场合也要求你面对别人之间的冲突，怎么办？安抚迁就可以说是一种不错的方法。听起来有点像你要做个"和事佬"，正是这样。因为你不在冲突中，没有必要对这样的冲突过于重视，但是又要你表态，为了不引起冲突双方对你的不满，你只好这样做。

执行这一策略的人更多的是关注人，而不是完成工作任务。他们努力平息或淡化冲突，只求皆大欢喜。他们认为公开的冲突具有破坏性。为了维持和平，必要时可以屈从别人的意愿。出现下面情形时最好采用这种策略：不及痛痒的问题；关系的损害会伤及冲突各方的利益；有必要暂且缓和冲突以便取得更多信息；冲突双方情绪太过激动，无法取得进展。

比如说，办公室里A与B有矛盾冲突，经常出现争执，他们常常会分别来向你倾诉，你就最好分别安抚迁就他们。有的时候某一事情相持不下，他们也许会要求你当着他们的面立即作出一个决断，他们实际上是想给自己寻找一个同盟军，这时候为了避免得罪两个人，你最好也采取安抚迁就的策略。这种做法的缺陷在于，它只是权宜之计，有点像杯水车薪一样无济于事。而且有可能给人以"骑墙"的感觉，因为同事有时候希望你能态度鲜明地对待他们的冲突。

3. 妥协法

也许你会这样认为，当你置身于办公室冲突的时候，你最好是永远不妥协的那一方。这种观点从情感上来说是可以理解的，但是，却不是理智的方法。因为发生冲突的原因很多，你是不是仔细分析了原因，你是不是对解决冲突抱有建设性的态度，也就是说，你是不是真的希望解决冲突，如果是，你就应考虑在必要的时候妥协，在你真的犯错误，真的不对的时候，一定要考虑妥协。

妥协会使你暂时看起来没有面子，但是从长远来说，却很好。另外，作为矛盾一方的你先妥协了，也许会带动对方妥协，这样会使你们的冲突很快得到化解。在这种情况下适合作出妥协：如果妥协能使双方都获益，无需理想的解决方案，只想为复杂的问题找个暂时的解决方案，双方力量旗鼓相当。

4. 硬逼决战法

前面说过，矛盾有主要矛盾，现在你面临的就是主要矛盾。这样的冲突也许会涉及你的原则，也许会涉及你的根本利益，你绝无妥协的可能，同时，对方也拒绝妥协。怎么办？冲突必须得到一个解决，而且越早越好。这时候你就可以考虑硬逼决战法了，即使你可能将受到很大的伤害，但是也比拖着迟迟不解决得好。这就是所谓的大家"公开摊牌"。

另外，有些人不管什么时候都喜欢采用硬逼或决战方式解决冲突，这种人认为，达到自己的目的比关心人更重要。他们认为，采取强硬手段争取自己想要的东西没有什么不妥。在他们眼中，冲突就是一决胜负，就是要让对手输给自己。除非有高于他们的仲裁力量，否则，他们不会服从仲裁。这种处理手法适合以下情形：需要迅速行动和当机立断；冲突各方都强调实力和强硬；冲突双方均认可强权关系。采用这种策略的时候，你一定要慎重，因为它意味着绝无回旋的余地。另外，还需考虑输家的感情。他们一有时机就会报复。

5. 解难协作法

这可能是一种最好的方法了。因为这种做法对人和效果同样重视。只要开诚布公地予以处理，产生冲突也有好处。因此，开诚布公地沟通是其主要特点。在解决问题时，要努力寻求群体共识，而且也愿意为此耗时费力。在以下情形运用这种策略较为有效：卷入冲突的每个人都有良好的理性。对待冲突的解决都抱有建设性的态度，都愿意真心实意地解决冲突，冲突双方有共同目标；冲突的原因是双方缺乏交流或仅仅是因为有误解。

当然了，与上面说法相反的是：如果冲突双方的理性不好，对冲突的解决并无建设性的态度，他们所想的不是解决冲突，而是希望你无条件地妥协。比方说，某人执意采取强硬手段来解决问题，你只能慢慢引导对方寻求解决方案。也有可能你改变策略。

另外这种方法很耗费时间。如果当时的情形要求快速决断，你就只能采用强逼的策略了。

总之，你在办公室可能遇到的冲突形形色色，这就要求你能够随机应变。我们提供这样一些简单的技巧。

①面对极为过分的要求时，用自己较能接受的话，把它再复述一遍。但不要拿自己无理的要求来还击。

②面对冲突首先要冷静，找出冲突的起点，找到冲突的原因。

③不要轻易作出让步，要让对方费些劲来争取。否则，别人可能会认为你比较软弱，可能会因此经常挑起冲突。

④适当运用表情来回应对方的提议。这种非语言讯号会让对方收敛些。

⑤提供假设性变通方案或建议。这样做能使你洞悉对方的反应，使双方可以多一些考虑，不必作出决策。

（资料来源：廖小鸥．秘书工作手册．企业管理出版社．）

文秘人员需要提防的几种同事

1. 泄露秘密者

所谓个人秘密，当然就带有些不可告人或不愿公之于众的事，基于对好友的友谊，或是为了表现自己对好友的信任，将私密全盘托出。如果在别人口中听到了自己的私密曝光，不用问，叛徒只有一个。被出卖的人一定懊恼曾经付出的友谊和信任。如果秘密中牵涉第三方，更会使事情一发而不可收。所以，不论是善意或恶意的泄露秘密，都是办公室友情之大忌。

2. 功劳独占者

这样的人也许很能干，但也许是不干实事，只会花言巧语，两面三刀，当着你的面夸你很能干，或者用小恩小惠让你帮他干活，但是一转眼，他就在领导面前将所有的功劳归到自己的名下。这样的人你千万要小心，因为他能够将别人的功劳全归到自己头上，那么他也能够将自己的错误全推到别人身上。

3. 蜚短流长者

办公室里有这么一些人，总是过于关注别人，好像自己的眼睛就长在别人身上。这些人是很可怕的，因为除了飞短流长，他们肯定还善于添油加醋，但是你不要指望，他们会将你的优点添油加醋，因为在他们那里只会放大别人的缺点。如果你碰到这样极其热衷于传播一些低级趣味的流言的人，你要想到"道不同不足为谋"，对这样的人应保持避之唯恐不及的态度。你要相信即使他们凭借各种小道消息一时成为办公室里的红人，但对一个口无遮拦的饶舌者，永远没有人会待他们以真心。

4. 牢骚满腹者

这些人每天总是牢骚满腹、怒气冲天,仿佛每个人都欠他200文钱一样。尽管他们偶尔"推心置腹"地诉苦能多少构筑出一种"办公室友谊"的假象,但是你千万不要被这样的假象所蒙蔽。因为他们一旦发现你对他们表示同情,他们就会喋喋不休地向你抱怨、诉苦,会让你苦不堪言。当然你自己更不能把诉苦看成开诚布公的一种方式,因为诉苦诉到尽头便会升华成愤怒。人们会奇怪既然你对现状如此不满,为何不干脆换个环境,远走高飞。而且,如果这些不满的话题传到了领导的耳朵里,你就完了。真是不想跳槽也得跳了。

5. 巴结领导者

其实,巴结讨好领导是很正常的事情,作为下属的你令领导满意重视同样很重要,怕的就是一味地巴结领导,不把同事放在眼里,更有甚者,两面三刀,巴结领导巴结得一副奴才相,就令人很不舒服了。这些人的人格是值得怀疑的,和这样的人打交道一定要小心才是。他们可能对领导抱怨你,接着献情报而爬上高阶。

6. 公私不分者

和同事相处,公私分明是很重要的。凡事都应当讲究个"公事公办"。但是偏偏有这样一些人公私不分,喜欢将工作之外的个人的情感带到工作中来。做事情也不是就事论事,你和他一语不和,或者工作中稍有冲突他就会跟你东拉西扯,甚至将你的私人问题作为攻击你的口实,对于这种人你往往感到非常生气,觉得他们真是不可理喻。这种公私不分的人还有一种表现就是工作情绪受自己的私事影响,也许你本来正在赶工作,急需这个同事的帮忙,但是她偏偏因为自己和男朋友生气提不起工作热情,让你觉得非常无奈。

这样的人自己的事情做不好,还影响整个办公室的工作进度,你一定要小心对付这样的人。最好和他们划清界限,如果实在不行,一定要记得捍卫好自己的权益。

(资料来源:廖小鸥. 秘书工作手册. 企业管理出版社.)

第三节 文秘人员跨文化沟通艺术

随着交往的频繁和开放的深入,跨文化沟通已不再是以前涉外单位的专利了,每一个文秘人员在今天全球一体化的"中国走向世界、世界拥抱中国"的年代,都会有跨文化沟通的问题。事实上,即便是在国内,由于地域和民族的不同,跨文化现象也是客观存在的。文秘人员要努力了解不同的文化和礼仪知识,克服跨文化沟通中的障碍。最根本的还要尊重沟通对象的文化，求同存异。

一、跨文化沟通概述

"十里不同风，百里不同俗"，跨文化问题客观存在。

1. 跨文化沟通的含义

> 1992 年，我国13 名不同专业的专家组成一个代表团，去美国采购约3000 万美元的化工设备和技术。美方自然想方设法令我们满意，其中一项是送给我们每人一个小纪念品。纪念品的包装很讲究，是一个漂亮的红色盒子，红色代表发达。可当我们高兴地按照美国人的习惯当面打开盒子时，每个人的脸色却显得很不自然——里面是一顶高尔夫帽，但颜色却是绿色的。最后，合同我们没和他们签。美国商人的原意是：签完合同后，大伙去打高尔夫。"戴绿帽子"是中国男人最大的忌讳，合同我们没和他们签，不是因为他们"骂"我们，而是因为他们对工作太粗心。连中国男人忌讳"戴绿帽子"都搞不清，怎么能把几千万美元的项目交给他们。

跨文化沟通（Cross – CulturalCommunication），是指拥有不同文化背景的人们之间的沟通。在这里"拥有不同文化背景的人们"不是绝对的。因为地域不同、种族不同等因素导致文化差异，因此，跨文化沟通可能发生在国际间，也能发生在不同的文化群体之间。

文化由很多复杂的要素构成，它包括政治、经济、宗教、习俗、语言等。我们穿衣打扮的方式，同父母、亲戚、朋友的关系，对婚姻、工作的期望，每天吃的食物、说的话等等都深刻地受到文化的影响。这并不是说每个个体跟同一文化群体的每个人的所思所想以及行为方式都一模一样，亦即同一文化的所有成员并不拥有相同的文化要素。而且文化会随时间而演变。在我国，不同省份，语言可能不同；南北也有气候差异、饮食差异，交流中会遇到个性差异，也会出现"水土不服"的说法，其实就是跨文化沟通中的适应问题。

2. 跨文化沟通的主要障碍

> 有日商在斋月期间来到中东同阿拉伯人做生意，谈判顺利结束。为了放松一下，日商坐进自己的车里抽起香烟来。不料刹那间车窗外便聚起很多阿拉伯人，他们对着日本人指指点点。日商不知何故，为了表示友好，便不时朝窗外笑笑，谁知窗外的人群更加愤怒了。最后警察来了才算了事。

这个案例中日商是出于对伊斯兰教开斋节的无知，而窗外阿拉伯人对日商的无知则几乎到了不能容忍的程度。

跨文化沟通的障碍首先是信仰与价值观的差异引起的障碍。日本思想家池田大佐曾说，世界分裂并相互对立的原因之一，就在于虽为同一地球的各个民族，但相互之间极其缺乏了解。不同文化背景的人群在信仰与价值观方面有差异，这是无法回避的客观现实，沟通时产生障碍也就成为必然。这种障碍直至冲突大到什么程度，要取决于沟通双方对另一方信仰与价值观的了解与接受程度。信仰与价值观的冲突，甚至能引发战争。由于信仰与价值观的影响，一个民族会自然形成民族优越感，这就导致形成一种狭隘和防御性的观念来感知其他文化，拒绝、排斥不同的文化，包括观念和技术等。

由于信仰与价值观的差异，还会形成不同的民俗，而民俗的差异在沟通中产生的障碍是最多的。例如，我国是礼仪之邦，商人非常好客，这种价值观在经营过程中的表现就是许多生意要在饭桌上谈定，因而他们想当然地假设其他国家的情况也是如此。在改革开放之初，许多中国人在同美国、德国、英国、澳大利亚、加拿大等国家的人做生意时，总是非常热情地请他们吃饭、喝酒、娱乐、免费旅游等。但是这种做法的效果往往并不佳，有时甚至适得其反。

价值渗透于人类生存的每一个领域，人们的思维、行为方式都是以其价值观为基础的。西方重竞争，崇拜个人奋斗，鼓励民众不断开拓创新，挑战自我。而在取得成功后，毫不掩饰自己的自豪感、荣誉感，所以当受到别人称赞时，他们总是以"Thankyou"微笑应答。相比之下，中国文化要求民众循规蹈矩，实行中庸主义，主张含蓄、谦虚、不张扬的个性，反对王婆卖瓜式的自吹自擂，然而中国式的内敛和自我否定却常常令西方人备感不快。他们认为这种谦虚不仅否定了自己的能力，而且还否定了赞扬者的鉴赏能力。例如，东方人强调乐于助人，无私奉献是一种高尚的美德。而西方人的平等意识、自我中心意识和独立意识较强，人人都尊重自己，不允许别人侵犯自己的权利。个人利益永远第一位，自己只对自己负责，每个人的生存方式和生存质量完全取决于自己的能力。因此在西方的商务谈判中，人们既不习惯关心和帮助他人，同时更不习惯接受他人的帮助，因为接受帮助只会表明自己的无能，而主动帮助他人则会被人误认为藐视对方，甚至是干涉别人私事。这就要求我们在涉外商务谈判中，尽力培养和提高自身独立处理事情的能力，在别人没有主动提出时，不要轻易施助于人。又如，有些地方的人们认为"实话实说"或直率是一种美德，但也有的地方认为过于直率并不是好事，对于喜欢顾及面子的人来说，含蓄才值得提倡。这两种迥然不同的观念会导致沟通双方相互失去兴趣甚至信任。而且沟通过程会是困难重重。例如，美国人是典型的直率人群，中国人却讲究含蓄、客气、婉转、点到为止。例如一个中国人到了美国人家里被问及想喝什么时，中国人总是客气地回答"不用"、"不用"，美国人便认为他真的不要喝什么，但实际上他可能已经真的很渴了。近年来，中国开拓南非市场很有进展，同样，在南非商人的私人俱乐部或者别墅里商谈时，南非商人同样也领会不了中国的"言外之意"，还是采取"直言相告"的策略为好。

其次是言语沟通障碍。全球说英语的国家很多，但英国人、美国人、印度人、澳洲人说的英语也不尽相同。美国人称戴的圆软帽和穿的皮靴分别是"Bonnet"和"Boot"，而在英国，人们却指汽车引擎的盖子和汽车的后车箱。美国人的"Scneme"是阴谋的意思，英国的却可能指一个计划。"Satisfactory"对美国人来说是指"可以接受的"，而在英国外延却大得多，可解释为"可以接受的"一直到"最好的"。同一种语言因为不同的人群使用，沟通时会有障碍；完全讲不同语言的人们之间沟通时要通过翻译，此时有麻烦就更容易理解了。譬如，日本人把中国古代美女"王昭君"译成"王昭先生"。英文"喝百事——活力无限"在德国被译成"从坟墓中出来"，在亚洲某地被译成"百事把你的祖先从坟墓中带出来"。

最后是非语言沟通障碍。在所有的文化中大量的沟通是通过非言语进行的。非言语的暗示从抚摸、手势到身体运动，应有尽有。在欧洲或中东看到两个男人行走时手牵着手，甚至环抱着肩膀，是寻常事；在许多国家，两个男人彼此亲脸颊也是平常事。但这种现象在有些国家却会被认为是同性恋的表现。在美国，经理办公室中上下级的讨论可能以某种非常放松的方式进行——他们可能一边喝着咖啡一边讨论问题。如果经理是男的，他可能把一只脚搁在旁边的空椅子或桌子上。在中东则全然不同，跷着二郎腿或将鞋底面对另一个人是粗鲁无礼的信号。在许多国家，包括欧洲的很多国家，当下属对上司说话时，下属几乎是"立正"的。在德国或澳大利亚，员工对老板说话时，从不把手插在口袋里。与美国人交往，如果你不看着他的眼睛，或者让人觉得你眼神游移不定，那么他就会担心你是否不够诚实，或生意中有诈；而跟日本人交往，如果你盯着他，他可能认为你不尊重他。有趣的是，美国西南部的印第安人跟日本人有着相同的看法。例如有位美国商人携同其秘书一起到巴西谈生意，谈判进行得相当艰苦，几经努力，双方最终达成了协议。这时，美国商人兴奋不已，习惯地摆出了"OK"的手势，对谈判结果表示满意；然而，在场的巴西人全都目瞪口呆地望着他们，男士们甚至流露出愤怒的神色。最终，巴西的商人因不满他们的不尊重举动，没有签下这笔买卖。所以在涉外商务活动中，由于国家、民族、风俗习惯的不同，同样的手势却有不一样的含义。正如案例中所提到的，美国人用于表示满意、赞赏的"OK"手势，在巴西的含义却截然不同，女性会认为你在勾引她，而男性会认为你在侮辱他，马上会作出戒备的姿态。如果双方的秘书能在谈判之前做好这些调查，让上司对对方的风俗习惯能有所了解以及尊重，那么谈判也不会进行得如此艰辛，以至于最后一个小小的手势导致签约失败。

二、文秘人员跨文化沟通的艺术

文秘人员越来越多地接触不同地域的人们，尤其是外企的文秘人员，涉外更多，尤其要掌握跨文化的沟通艺术。

1. 尽可能地了解不同民族的文化

美国的一家公司要来克莱沃公司实地考察，准备与克莱沃公司签订一笔贸易合同。总经理很重视，要求刘助理做好接待准备工作。美国客人的航班十一点到达机场，为了表示重视和诚意，总经理决定亲自去机场迎接。刘助理让徐秘书去买一束花，在机场迎接时献给美国客人。徐秘书去花店买了一束红玫瑰，讨了个吉利数字，要了18朵，让花店老板给扎成漂亮的一束。徐秘书拿着花束回到公司向刘助理交差，刘助理一看马上就说："这花不行，马上去花店重定，要15朵黄玫瑰"。徐秘书很纳闷，心想这红玫瑰不是很漂亮很喜庆吗？怎么说不行呢？但还是去重订了15朵黄玫瑰。总经理在机场见到美国客人后，刘助理送上了鲜花，客人非常高兴。驱车送客人到酒店入住，客人稍作休息后总经理就急着想去拜访。刘助理向总经理建议道："由于时差，美国客人可能需要休息一下，我们还是先联系一下吧。"刘助理打电话过去询问，客人说有些疲劳。明天上午九点半再去公司正式会谈。第二天上午八点四十，刘助理已经带专车在酒店等候，准备接客人到公司。九点半会议准时开始，双方会谈得很愉快。晚上要正式宴请美国客人，刘助理因为忙于其他事情，就让徐秘书去安排。徐秘书对刘助理说："美国人爱吃西餐，我去安排一家法国西餐厅，这家西餐厅的西餐做得棒极了，美国客人一定喜欢。"刘助理说："既然来到了中国，还是入乡随俗，请他们尝尝中国菜的丰富和美味，还是吃中餐吧。选一家有中国特色的，就'齐鲁人家'吧。晚上还有民族歌舞，很有档次，环境也幽雅。你订菜单的时候注意不要点我们的山珍海味。"徐秘书有点迷惑，不是山珍海味才好吃，才有档次吗？"小徐，接待外宾是要讲究礼仪规则的，看来你要学习学习涉外接待的一些知识啊。"

上述案例说明，文秘人员在对外接待中，如果不考虑对方的习俗，就可能触犯了对方的禁忌，引起对方的反感使公司的形象受到影响，最终可能使双方的合作归于失败。特别在涉外宴请时，一定要注意入乡随俗的原则，应该用中餐招待外国客人，注意在招待外国客人时要事先联系。

作为文秘人员，要尽可能了解对方的文化。

第一，价值观不同所造成的文化差异。守时守约：不同的文化对待时间的态度差别很大。时间对于发达国家的人们来说，极其重要，几乎什么活动都以时间为中心。譬如人们常说"节约时间"、"花钱买时间"、"浪费时间"，甚至说"投入时间"。人们如此看重时间，以至于如果他人不遵守时间，就觉得十分恼怒，如美国人、瑞典人等。一般来说，在工业化、现代化的过程中，人们会逐渐改变对时间的看法，会变得越来越守时。

交谈交友：准时赴约是工作效率的要求，充分利用时间切入正题又是一回事。例如有些国家的商人喜欢单刀直入，见面之后很快进入正题，而有些国家的商人通常先天南地北扯一番，如在土耳其，商人在会见时必定会奉上一杯苦不堪言的土耳其茶，再聊上好长时间别的事才谈正事；在中东，阿拉伯商人喜欢跟你喝上 2 ~ 3 个小时的咖啡，眼看天色已晚，临结束时才轻描淡写地说某事就这样定了。他们相信，"欲交易，必先交友"。又如，伦理道德方面，某些行为在一种文化中可能被皱眉头，而在另一种文化中可能是非法的。为了确保一个合同顺利执行，而付给供货人一笔钱，在美国被认为是"行贿"，在某些国家这种行为不是非法的，可能被认为是"佣金"（好处费）。所以在跨文化交流中有一个重要的原则，那就是要尽力避开涉及道德判断的话题。

文化差异使人们对"协议"的理解差别很大。对美国人来说，签好的协议几乎是神圣的。但对中东地区的很多人来说，合同只不过是"一张纸"而已，可以随时解除。他们习惯地认为经过慎重而彻底的讨论，喝过很多咖啡之后的一次握手，那才是一份协议。在中东的美国建筑公司发现，合作方把他们精心措辞写成的合同看作仅仅是谈判的开始，而不是终结。近年来，这种理解上的差异才逐渐缩小。在一种文化中，不同地区的人对协议的理解与执行也不尽相同。例如，我国南方的商人在谈判桌上，通常较爽快，什么条件都答应，可在履约过程中，却千方百计地打折扣。少一点好一点；而上海人谈判时可能给人留下"斤斤计较"的精明印象，可签约之后，就会丝毫不差地执行。

第二，民俗礼仪方面的常识。文秘人员要谨慎了解对方来自哪个国家，提醒自己的上司和同事应该注意什么，体现了文秘工作在跨文化交流中的特殊性问题。

注意位置问题形成的障碍。在中外文化对比中，想必我们已经注意到了这样一个有趣的现象：在国外，如果主人邀你同车出行，势必请你坐在副驾驶的位子上，这个位置被认为是贵宾座，因为车子往往是主人自己的，你是客人自然应坐在其身边，这样也便于交流；而在国内，无论是坐公车，还是出租车，右边的后座才是贵宾座，这个位置最安全也最远离陌生的司机，视野比左边后座也要好，作为主人的你，通常就坐在左边后座以便同客人并排而坐。如果还有一个人陪同，那就坐在副驾驶的位置上。这个位置上的人通常要鞍前马后地照顾，包括探路付费等。

要重视保留"个人空间"。"个人空间"指我们身体周围的一块区域，因文化规范的不同难免有大有小。譬如，如果你同来自墨西哥或意大利的商人做生意，那么你就应当让他们更多地占据你的个人空间，也就是说交流时相互很接近，而同德国商人交流则正相反。意大利人说话很激动，他可能很靠近你，而你可能会后退，这时你们两个都会糊涂，你会想："为什么他靠我那么近？"而意大利人则会想到："我亲近他，他为什么后退？他不同意我？"这种沟通上的障碍就是源于不同文化背景下对人的个人空间的理解存在不同。在人际空间关系中，个人地位或职务起到决定性作用。在美国，公司总裁总是占据着顶楼有窗户的大办公室，很是豪华，与别人永远是分开着的。法国或近东国家的管理人员通常坐在其部下中间，以便能"看见"（监督）他们。

在饮食习惯方面，全世界人们的饮食习惯差别巨大。在餐桌上，谁应该是第一个被服务的对象？男的在先，还是女的在先？在重要宴会上女性是否该出席？餐具如何用？什么时候该用什么餐具？需要提供饮料吗？是否要同主人互相敬酒？你可以拒绝喝酒吗？并且在如何传递接取食物的问题上也要特别谨慎。

在馈赠礼物方面，国际交往中免不了要送礼品，但什么地位的人送什么档次的礼品、什么东西不可作为礼物、以什么样的方式接受礼物等都颇有讲究。例如，向阿拉伯人送礼要尊重其民族和宗教习俗，不能送古代仕女图，因为阿拉伯人不愿让女子的形象在厅堂高悬；不要送酒，因为多数阿拉伯国家明令禁酒；向女士赠礼，一定要她们的丈夫或父亲在场，赠饰品给女士更是大忌。收到日本人的馈赠，不能当着送礼者的面看礼物，而欧美人通常当面打开礼物。

2. 尊重对方文化　沟通求同存异

求同存异是指不仅要对沟通对象所在国文化习俗有所了解，并予以尊重，更要对国际所通行的礼仪惯例认真地加以遵守。"求同"就是要遵守礼仪的国际惯例，重视礼仪的"共性"；"存异"则是不忽略礼仪的"个性"，对沟通对象所在国的文化习俗有所了解，并表示尊重。

小王在一家美资公司就职当秘书，对美国人的开放、活泼，他早有耳闻。他的老板是个50岁开外的美国老头，非常幽默，平时总爱和下属打打闹闹，开开玩笑，大家都习以为常了。不过，有一次，小王着实被他这位过度活跃的老板吓了一跳。那天中午，小王和同事们照例去办公楼外的小食店吃桂林米粉。吃完后，大家心满意足地回到办公室。这时远远看到老板向他们走来，大家都做好打招呼的准备。谁知，老板径直走到小王跟前，放在背后的手，突然变出一顶牛仔帽，翻手戴在头上，随即模仿西部牛仔的样子，又是"骑马"，又是"打枪"。"动作片"演完之后，紧接着一段热舞。老板扭动着他不算灵活的腰肢，火辣、奔放的"桑巴"热舞又上演了。这边老板跳得分外起劲，这边员工看得目瞪口呆。小王看着眼前的老板，真不知道他要干吗！终于，老板停下了舞步，气喘吁吁地对小王说了句"Happy Birthday!"这时，愣在一边的员工和小王才明白，老板这是祝贺他生日。一时没反应过来的小王，只会对着老板傻笑，连Thank you都忘了说。机灵的同事鼓起了掌，向老板致意，这才打破了尴尬的场面。事后，小王对老板的此举很是感动。他怎么也没想到，这么忙的老板居然还记得他的生日，连他自己都快忘了。不过，提到老板"奇特"的祝贺方式——那段"热舞"和"牛仔"表演，小王和同事们都连连摇头，感叹"吃不消，吃不消"。

（资料来源：中日网）

老美的开放是众所周知的。当街拥抱、热吻，对周遭的人几乎视而不见，我行我素。中国人却素来以中规中矩出名，这种"引人注目"的事，能不做就不做。老板对着员工扮"牛仔"、"跳热舞"，这真是超乎中国员工的想象。面对这种场面，目瞪口呆也在所难免。美国老板若是换一种方式，更加大众化，更加中庸一些，或许效果会比跳段"桑巴"来得好，对中国员工而言，也更容易接受。但是作为文秘人员，在对待这样的突发事件时，应怀着一颗宽容的心，与不同文化背景的人共同工作时，要具有相应的宽容心胸和接受不同事物的能力。思想闭塞僵化的人是无法克服狭隘的种族中心主义的。为了增强你的宽容心，应该尝试站在别人的立场来考虑问题。这意味着以别人的视角来看这个世界；意味着不抱偏见地认识事物的真实面；意味着以适当的方式接受不同文化背景的人所提出的建议、认可他们所作的贡献。

☞ **阅读与讨论**

文秘人员在和国内不同民族的人们沟通以及在涉外沟通时各要注意哪些事项？

我国不同地区各民族的文化习俗

我国是一个多民族的国家，在制订接待计划和接待工作时，一定要尊重少数民族的礼仪、习俗。下面简单介绍部分少数民族礼仪、习俗情况，供文秘人员参考。

1. 东北地区

目前，位于我国东北地区黑龙江、吉林、辽宁省境内的少数民族主要有 6 个，它们是满族、朝鲜族、赫哲族、达斡尔族、鄂温克族和鄂伦春族等。蒙古族则聚居于内蒙古自治区。满族、朝鲜族和蒙古族为我国东北内蒙古地区的主要少数民族。

(1) 满族。满族是一个历史悠久的民族。目前满族人大部分聚居在东北三省。虽然由于长期与其他民族杂居使满族生活习俗有了较大的变化，但在一定程度上仍保留着自己的特有生活习惯。

满族极重礼节，讲礼貌。平日相见都要行请安礼，若遇长辈，要请安后才能说话，以示尊敬。最隆重的礼节为抱见礼，即抱腰接面礼。一般亲友相见后，部分男女均行此礼，以表亲昵。

满族由于生活环境的不同以及与汉族的频繁交流，饮食习惯一方面与汉族有些相似，如吃大米、小米、面食等；另一方面仍有自己的特点，如喜欢吃甜食，过节时吃饺子，农历除夕时，要吃手扒肉，等等。他们还保留了饽饽、汤子、萨其玛等有本民族特殊风味的食品。满族人民忌吃狗肉，也不戴狗皮帽子，这源于"义狗救主"的传说。

(2) 朝鲜族。居住在我国境内的朝鲜族，主要分布在东三省，多聚居于吉林延边朝鲜族自治州，少量散居全国各地。他们在服饰打扮、生活起居、文体活动等方面都独具特色。

朝鲜族自古就有尊老爱幼、礼貌待人的优良传统。老人在家庭和社会上处处受到人们的尊敬，还有专门为老人设立的节日，十分隆重、热闹，每年都要举行。在家庭内部，祖辈是最受尊敬的，儿孙晚辈都以照顾体恤老人为荣。朝鲜族是一个能歌善舞的民族，尤其是在他们聚居的延边朝鲜族自治州，素有歌舞之乡的美称。每逢节假日和喜庆日，都可以看见朝鲜族群众载歌载舞，欢腾雀跃的活动场面。该民族的歌舞艺术具有悠久的历史传统和十分广泛的群众基础，无论男女老少，不仅能唱会跳，而且还十分酷爱传统体育活动。每逢年节，朝鲜族人民都要举行规模盛大的民族运动会，进行秋千、跳板、摔跤以及足球、排球比赛。最精彩的要数秋千和跳板两个项目，参加者都是本族妇女。

冷面、打糕、泡菜和明太鱼都是朝鲜族人民十分喜爱的食物，另外他们还有喜欢狗肉的习俗。一种名叫"麻格里"的家酿米酒是朝鲜族常用来招待客人的，味似汉族的黄酒。

（3）蒙古族。我国的蒙古族人民世世代代生活在我国北部的大草原上，大多从事畜牧业，他们的生产、生活与草原及牛羊息息相关。

"大年"和"小年"是蒙古族比较重要的两个节日。"小年"是在腊月二十三日，又叫"祭灶"，是送灶神爷的日子。家家户户要在灶神前烧香、敬贡。蒙古族的"大年"叫"查干萨勒"，意为白色的新年。按民族习俗，过"大年"时要拜两次年，一在腊月三十晚为辞送旧岁而拜，二在正月初一为迎接新春再拜。守岁团圆饭和节日盛装是过"大年"时不可缺少的。然而蒙古族的传统盛会与节日应数每年七八月间举行的"那达慕"大会，其内容包括射箭、赛马和摔跤比赛。届时，当地牧民都身穿节日盛服，带着蒙古包和各种食物，从四面八方去参加，场面十分壮观。

日常生活中他们的传统食品分为白食（牛、羊马的奶制食品）和红食（牛、羊等牲畜的肉食品）两种，白食待客是最高的礼遇，因为在蒙古族，白色象征崇高和吉祥。此外，喝奶茶、吃炒米也是蒙古族的饮食习俗之一。

2. 西北地区

西北地区有多个少数民族，大多集中于宁夏回族自治区和新疆维吾尔自治区境内，如回族、东乡族、哈萨克族、土族、撒拉族、保安族、裕固族、维吾尔族和塔塔尔族等，其中以回族、维吾尔族、哈萨克族人数相对集中。

（1）回族。在全国各少数民族中，回族人数之多仅次于壮族。它不仅人数多，而且分布也比较广。全国2000多个县、市中，几乎无一不散居着回族。比较集中的是宁夏回族自治区，形成了大分散、小集中并与汉族和其他兄弟民族杂居的特点。

回族信仰伊斯兰教，因此，形成了他们所特有的生活习俗与生活方式。他们每年举行的开斋节、古尔邦节和圣纪节等节日也与伊斯兰教有关。这三大节日原是伊斯兰教的宗教节日，后逐渐成为回族的传统节日。每逢开斋节，即伊斯兰教历十月一日，回族的穆斯林均要沐浴盛装，成年男女都要去清真寺参加节日会礼、团拜等活动，各家要炸"油香"（一种传统的油炸面饼，有纪念、庆贺之意）做馓子，用以待客。教历十二月十日则为古尔邦节（汉译为"宰牲节"），在这一天里杀牲献祭的风俗得到充分的再现。回族群众都要宰杀鸡、鸭或牛、羊等牲畜，招待来宾或分送亲友。穆斯林要举行办圣会，先聚集清真寺育经纪念，然后会餐，因为这天是伊斯兰教创始人穆罕默德的诞辰日也是他的忌日，因此这天又称为"圣忌"。

除宗教节庆外，回族还有自己的文娱活动。如当地极为盛行的"花儿"民歌连唱形式，它虽有固定内容，但多为触景生情的即兴之作，用于抒发情怀，颇具浓郁的生活气息与地方特色。打木球和斗牛（回族俗称"掼牛"），都是回族的传统活动，也深受广大群众的喜爱。回族人民最主要的饮食习惯就是不吃猪肉，也不吃马、驴、骡及各种野兽的肉，并忌食一切牲畜的血和自死之物。他们喜食牛、羊、骆驼肉及鸡、鸭、鹅等家畜。

（2）维吾尔族。"维吾尔"系团结和联合之意。这个古老的民族主要聚居在我国新疆维吾尔自治区，其中有80%的维吾尔族人居住在南疆。他们的衣、食、起居等生活习俗具有独特的民族风俗。

维吾尔族素有歌舞民族之美誉。优美、轻巧、快速、多变的歌舞是他们文化生活中不可缺少的重要内容。维吾尔族人民最喜爱也是最惊心动魄的体育技艺叫"达瓦孜"，即高空走大绳，要求表演者具有娴熟的技巧和超人的胆量。另一传统游戏"沙哈尔地"也极为流行，这种空中转轮游戏一般在每年的春秋季节或婚礼时进行，人随着轮子的转动忽高忽低，极为刺激，因而成了受众人欢迎的活动。

在节日或喜庆的日子里，维吾尔人总是以独具风味的民族食品抓饭来招待客人。抓饭是用蔬菜、水果及肉类做成的甜味饭，由于是用手抓着吃，故被人称为抓饭（维吾尔语叫"帕罗"）。

（3）哈萨克族。哈萨克族具有悠久的历史。全族主要分布在新疆维吾尔自治区，青海、甘肃两省也有一部分。哈萨克族牧民绝大多数过着游牧生活。他们信仰伊斯兰教，这对他们社会生活的方方面面都产生了较深影响。

哈萨克人能骑善猎，能歌善舞，充满着乐观精神。每逢节日或喜庆日子，牧民都要在草原举办"阿肯"（哈语，即民间歌手）演唱会。这是一种具有哈萨克族独特风格的活动。弹唱会一般要进行好几天，会上当然少不了"姑娘追"、习羊、赛马等传统活动。

哈萨克是个非常讲究清洁卫生的民族。他们没有席地而睡的习惯，主人的床不能随便坐卧。哈萨克族有许多值得推荐的好习惯。诸如饭前洗手，喜欢冲洗、浇淋而不愿用脸盆、脚盆一类的器皿等。热情好客是哈萨克族的又一特征。对于所有来访者，他们都会以礼相待。哈萨克族还有许多特有的礼俗。如见面时，或右手抚胸躬身，或握手致意，道一声"夹斯科么"（哈语问好）。在吃饭前，主人会提一把"阿不都瓦壶"（一种长颈铜瓶）请你洗手。对那些用手拿着吃的东西，不能用鼻子去闻，等等。

3. 西南地区

西南地区是我国少数民族最为集中的地区。那里有藏族、门巴族、珞巴族、羌族、彝族、白族、哈尼族、傣族、傈僳族、佤族、拉祜族、纳西族、景颇族、布朗族、阿昌族、普米族、怒族、德昂族、独龙族、基诺族、苗族、布依族、侗族、水族、仡佬族25个民族，散布于四川、云南和贵州三省及西藏自治区境内，一同组成了我国西南地区的民族大家庭。其中藏、彝、白、傣、苗、侗等民族的人口均已逾百万。

（1）藏族。历史悠久的藏族主要分布在西藏自治区以及与它邻接的四川、青海、甘肃和云南等省的部分地区。由于居住在高山地区，藏族的生活习俗多与高山环境有关，又因为大多数藏民信奉喇嘛教，故他们的生活习惯等也受到喇嘛教的影响。

藏族献"哈达"（即纱巾）、唱酒歌的礼节广为人知。在迎接宾客时，将白色的"哈达"（也有浅蓝色或浅黄色的）赠送给对方，表示敬意和祝贺。送别时，则常要敬酚（一种用青稞酿成的酒）、唱酒歌，并将"哈达"围在对方的脖子上，同时相互亲昵地碰额头，以示眷恋与祝福。

藏族的节日很多，藏历年是其中最隆重的传统节日，好似汉族的春节。藏民们一般从藏历十二月初就开始做各种准备。大扫除、酿青稞酒、炸果子，摆上染色的麦穗和酥油花塑的羊头等等，忙至二十九日晚上的团圆饭。按藏族的传统习惯，大年初一不外出，全家团聚举行家庭式的新年仪式，一起喝青稞酒、吃酥油煮熟的人参果，共度新年。过年期间，各地都表演藏戏，跳锅庄和弦子舞。还要举行角力、投掷、拔河、赛马和射箭等各种比赛活动。另外雪顿节（也称藏戏节）、沐浴节也都是藏族传统节日，每年都吸引着数以万计的藏民前去参加。

藏族的饮食在牧区和农区稍有不同，但吃青稞面、酥油茶和牛羊肉、奶制品的嗜好都是共同的。

（2）彝族。彝族是我国西南地区人口最多的一个少数民族，主要分布在云南、四川、贵州、广西壮族自治区等省（区）。四川凉山彝族自治州是最大的彝族聚居区。远在2000多年前，彝族的先民就在西南地区繁衍生息。在漫长的历史发展过程中，彝族人民创造了灿烂的文化。在农牧业和天文、历法、气象等方面都积累了丰富的知识和宝贵的经验，他们的生活习俗等亦有其民族的独特性。

"火把节"是彝族的传统节日，一般是在农历六月二十四日前后举行，这项活动非常隆重。每逢节日，各地的彝族人都要举行各种活动，节日之夜手持火把在田间绕行是必不可少的活动内容之一。四川大凉山一带的彝族人民过火把节要欢度三天。三天中各村寨都要杀牛宰羊，吃"坨坨肉"，即将牛羊肉切成大小均匀的坨坨，然后煮熟了吃。男女老幼均身穿盛装，参加自己喜爱的活动。男子主要是摔跤、赛马、斗牛、斗羊等，妇女的活动内容大多为唱歌，跳舞，有的弹口弦，有的向小伙子"敬酒"。著名的"阿细跳月"是节庆时常跳的一种舞，男奏女舞，充满着热烈、乐观的生活气氛。入夜后才进入节日的高潮，人们排成长队，举着火把，边唱边跳，在村寨和田野里迂回，形成一条长长的火龙，火龙翻腾，时隐时现，十分壮观。火把节的狂欢之夜还是青年男女结识，相爱的好时机。

彝族饮食习惯以粮食为主，爱吃各种面食，如包子、油饼，也喜吃盐和红辣椒。

（3）白族。白族自称"白尼"、"白子"，汉话是白人的意思。1956年正式定名为白族。主要聚居于云南大理白族自治州。白族地区的大理三塔、大理三月街以及蝴蝶泉的神奇景观等都是闻名遐迩的。

大理三月街是白族人民的重大传统节日。当地人叫"街子"。每年农历三月十五日至二十日，人们装扮一新，欢天喜地地来到苍山脚下庆贺佳节。最初的三月街带有宗教活动色彩，现已成为大理地区各族人民的贸易盛会。赶街的除白族以外，还有彝、藏、傈僳、纳西、怒、回和汉族等许多民族的人民群众。届时，人们涌向街场，街场附近还设有电影、戏剧、球类等文娱场所。各族人民在盛会期间还要进行传统的赛马、射箭。舞蹈等活动，以尽情欢乐。

白族人民在生活中很重"六"的礼俗。在他们的观念里，数字"六"有尊重吉祥之意，因此，相互馈赠都以"六"为标准。

白族的饮食习惯与众不同，喜欢吃酸、冷、辣的食物。凡请客或过年过节时，有个规矩就是不分四季早晚，第一道菜一定要凉拌菜。在过年过节时，白族还喜欢吃生肉，称之为吃生皮。有的地方还喜爱生吃螺蛳。此外，白族的饮茶习俗也很特别，他们爱喝色如琥珀、清香味醇的烤茶，每天早上和午间各饮一次。

（4）苗族。苗族属我国人口较多的一个少数民族，多数苗族人居住在贵州省境内，另外在湖南、云南、四川、广西、广东、湖北等地也都有一部分。大杂居、小聚居是苗族分布的特点。由于地域的不同，苗族的一些生活习俗也不完全一样，生活习俗各有特色。

每年农历二月初二的敬桥节是苗族颇有意义的传统节日。敬桥节最热闹的活动之一要算踩芦笙。狂欢的人们以酒桶和笙队为中心，围成几圈，踩着芦笙的节奏一起踏脚摆手，以此为舞，一般从午后开始，持续到天黑才结束。龙船节也是苗族村寨十分重视的节日，每个村寨都有自己的龙船，是由杉树独木舟制成的母船与子船相并而成的，做工十分精细，上面的彩绘也非常精美。农历五月间比赛时，鼓师敲起鼓点，水手们唱起龙船歌，在江中穿波破浪，奋勇争先。一条条龙船宛如真龙在江面飞掠前进，两岸的人群欢声雷动，助威声、欢笑声响彻天空，场面极为壮观。除此之外，苗族还有一些非常有趣的传统文体活动，如斗牛、爬坡杆、跳鼓和吹芦笙唢呐等等。这些活动都极受苗族人民的欢迎。

苗族历来有吃酸食的习惯。家家都备有酸坊，制作酸鱼、酸菜及其他酸性食品，这些酸食还是他们待客的独特风味菜点。

（5）侗族。侗族人民主要居住在西南地区贵州、湖南和广西三省（区）毗邻的地方。那里山峦重叠，林木葱郁。侗族的村寨就分布在那风光如画的山谷里。

侗族人民十分好客，用打油茶敬客是侗族特有习俗。女主人将第一碗油茶递给贵客或年长者，以示敬意，然后分送给其他的客人。待主人说一声请之后，客人才能开吃，吃时只用一支筷子。按侗家的规矩，吃油茶每人至少三碗，不然主人会不高兴，认为是瞧不起他。当你吃够三碗不再要时，要把筷子架在碗上，否则，女主人会不断地给你盛来，直到你把筷子架到碗上为止。

每年农历二月初三"花炮节"在侗族由来已久。节日中的主要活动抢花炮，是侗族人十分喜爱的传统体育活动，一般在河边或空旷的场地上举行。传统的抢花炮以队为单位参加，队数和人数均不限。比赛时间也不限，直至将铁环送回花台为止。先送到者为优胜。抢花炮不仅是侗族人民表达良好愿望的一种形式，而且能锻炼体质，培养集体主义精神，因而经久不衰。另一项传统体育活动哆毽，也是侗族男女青年所喜爱的。侗族的哆毽与汉族的打羽毛毽相似，但不用拍子，而用手打。以打得最高、最远、接得最稳、落地最少者为优先。

侗族的饮食有自己特有的习惯。他们以大米为主食，但吃法较为特别，一般是煮熟以后，用手边捏边吃，捏得越紧越久越好。喜食酸食又是侗族的一大饮食特点。习惯以酸为主，以腌为上。腌鱼和腌肉是侗族最流行的食品，也是侗家的风味菜。和许多民族一样，侗族人也是非常喜欢饮酒，自制的重阳酒为最好。

4. 中南东南地区

我国中南东南地区的少数民族在种族上虽无法与西南地区相比，但它却拥有我国人口最多的少数民族——壮族。另外，瑶族、仫佬族、毛南族、京族、土家族、畲族、高山族的人民也在这片土地上生活生产，世代相传。除壮族外，这个地区还有土家族、瑶族、黎族等在人数上占有相对的优势。

（1）壮族。壮族是我国少数民族中人口最多的一个，其中有90%以上的人口分布于广西壮族自治区。柳州、百色、河池和南宁为他们的聚居之地，另外还有少部分分布于云南、贵州、广东和湖南省境内。该民族历史悠久，情趣多样，独具风采。

壮族素来喜爱唱歌。农历三月初三，俗称"三月三"，是广西壮族自治区举行歌圩的日子。因而这天被称为歌圩节。"歌圩"是外族人给壮族定的汉名，壮语叫"窝埠坡"，意为到田间去唱歌。节日这天，壮族青年男女盛装打扮，云集到山头旷野或竹林草坡（现大多选择歌圩场临时搭的歌台），即兴对唱山歌。歌圩上，歌声四处飘扬，此起彼伏，从白天到深夜，整个大地仿佛都沉浸在歌声笑语的海洋里。在对歌的同时，还举行"还球圩歌"、抛绣球等有特色的活动，借以助兴。

壮族与西南地区许多少数民族一样，喜欢吃糯米饭。壮族人民在节日里还有做五色饭的习惯，每逢节日，家家户户都要做一种叫"五色饭"的花糯米饭，并且相互馈送，表示祝福。他们将染成红、黄、橙、紫等五色的熟鸡蛋、鸭蛋或鹅蛋穿成一串，挂在孩子们的颈脖上，祝愿风调雨顺，五谷丰登。

（2）土家族。土家族主要分布在湖南省汀西土家族苗族自治州和湖北省的西南部恩施山区一些地方。土家族虽然历史悠久，但由于受汉族的影响较早、较深，因此他们的风俗习惯等与汉族已大体相同，只是在一些较为偏僻的地方，还留着本民族原有的习俗。

土家族也时兴过年，但与汉族不一样的是，他们要过两个年，除了过年三十以外，农历腊月二十九也是过年的日子。按土家族习俗，全家在吃团圆饭时，一定要有坨坨肉和合菜，以示他们没有忘本，并以此纪念他们的祖先。有的地方的土家族过年时还有一种有趣的习俗，就是给大公鸡献花，如湖南、广西相邻的土家山寨，春节正是映山红盛开之时，姑娘们都要采摘许多映山红美化居室，并要把最好看的一枝插在鸡窝上，送给每日司晨的大公鸡。

土家族过年叫玩年。玩年时，不仅要跳"社粑粑"，演"茅故事"，而且还要举行摆手舞会。摆手舞，土家话叫"舍日巴"，这是土家族非常流行的一种古老舞蹈。每年春节的摆手舞会，从正月初三开始举行到正月十五为止。期间，众人聚集在摆手场，击鼓鸣锣，以摆手唱歌为乐。夜间，摆手场四角的熊熊火炬将场地照得通明，那种热烈的气氛是可想而知的。

（3）瑶族。瑶族人分散居住在广西、湖南、云南、广东、贵州等省（区）150多个县的深山密林中，素有"五岭无山不有瑶"之说，被称为"登山唯恐山不高，入林唯恐林不密"的民族。该民族虽已有2000多年的历史，但至今仍保留着本民族所特有的生活习俗。

瑶族人民十分诚恳、朴实。他们素以拿别人之物为耻，路不拾遗的良好行为在瑶族触目皆是，这常常令外族人羡慕不已。

达努节历来就是瑶族人民一年中最大的传统节日，节期为每年农历五月二十六日至二十九日，最后一天最为隆重。节日盛装、鸡鸭牛羊和优质米酒是家家户户必备的。村村寨寨还要摆歌台，设铜鼓或对歌跳舞，或走村串寨访亲问友，热闹异常。"擂公"是瑶族人民在喜庆节日中必有的活动项目。"公"是瑶族独具风格的长腰鼓。擂公时，左手的短竹棍和右手的五指相继有节奏地拍击长鼓的两端，鼓声咚咚，情趣盎然。"擂公"是瑶族比较古老的传统舞蹈，又是瑶族人民喜闻乐见的民间体育活动。

瑶族款待贵宾常用鸟酢，即用鸟肉做成的食品。它是广西大瑶山地区瑶族的一种独具风味的佳肴，也是他们待客的山珍美味。

（4）黎族。黎族全部居住在我国美丽富饶的海南岛上。其中有90%以上聚居在海南黎族苗族自治州境内。

勤劳的黎族人民能歌善舞，逢年过节，当地群众都要进行"跳竹竿"表演。表演开始时，在锣鼓声和音乐生中，持竿的青年男女按节拍开合手中的竹竿，跳竿者随竹竿的开合在竿间欢快跳跃，动作舒展优美，围观者则不时击掌、呐喊助威，发出"捅考！捅考！"（加油！加油！）的叫声。许多年轻人把"跳竹竿"视为择偶求婚的好机会，从不轻易放过。

过去，黎族妇女一直保持着传统的黥面文身的习惯。除衣裙遮盖的部分以外，全身裸露处都要文。文身大都由村寨中比较有经验的老年妇女担任。据说，这种黥面文身是黎族先民传袭的习惯，他们认为这是一种美的象征。对这种古老传统习惯，现在多数年轻人并不在乎。

嚼槟榔是黎族人的一种习惯。尤其是妇女，最为嗜好。黎族的不少习俗也与槟榔树有关。如生了孩子，要在门前种一棵槟榔树，这是正直、高尚的化身。不仅如此，黎族人往往还将槟榔视为男女青年的定情之物。

还有一种男女老少都爱吃的传统菜叫"腩杀"，虽然此菜又咸又酸，但只有客人到来时才以此相待，平日黎族人自己还舍不得吃。他们认为这是祖辈传下来的生活方式，谁能吃才是黎族的知心人。

（来源：曲克敏，范立荣，李惟镜．秘书职业技能培训教材．北京：海潮出版社，1999．）

国外不同地区各民族的文化习俗

1. 与外宾交往中的禁忌

跟英国人打交道，要注意下列三点：一不要系带条纹的领带；二不要以王室的家事作为谈的话题；三不要把英国人通称为英国人，而称"大不列颠人"，这样会使所有的英国人满意。

欧美人忌讳谈论其私人性质的问题，如个人生活、家庭收入、住址、婚否、年龄等。因为欧美人希望别人承认自己的权利，也尊重别人的权利。随便询问个人问题，等于冒犯了他的尊严。

德国人比较注重形式。与其打交道时，如果对方有博士等头衔，要使用这个称呼，朋友见面或分别，总是互相把手握了又握，这样他们就会高兴。如果帮助对方把外衣穿上，则会显得亲热。

应邀到芬兰、瑞典某北欧的国家做客，一定要准时到达，不要忘了给女主人带几枝单数的鲜花，最好是五朵或七朵。

与东南亚国家的外宾相处，交谈时不要跷"二郎腿"。假如无意中把脚颠来颠去，以致鞋底朝向了对方，这是非常不礼貌的表现。

在印度、印度尼西亚、阿拉伯国家等，不能用左手与他人接触，也不能用左手传递东西，在佛教国家里，不能随便摸小孩的头顶。

在南美洲国家，交谈时要亲热，离得近点，说话时文静地把嘴凑到对方的耳边，但不可粗放而失庄重。

在拉美，不要赠送与刀剑有关的礼品。因为拉美人认为，赠送刀剑意味着割断关系。

保加利亚、尼泊尔、印度等一些国家，摇头表示赞同，点头表示不同意。

印度人在丧礼中不捶胸顿足，号啕大哭便是有悖礼教。

欧美的老人，多忌讳由别人搀扶，他们认为这有损于体面，是受轻视的表现。他们讲究化妆，是为了青春永驻，"老"这个词是不受他们欢迎的。

对风雪等方面的禁忌：罗马尼亚最忌过堂风，因此，房间、客厅、过道门窗不可对开。加拿大哈得逊湾的居民视白雪为吉祥，积雪再多，也忌铲除。

东南亚里曼丹岛附近的伊班族人，在孕妇临产前，夫妇俩都禁照镜子，丈夫禁敲钉子，爬楼梯，站门旁。

新加坡人忌讳说："恭喜发财"。他们素将"发财"理解为"不义之财"。说"恭喜发财"将被认为是对别人的侮辱和嘲骂。

2. 国外一些民族的忌讳

（1）商标图案的忌讳。

意大利忌讳菊花做商标。

美国人认为蝙蝠是凶神恶煞。

日本人对饰有狐狸和獾图案的物品很反感。

法国人把仙鹤作为蠢汉和淫妇的代称。

英国人忌讳用人像作为商品的装潢，忌大象图案。

伊斯兰教的国家忌讳用猪作商标图案，也不用猪皮制品。

北非一些国家忌用狗做商标。

捷克人认为红三角形是有毒的标记。

国际上把三角形作为警告性标记。

在土耳其绿三角代表"免费样品"。

瑞士忌猫头鹰图案。认为是死人的象征。

鹤和龟的图案在东南亚一些国家不受欢迎，在赠送礼品时，包装纸上也不能出现这两种动物的图案。

（2）颜色的忌讳。颜色同我们的生活息息相关。它不仅能影响我们的日常情绪，还能反映我们每个人的个性。比如：艺术家往往比较喜欢紫罗兰，好静的人偏重于喜欢淡色等。色彩的美与它本身的物理性有关（不同的色彩有不同的波长），对人的重量和心理有着较大的影响。

色彩的基本色是红、黄、蓝。由这三种基本色（俗称三原色）可以调配出各种色彩来。绿、紫还可以与别的颜色相调配。我们通常根据色彩给人的生理感觉不同，将色分为暖色、冷色。红、黄、橙，常常使人很自然地想到阳光、火焰，给人温暖的感觉，属于暖色，蓝、紫、绿，常使人联想到蓝天、海洋、冰雪，给人寒冷、寂寞的感觉，属于冷色。不同的色彩又会使人产生不同的轻重、宽窄、远近、厚薄、虚实的感觉，在现实生活中，人们的衣、食、住、行，都离不开赤橙黄绿青蓝紫的七彩世界。

但是，不同的国家、民族，由于自然条件、社会历史以及宗教等因素，各有不同的颜色爱好和忌讳，随着社会生产力的发展，时代的进步，人们对色彩的审美也随着改变。

泰国忌红色，认为红色不吉利，因为写死者姓氏是用红色的。

巴西人忌讳棕黄色，认为人死好比黄叶落下。叙利亚人忌用黄色，认为它表示死亡之意。埃塞俄比亚人穿浅黄色的服装，表示对死者的哀悼。巴基斯坦人也忌黄色，因为那是僧侣的专用颜色。黄色在委内瑞拉被用做医务标志，得到尊重和爱戴。

摩洛哥人忌讳白色，一般不穿白衣，以白色为贫困的象征。印度人视白色为不受欢迎的颜色。

欧美许多国家平时忌讳黑色，以黑色为丧礼的颜色。

日本人忌绿色，认为绿色是不吉祥的。但绿色却得到爱尔兰、意大立、马来西亚、新加坡、奥地利、瑞士等国的普遍欢迎。

法国、比利时人忌用墨绿色，因为这是纳粹军服色，这两个国家第二次世界大战中被希特勒占领过，所以普遍讨厌墨绿色。

比利时人最忌蓝色，如遇不吉利的事都穿蓝色的衣服。在埃及，蓝色也被看做恶魔。

土耳其人忌用花色，认为它是凶兆。因此，他们布置客厅、房间时喜欢用素色。

（3）数字的忌讳。数字的忌讳在很多国家都存在。

西方人极端厌恶"13"这个数字，在任何场合都尽量避开它。高楼的12层上便是14层，宴会厅的餐桌14号紧接着12号等。有些人甚至对每个月的13日这一天也感到惴惴不安。这是因为西方人认为"13"是个不幸的、凶险的数字。原因来自意大立著名画家达·芬奇创作的《最后的晚餐》，基督耶稣和弟子在一起吃饭，参加晚餐的第 13 个人是犹太人。犹太人为了贪图 13 枚银币，将耶稣出卖给犹太教当权者，并为捉拿耶稣的人带路，使耶稣于 13 号星期五被钉在十字架上。西方人憎恨犹太人，也把"13"这个数字当做不幸的象征。

在日本忌讳"4"和"9"字，因为在日语中"4"和"死"同音，所以日本的医院，都没有 4 号病房和 4 号病床。"9"的发音与"苦"相近，因此也在忌讳之列。

韩国人对"4"字也反感，许多楼房的编号严忌出现"4"楼、"4"字编号，在饮茶饮酒时，主人以 1、3、5、7 的单数来敬酒献茶。

一些西方人还忌讳"3"。新加坡人忌讳"7"、"8"、"37"，加纳人忌讳"17"、"71"。

在非洲，大多数国家认为奇数带有消极色彩，而认为偶数具有积极的象征。

(4) 花卉的忌讳。鲜花的五颜六色，品种繁多，美丽而富有魅力，它使人感到蓬勃的生机和向上的朝气。由于各民族习惯不同，所以赋予花的含义也就不同，一般来说，红花意味着爱情，粉红色花表示好感和友谊，白花表示纯真，黄花表示忌妒，橙黄色花象征希望，浅花象征温柔，深色花表示坚毅。在中外交往中，往往赠花示礼。在欧洲许多国家赠送恋人、情人、伴侣的多为红色鲜花，成束的白花多用于婚仪赠礼，也可做生日或命名日的礼花。送给中老年人的，宜为大朵花，送给年轻人或孩子的，宜为多彩的小花。一束花若用几种组成，就得按花朵大小和颜色协调搭配。许多欧洲人赠花时，只送单数，认为是吉利的象征。

纤绛紫色的花，在巴西主要用于葬礼。

黄色的花，在法国视为忠诚的表示，认为核桃花是不祥之物。

菊花在意大利和拉丁美洲各国被认为是"娇花"，只能用于灵前和墓地。

荷花，在日本被认为是不吉利的，它意味着祭奠。

红玫瑰花，在德国是赠送情人的礼品。

在瑞士，送玫瑰花可送 1 枝或 20 枝，不要送 3 枝，因为 3 枝意味着是情人。

在俄罗斯，每逢值得庆贺的大事，一定要送鲜花，红色的花象征着爱情和赞美。花束必须由奇数组成，奇数是吉利的象征。

在国际交往场合，忌用菊花、杜鹃花、石竹花、黄色的花送给客人、嘉宾，已成为惯例。

(5) 饮食的忌讳。

印度教徒不吃牛肉，不吃猪肉。

伊斯兰教徒不吃猪肉，也忌谈猪，在斋月里日出之后、日落之前不能吃喝。

伊斯兰国家戒酒。例如在沙特阿拉伯，海关人员在飞机上会把酒给没收了。

伊朗人不吃无鳞的鱼。

阿拉伯人禁食猪肉，不吃外形丑恶和不洁之物，如甲鱼、螃蟹等。也不吃死的动物。取野物时趁血没凝固，割断其喉头，否则就不能吃。

（6）宗教忌讳。无论东方还是西方，宗教在许多国家已成为人们的一种生活方式，渗透到社会礼仪的许多方面。在欧美国家受基督教的影响，中东地区的国家受伊斯兰教的影响，东南亚地区的国家受佛教的影响，和这些国家和地区的人民交往，切勿冒犯了宗教禁忌，尽管是无意的，造成的后果是很糟糕的。

亚洲是世界三大宗教——佛教、伊斯兰教、基督教的发源地，其中尤以伊斯兰教的教规最为严厉。《古兰经》是伊斯兰教的基础，它制定伊斯兰教的信条、典礼和规章，还包括禁止饮酒和赌博、禁食猪肉以及一切自死的血液的法律。伊斯兰教无偶像崇拜，只要是面对麦加方向，就是面对真主了。在穆斯林国家，伊斯兰教徒每天做五次祈祷。到了该祈祷的时辰，无论手中在做什么活，都要放下，向麦加方向跪下。外来人可以做祈祷，但绝不能表示出不耐烦或者干扰当地人的祈祷。沙特阿拉伯是执行伊斯兰教规最严厉的国家。沙特严禁一切偶像，工艺品中的人物塑像、儿童玩具中的"洋囡囡"以及商店橱窗中的模特等都在禁止之列。他们认为这类偶像都是为了顶礼膜拜而造，崇拜偶像和伊斯兰教的戒律背道而驰，所以任何人不得带雕像、"洋囡囡"之类入境。

（来源：曲克敏，范立荣，李惟镜．秘书职业技能培训教材．北京：海潮出版社，1999．）

参考文献

［1］邢以群．管理学．北京：高等教育出版社，2010.

［2］廖小鸥．秘书工作手册．北京：企业管理出版社，2003.

［3］周贺来，连正民．办公自动化实用教程．北京：高等教育出版社，2010.

［4］范立荣．中国秘书岗位资格证书教程．北京：中国人民大学出版社，2006.

［5］范立荣．现代秘书学教程．北京：首都经济贸易大学出版社，2005.

［6］岳凯华．秘书学概论．长沙：湖南大学出版社，2005.

［7］曲克敏，范立荣，李惟镜．秘书职业技能培训教材．北京：海潮出版社，1999.

［8］陈先红．现代公共关系学．北京：高等教育出版社，2009.

［9］郭冬．秘书写作．北京：高等教育出版社，2009.

［10］赵中利．现代秘书心理学．北京：高等教育出版社，2010.

［11］方晓蓉等．秘书学．北京：高等教育出版社，2008.

［12］黎运汉．公关语言学．广州：暨南大学出版社，1995.

［13］赵华．应用文写作．北京：高等教育出版社，2010.

［14］卢如华．新编秘书实训．北京：高等教育出版社，2010.

［15］洪锦兰．秘书人员岗位培训手册．北京：人民邮电出版社，2007.

［16］蔡超．秘书网络实务．北京：高等教育出版社，2005.

［17］郭建庆．秘书导论．北京：高等教育出版社，2008.

［18］黄若茜，陈琼瑶．秘书理论与实务．北京：清华大学出版社，2007.

［19］何智蕴．管理文秘理论与实践．北京：科学出版社，2007.

［20］李建南．口头交际的艺术——通用口才学．北京：中国青年出版社，1991.

［21］王育．秘书实务．北京：高等教育出版社，2009.

［22］董小玉．现代写作教程．北京：高等教育出版社，2010.

［23］中国高教秘书学会，北京智汇文化交流中心．全国学校办公室主任、

秘书干部继续教育培训班资料汇编，2000.

[24] 徐中玉. 大学写作. 上海：复旦大学出版社，2008.

[25] 李慧强. 应用文写作. 北京：经济科学出版社，2010.

[26] 网络资源：中国政府网、中国秘收网、中国公关网、搜孤网、百度、多智网校等。

后 记

改革开放以后，我国的文秘事业蓬勃发展，社会对于文秘人才的需求日益旺盛，文秘人才的沟通素质关乎各行各业的工作水平与质量，关乎机关企事业单位及整个社会的和谐发展。

文秘学的生机与活力在于不断创新。沟通是管理学中重要的内容，国内外的管理学著作许多都对沟通有所探讨。师生沟通艺术、家长与孩子沟通艺术等方面的书籍已有许多，但目前还没有专门针对文秘人才沟通艺术方面的著作。这正是本书的创新和价值所在。

在网络高速发展的今天，新知识、新观点、新案例的运用，使本书具备一定的新颖性和可读性，也将会引发读者更深层次的思考。同时，本书的编写特别注重理论联系实际，紧紧抓住文秘人员工作实践，对理论问题简练、通俗的语言阐述，对操作性的方法和技巧给予了充足的篇幅，尽量做到实用。因为"不与实用结合的理论是肤浅的，不与实用结合的理论是盲目的，理论的价值全在于实用"。

在本书的编写过程中，参考和引用了一些专家、学者的著述以及报刊、网络公开发表的有关资料，深受启发，特别是文中引用的有关著作及网络上的案例，在此向有关作者表示谢忱。需要说明的是，有些案例的出处一时难以查实，没有标注，有的案例的出处难免还有差错，在此对读者和有关作者深表歉意。

我国著名秘书学专家，中国高教秘书学会名誉理事长范立荣教授，在近 80 岁高龄、身体多有不适的情况下，欣然为本书作序，令我十分感动。此外，该书是第三本由经济管理出版社出版的著作，得到了该社编辑们的大力支持，在此一并表示感谢！

编者
2012 年春于大连